人生這場盛宴

十八位民国大男人的爱恋往事

杨萍 著

山東畫報出版社

图书在版编目（CIP）数据

人生这场盛宴/杨萍著. —济南：山东画报出版社，2016.1
ISBN 978-7-5474-1442-2

Ⅰ. ①人… Ⅱ. ①杨… Ⅲ. ① 名人—生平事迹—中国—民国
Ⅳ. ①K820.6

中国版本图书馆CIP数据核字（2015）第028631号

责任编辑 赵祥斌
特约编辑 张　斌
装帧设计 宋晓明
主管部门 山东出版传媒股份有限公司
出版发行 山东画报出版社
社　址 济南市经九路胜利大街39号 邮编 250001
电　话 总编室（0531）82098470
市场部（0531）82098479 82098476(传真)
网　址 http://www.hbcbs.com.cn
电子信箱 hbcb@sdpress.com.cn
印　刷 山东临沂新华印刷物流集团
规　格 160毫米×230毫米
18印张 124幅图 140千字
版　次 2016年1月第1版
印　次 2016年1月第1次印刷
定　价 32.00元

如有印装质量问题，请与出版社总编室联系调换。
建议图书分类：传记文学 民国历史

目　录

那些跌宕的民国情事（代序）

1

作为生命场，动荡而散漫的民国属于“大时代”：一是体量和容积大，像个大客栈，虽简易粗陋，但它能收留各种精神、主义、信仰、叛逆事物和流浪人生的投宿，这与主人的胸怀和开业理想——制度容积有关，也与乱世机遇有关，威权殆，则江湖盛；二是自由度和活跃度高，它刚捣毁一个大东西——几千年帝制和规仪，而新秩序未夯实，盲区和空当多，天然机会大，仿佛一张白纸，它鼓励涂鸦，任各种笔墨恣肆飞舞，它激活生命能量，从生理到精神，都怂恿实验和出位。

整体上，民国人物身上有着一种江湖气质和刺客精神，其灵魂里有一股酒意，自由与反抗，乃其主旨。尤其对腹有诗华的年轻男女来说，有两件事最让生命沸腾，甘愿为之煎熬、憔悴和献身。此两件事，一个是革命，一个是恋爱。其实，也是同一件事，恋爱也是革命，革命也是恋爱，双方的要义和内在的“质”都是自由，都是冒险与极致，都是浪漫与迷狂，都是让生命血脉贲张、汗流浃背的活儿。

看看他们的举止吧——

1924年11月7日，俄国“十月革命”纪念日，上海《民国日报》同时刊出了三则启事：“沈剑龙与杨之华解除婚姻关系”“瞿秋白与杨之华确立恋爱关系”“瞿秋白与沈剑龙结为好友关系”。同日，瞿杨婚礼举行，另外一位男主角亲临祝贺。

这样的复杂关系和昭告方式，惊世骇俗。

他们要的就是惊世骇俗，不仅于风花雪月，于社会事业亦如此。他们都是时髦的革命派，是红色舞蹈家，是乌托邦信徒。他们的理想，坚定而自负，疾厉而绝对。

时间追溯至数月前——

上海大学社会学系学生，美女兼才女的杨之华，与自己的老师瞿秋白互生爱慕，瞿老师刚刚丧偶，杨同学已作人妻人母，夫君沈剑龙乃浙江名绅沈玄庐之子。暑期，之华回萧山老家，秋白如影相随。是日，剑龙受邀来谈判。谁知，这对逻辑上的情敌，竟一见如故、惺惺相惜……而后，三人又移师沈家，诗酒酣畅，通宵长叙。终于，一款最新潮的“铁三角”铸成，便有了《民国日报》上的那一幕。

秋白的篆刻功夫了得，甚至临刑前也有敌营中人慕名求章。婚后，他对她说：“我一定要把‘秋白之华’‘秋之白华’和‘白华之秋’刻成三枚图章，你中有我，我中有你，永不分离。”

九十年后，这场恋爱被拍成了一部唯美的偶像派电影：《秋之白华》。其中，男女主角被饰演得像舞场上的一对蝶伴，凌波微步，如梦如幻。爱情是酒，革命也是酒，都让人沉醉、晕眩、神情迷离……

是啊，革命，没伴侣怎么行呢？没有桃花何来春意？荆棘丛中，若无蜂蝶，沿途必然荒凉枯寂，磕绊出的一定是粗砺硬伤，难看极了。那样的路，无人愿走。

在郑超麟老人的回忆录里，我们可以领略张太雷、蔡和森、向警予、彭述之、罗亦农、诸有伦、李一纯、王若飞、颜昌颐、高君宇等政治青年的恋爱史，其炽热一点不亚于徐志摩、戴望舒、郁达夫、张爱玲、石评梅等文艺纯情派，那些眼花缭乱的情蕾绽放、枝蔓缠绕的人物关系，堪称瑰丽和绚烂。这一点，多少出乎意料，我们习惯了他们雕塑般的庄严，早早认同了其事业和享乐无关。事实上，他们一点没忽略自己的性别，在血与火的间隙，他们和她们捉对嬉戏，一点没委屈自己的激情。他们有着完整的灵与肉，对二者的消费需求，同样旺盛。

革命和恋爱，这两样东西，确能拿来当饭吃、当命抵的，既安之若素、又轰轰烈烈，既是生命能量的相互转化，也是彼此的成全和抚慰。

当然，这都是苦差事。

他们恋得脸色苍白、遍体鳞伤，就像刚从战场撤下的士兵。爱情需要牺牲，正如革命需要牺牲。他们爱着爱着就病倒了，就被捕了，往往头一天还在热恋，第二天就上了刑场，变成了坟头。

贫苦子弟闹革命，是简陋意义上的造反，是为了吃饭和活命，是纯物理的,其投奔的也是革命实体,即政治书上的“土地革命”。知识青年则不然，他们是“苏菲娅”和“娜拉”的中国拥趸，他们扑向的是人生意义的革命，是精神和艺术向度的革命，乃那种叫“小布尔乔亚”或“罗曼蒂克”的物质分泌使然。

回看上世纪二三十年代的小说，处处是“娜拉”们的身影，是“恋爱加革命”的青春模型，那些着火的情欲，像中了魔的飞蛾，四下突围，而撞上的多是“革命”：逃婚会撞上革命，私奔会撞上革命，失恋会撞上革命，苦恼、抑郁、孤独、叛逆、女权——最终多会被革命揽入怀中……你很难说清，是革命抵达爱情？还是爱情暗通革命？恋上一个人、恋上一种主义，献身一个人、献身一种主义，其情形、原理和轨迹皆酷似，皆需同样气质和基因的人去轰轰烈烈地完成。

2

情与欲，窖埋了几千年的酒，终于启坛了。

所以，拼了命地爱，马不停蹄地爱，分分秒秒地爱……这其中，女人比男人更敢爱，更果决，更裸真，更惊天动地。

且看一个被“革命和爱情”搞得神魂颠倒的女青年的故事，她叫蒋冰之。

1922年，蒋冰之携闺蜜王剑虹一起逃婚来沪，就读陈独秀办的平民女子学校，后经瞿秋白介绍入上海大学中文系旁听。此时，学生中流行改名，她就从随意翻开的词典中捡出了两个字：丁玲。

瞿秋白的情事上述已有交代，巧得很，丁玲也迷上了这位老师，但老师告诉她，自己要结婚了，女方竟是她视为手足的“难友”——王剑虹。这份打击可想而知，凄惶的她逃回老家舔伤去了。

很不幸，半年后，王剑虹染病去世，得的是和老公一样的肺结核。瞿秋白致信丁玲说“自己的心也随剑虹而去”。但很快，他又被新爱点燃了。

瞿是燃烧型的人，和爱情一样，他的生命也燃烧得很快。十年后，这位被政治抛弃的长衫书生，像散步一样走上刑场，见一处草坪，凄然地说：“此地甚好。”死后，余下一叠饱受争议的稿纸——《多余的话》。

瞿秋白给了这位小妹一句点评：“冰之是飞蛾扑火，非死不止。”

他说对了。

在爱的火焰前，丁玲就是飞蛾。

女友安葬后，惆怅的丁玲流落北平。在这儿，她的好友是青年作家沈从文和《京报》副刊编辑胡也频，并遭遇了后者的狂热追求。两人于1925年秋同居，对这位比自己小一岁的男人，丁玲后来说：“我不否认，我是爱他的，不过我们开始，那时我们真太小，我们像一切小孩般用爱情做游戏……我们日里牵着手一块玩，夜里抱着一块睡。我们不想一切俗事，我们真像是神话里的孩子们过了一阵。大半年过去了，我们才慢慢落到实际上来，我才看出我们是一个男人和一个女人，是被一般人认为夫妻关系的。”（《不算情书》）

清贫窘迫、时常断炊的日子里，丁玲做着各种光怪陆离的梦。某日，看了一部叫《空谷兰》的电影，她忽生当明星的念头，并给某大导演写了封心急火燎的信。很快，她跳上开往上海的火车，闯荡电影圈。可惜，这个圈的复杂和浑浊，远非她能承受，怀着一腔悲愤，她折回北平，一口气献出了处女作《梦珂》，这是一个少女想当明星却受骗的故事。

“梦珂”，源自瞿秋白对王剑虹的爱称，法文意为“我的心”。

一鸣惊人，她成了新锐女作家丁玲。

不久，发生了一件事。两人想赴日留学，找了个日语老师冯雪峰。冯相貌平平，但睿智成熟，尤其他指点江山的激情，在丁玲心里刮起了风暴。这场风暴，一生都未落定。

冯到上海，丁也到上海，胡也到上海。期间，三人共栖西子湖畔，度过了一段友情蜜月。

他们的关系，在友谊、同志、爱情之间飘烁。

她不歇的爱，在恍惚、冷藏、爆发之间流浪。

1931 年 2 月 7 日，胡也频、柔石、殷夫、白莽、李伟森、冯铿在上海龙华司令部罹难，史称“左联五烈士”。

喋血事件后，丁玲正式将生命与政治维系在一起，她成了中共党员，做了“左联”党团书记，当了机关刊物《北斗》主编。

之后，史沫特莱采访丁玲，有一个叫冯达的做翻译，这是个有着女人柔情的男人。于是，丁玲与他同居了。1933 年 5 月，丁玲被当局拘捕，而冯达有“叛徒”嫌疑。至此，她气喘吁吁的短跑状的情恋生涯结束了。

1942 年，陕北延安，丁玲与小自己十三岁的陈明结合，这是她人生最后的伴侣，他温暖了她四十四年，一多半光阴在批斗、流放、牢狱中度过。

许多年后，丁玲这样概括自己的情史：“我最感谢的是陈明，最纪念的是也频，最怀念的是雪峰。”

“我真真的只追过一个男人，只有这个男人燃烧过我的心，使我起过一些狂炽的欲念，我曾把许多的生活幻想放在这里过……”

“我尤其当有着月亮的夜晚，我在那些大树的林中走着，我睡在石栏上从叶子中去望着星星，我的心跑到很远很远，一种完全空的境界，那里只有你的幻影，‘唉，怎么得再来个会晤呢？我要见他，只要一分钟就够了。’”

这些滚烫的话，都只说与一个人，冯雪峰。

有学者赞叹这些絮叨："这可能是中国女性最赤裸的自白。但没有一点肉麻和卑污的感觉，被她那纯洁的虔诚的情思所牵引，读着她遍历那哀欢交织、凄艳卓绝的精神历程。在两性关系上，虽然不够严肃，可是在爱情上却十分认真和炽烈。"（司马长风《中国新文学史》）

这些信，后来被以《不算情书》为题发表。

迎接丁玲的，是对方近乎拒绝的理性。此时，他已有妻室。但理性不是冷淡，他和她的情谊，绵延了一生。1957 年，两人的命运，又由一项罪名牢牢维系在一起："丁玲、冯雪峰右派反党集团"。

1986 年 2 月 7 日，大年初一，丁玲在病榻上迎来她最后一个春节。清晨，窗外响起一连串的鞭炮声，连日闭目的她，突然睁开眼："雪峰就是这个时候死的。"

这是怎样的刻骨铭心。

不只是丁玲，民国红粉中，还有陈衡哲、庐隐、萧红、冯沅君、陆小曼、凌叔华、王映霞、陶琴熏、毛彦文、蒋碧微、梁白波、唐瑛、周璇……

她们真敢爱啊，爱得纯粹、辛苦。

她们像疯了一样活着。她们是一种花，只开在民国。

站在 21 世纪的山峦上，回首民国那片沸腾的爱情雨林，实难确认，在人性、情欲、苦乐上，在生命原矿和真相上，我们比之占有得更深广，体悟得更透彻。我们拥有时间的制高点，却不曾有生命的制高点。

看着他们年迈的照片，看着他们庄肃平静、德高望重的模样，我们很难相信，许多年前，他们竟有另一种状态，一种迷离的发烧状态，眼神饥渴，身体发烫……那惊讶，就像看见一个食草动物竟然也吃肉，就像发现了父母早年的情书，甚至有写给陌生者的。

原来如此。原来他们曾活得那么野，那么放肆，他们曾心跳得那么快，像诗、像兽、像醉汉。他们的隐私曾那么多，那么美，那么惊心动魄，甚至夹含粗秽和贪婪……他们追慕时尚、创造时尚，直至自身成为时尚。

然而这一切，都将于上世纪五十年代结束。他们的旗帜，被收走了，包括西服、雪茄、旗袍、口红、高跟鞋，都将尘封至死。他们突然不哭了，不闹了，不疯了，不痴不癫了，他们突然安静下来……他们缴械，向自己的生命告别。此后，他们将换成另外一个人，一个此前永远想不到的人。

这记转身，被一个人比喻成“时间开始了”（胡风诗歌）。当然，不久他们即明白，这不是开始，而是结束。

3

那年头，显然对男人的欲望更偏袒一些。

仅婚史，胡兰成就有 5 次，陈独秀 4 次，顾维钧 4 次，叶浅予 4 次，郭沫若 3 次，郁达夫 3 次，徐悲鸿 3 次，张恨水 3 次，梅兰芳 3 次……而革命志士兼国学大师黄侃，据说娶过 9 位女子。

他们脚踩两只船，一是老社会、一是新国家，一是旧俗、一是新潮，并从两条船上都偷得了好处。“民国有一个奇怪的现象，也许是新旧更迭、中西碰撞的当口，陈世美或‘小三’并非令人不齿的角色，那时代的人反而显得开放与包容。五四时代的作家将爱情视作突破口，因用爱情之名向旧时代挑战，按照苏雪林的说法，‘五四后，男学生都想交结一个女朋友，哪怕那个男生家中已有妻儿，也非交一个女朋友不可。贞操既然是一个封建的东西，应该打倒，男女同学之间随意乱来，班上女学生，多大肚罗汉现身，也无人以为耻。’他们的‘情’是从身体里爆发出来的白热化的冲动。”（见本书第 73—74 页）

他们既坦然享受旧时代的“男权”，又火热拥抱新时代的“女权”。他们从“原配”身上索取旧式女子的义务和忠贞，有意无意消费着“三从四德”，又在新女性这儿领受红颜知己的蜜饯，申请开放与自由带来的犒赏，此可谓跨时代的双福利。从胡适、郭沫若、郁达夫、胡兰成、梅兰芳到孙中山、蒋介石、张学良、李宗仁，莫不如此。

而且，新旧女性似乎都对之宽容有加，甚少苛责。所以，很多男人都被那个时代宠坏了，他们不断地迎娶新人，甚至在不辞旧的情况下迎新。

有人折腾，就得有禁得住折腾的人，就得有像碉堡一样抗得住炸药的人，若此，那折腾才不会变成彻底的破坏性能量，那些肇事者的人生质量才得以保全，才能降低消耗，不至于元气大伤。

没有张幼仪的理智和大度，徐志摩的诗意人生也不会如此酣畅。纵观诗人一生，最让人羡慕的，并非他如何浪漫，而在于他遇到的每个女性，都如此优秀。这家伙运气太好。

没有江冬秀这个贤惠的旧女子，胡适的新锐人生是否还能根深叶茂？唐德刚在《胡适杂忆》里说："他那'较好的一半'是死心塌地的'相夫教子'，为他而生存，为他而服务；使他在学问上、事业上，横冲直撞，而无后顾之忧！我就不相信胡适之先生一辈子伟大的成就，与他这个幸福的、无后顾之忧的家庭生活，毫无关系！"

面对男人的任性、挥霍和撒娇，她们显示了一种母仪的力量，一种宽阔的温情。

这不仅仅是忍让与牺牲，还有美德。她们哺乳了自己的男人。

她们显得"传统""保守"，却不是时代的对立面，相反，她们成全了时代的弄潮儿，成全了枕边人的某些"特质"，保障了他们生命的活跃，并以此帮助了自己的时代。在那些彩虹般绚烂的才子佳人戏里，她们是沉默者的大多数。

反之亦然，女子的"折腾"，那些激情飞舞的簌簌红粉，也需要一种稳重的男性平台来承接和收纳，那些情迷意乱的缤纷冲动，也需要一种宽厚的胸怀来成全和缓冲。于是，一种男人类型出现了，他们和她们，庄重和妖娆，组合出了另一种人生景观。

近读杨萍女士写的这本《人生这场盛宴》，也许缘于性别立场，作者特意从那些显赫情事中录取了一组特有范儿的男人，即在情场大挫败大纠结面前仍不减情义的"好男人"，较之徐志摩、郭沫若、胡兰成这等性急而薄情者，他们有一种别样的"稳"和"厚"，和大环境相比，堪称另类。

比如王赓，毕业于清华，曾留洋美国，与后来的二战名帅艾森豪威尔同窗，虽披戎装，但性情温谦、为人敦厚，在陆小曼与徐志摩的那场世纪浪漫中，在整部剧情里，他太安静、太淡定，乃至在后世记忆中，他的戏份几乎被挤掉了。

但他成全了自己的女人，和所有人的尊严。

这位武人，内心是个绅士，是个君子。

他爱一个女人，却送别了她。和张幼仪一样，他的举动，部分抵御了世人对肇事者的不良评价，给对方的浪漫增添了正当性与合法性。

他是一个浪漫故事的最大养护者。遗憾的是，它始终被说成别人的浪漫故事。

记忆，竟如此浮躁、势利。

再如陈西滢，这位大学者给后人印象不佳，是因被鲁迅那支笔狠狠骂过，而事端是他受不了心上人被对方奚落。他爱的人，也是当时人见人爱的人——才女凌叔华。

没错，因为爱，所以包容。陈西滢并不懦弱，否则，即不会有和鲁迅那场交恶。

这也是个大男人。

和陆小曼一样，凌叔华也遇上了生命好搭档。

以上诸公，虽外表文武，但内里相似，都是心地特别厚实的男人，身上都有一股定力和静气，都受过良好教育，克制、内敛、理性、自律、温谦……兼备中国传统的君子基因和西方的绅士气度——中西合璧，这也是民国特有的生命类型。在一个故事中，他们选择了割让和牺牲，从而把冲突降到了最小，他们用自己的优点弥补了对方的弱点，他们成全了别人，也完善了自己。同时，也保佑了这个故事在形象上的美感。

纵观民国知识分子的情爱生活，其主流和时尚是浪漫、放纵的，是激烈、喧哗和斑斓的，这与大时代释放的生命活力有关。尽管如此，它仍需要一种“镇定”来平衡，需要一种“庄重”和“老派”来辅佐，俨然压舱底的那块石头，使之不致在风浪中翻覆或太颠簸……正因有此，民国那些才子佳人的狂欢，才有了足够的诗意和暖色，才有了被审美的底气和依据。

借今话说，才有了“正能量”。

民国之阔大，是由“容”和“量”决定的。

民国之活力，是由多元的人和人生成就的。

无论如何，他们都要感谢那个时代，感谢他们一起导演的那个时代。

离开了此地，那些浪漫、才情、狂想、欲望，不成活。

王开岭

2015 年 5 月 3 日，北京。

他的十三年，她的一辈子

鲁迅

我的所爱在山腰；想去寻她山太高，低头无法泪沾袍。
爱人赠我百蝶巾；回她什么：猫头鹰。
从此翻脸不理我，不知何故兮使我心惊。

我的所爱在闹市；想去寻她人拥挤，仰头无法泪沾耳。
爱人赠我双燕图；回她什么：冰糖壶卢（葫芦）。
从此翻脸不理我，不知何故兮使我胡（糊）涂。

我的所爱在河滨；想去寻她河水深，歪头无法泪沾襟。
爱人赠我金表索；回她什么：发汗药。
从此翻脸不理我，不知何故兮使我神经衰弱。

我的所爱在豪家；想去寻她兮没有汽车，摇头无法泪如麻。
爱人赠我玫瑰花；回她什么：赤练蛇。
从此翻脸不理我，不知何故兮——由她去罢。

——鲁迅《我的失恋》

1

鲁迅，一个能把文章写成“刀枪”和“匕首”的人，是不折不扣的战士。但是，他原本应该是治病救人的医生。

在鲁迅生命的大部分时光里，他的生活极其寂寥。在男女情感方面，他消极、冷漠甚至有些自私。他有过一次形同虚设的婚姻，这段婚姻让他绝望，也给那个叫朱安的原配带来一生的绝望。后来他遇见许广平，许广平带给他的，无疑是快乐与温暖，但是，他带给许广平的，却非对等的爱。

固有的心智阻止了他，让他不会或者害怕付出更多、更坚韧的爱。对他来说，爱比恨要难得多。

2

1906年，已在日本留学四年的鲁迅，得知母亲为他找了一个旧式女子，他一再推脱，很不情愿。但是母亲认为这个叫朱安的女子甚好：脾气和顺，会做针线，擅长烹饪，不识字，小脚。符合传统儿媳的一切条件。鲁迅最终默认了母亲的安排，只提出两点要求，一要朱安看书、学习，二要她不再缠裹小脚。事实证明，这两点对方都没能做到。鲁迅却因母亲的一封“母病，速归”的电报被骗回国，迎接他的不是有病的母亲，而是一场早已安排好的婚礼。

新婚之夜，鲁迅掀开了新娘子的盖头。

他之前虽然反对这桩婚姻，但内心对未曾谋面的朱安多少还有些许期待，再怎么说，也算是妙龄女子，不会差到哪里去吧？但掀开盖头的那一瞬间，鲁迅的心彻底凉透了。朱安身材瘦小，脸型狭长，脸色微黄，前额、颧骨均略突出，看上去似带几分病容。眼睛无神，而且有些下陷，梳一个小而单薄的发髻。脚缠得很小，步履缓慢不稳。她不仅没有美丽的样貌，而且也没有妙龄应该有的生机和神采，好像一块还未使用就已经暗淡无光的陈旧的布。

清晨，鲁迅早早离开了新房，下人看到他脸上有一块显眼的青色，是眼泪流在蓝布被面又染到了脸上。从第二天晚上开始，他把被褥搬进母亲房里，再也没有回朱安住的房间。

于无奈与沉闷中，他接受了母亲的安排，但是他勉强不了自己的情感，他也做不到像那个时代的其他文人，比如胡适、林语堂，接受父母之命的婚姻，随之身心也能趋同，鱼水之欢、生儿育女，一点都不耽误。更不像徐志摩，一边口口声声要与张幼仪离婚，一面却又令她怀孕在身。鲁迅是如此倔强，他保持着一种清教徒式的洁癖，从1906年到1936年，与朱安的三十年，他照顾、负担她的生活，视她为自己家里的一员，却始终没有对这个女子有过半点亲近。郁达夫在《回忆鲁迅》中表达自己的看法："鲁迅虽在冬天，也不穿棉裤，是抑制性欲的意思。他和他的旧式的夫人是不要好的。"

朱安为自己的婚姻曾经做过努力。知道鲁迅不喜小脚，她便傻到在出嫁那天往一双大鞋里塞上好多棉花，不曾想，下轿那一刻，那双不合脚的绣花鞋，从脚上脱落下来，露出被缠裹的小脚，尴尬至极。成婚后某一天，鲁迅和自己的学生谈到曾在日本吃过一种海鲜，一旁的朱安马上附和说："我也吃过，很好吃。"她分明没吃过，她只想极力讨好鲁迅。

以朱安的智慧和见识，她不知道，她一次次讨好、迎合，没有改变鲁迅对她的态度，反而加深了他对她的淡漠和疏远。鲁迅对母亲说，"和她谈话没味道还要自作聪明……这样说不下去了。谈话不是对手，没趣味，不如不谈。"

1919年，鲁迅在北京买了一套老式三进院，然后把母亲和"大太太朱氏"接到北京居住。但是，朱安做的饭菜鲁迅不想吃，朱安缝的衣服鲁迅不想穿，还把衣服从屋中扔到院子里。夜晚就寝，朱安铺好被褥等着他，鲁迅却大发脾气，硬闹到要把床拆掉。最后，两人还是决定分居。

这不是他要的女子，这也不是他要的婚姻，所以他理直气壮连一丝勉强都不给自己，也不给对方。他以冷酷、决绝的方式伤害着自己，也伤害着朱安。不知他有没有想过，如果他肯给朱安留下一男半女，对这个女子该是多么大的救赎——他口口声声拯救社会，却连身边一个女子的救赎都不肯给。对待原配，鲁迅远不如胡适。

他也深知走到今天绝非朱安的错。他在《随感录四十》中说："在女性一方面，本来也没有罪，现在是做了旧习惯的牺牲。我们既然自觉着人类的道德……又不能责备异性，也只好陪着做一世牺牲，完结了四千年的旧帐（账）。"

从来没有如鲁迅与朱安这样孤独痛苦的婚姻。到1922年，他四十一岁，他与朱安没有夫妻之实只有夫妻之名的婚姻已经维持了十六年，他内心的绝望如同关在一个四周封闭的铁屋子，连挣扎的欲望都没有了："我感到未尝经验的无聊，这寂寞一天天长大起来，如大毒蛇，缠住了我的灵魂。"

他以为此生都会这么绝望下去，但是一个勇敢、热忱的女子闯入他的生命，改变了他的人生轨迹。

3

1923年10月，鲁迅应许寿裳的邀请，站在了北京女子师范大学的讲台。

作为老师的鲁迅偶尔会在课堂上讲讲笑话，但旋即又会板起面孔，恢复严肃的常态。同学们非常喜欢他讲授的中国文学史和小说史，却因敬畏而止于亲近。

有一个女学生例外，她每每都坐第一排，有任何问题都积极提问，毫不掩饰自己的热情。鲁迅很欣赏这个聪慧、直爽的女学生，认为她有思想、有见地，他记住了她的名字——许广平。

1925年3月12日，孙中山在北京去世，约有74万民众前往致祭。女师大很多学生也想参加，却遭到校长杨荫榆的阻拦。这终于成为女师大"驱杨运动"的导火索。后来许广平等六人被校方开除，在开除令里，作为学潮骨干的许广平被斥为"害群之马"。

许广平非常苦闷，她想到了鲁迅，虽然感觉冒失却还是鼓足勇气给他写了一封信。“现在执笔写信给你的，是每星期翘盼着希有的……是当你授课时坐头排座位，忘形地直率地凭其相同的刚决言语，在听讲时好发言的一个小学生。他（她）有许多怀疑而愤懑不平的久蓄于中的话，这时许是按抑不住了罢，所以向先生陈诉……先生，你也垂怜、注意想及有在蚕盆中展转待拔的么？希望先生收录他（她）作个无时地界限的指南诱导的！先生，你可允许他（她）？”又写道：“苦闷之果是最难尝的，先生，有什么法子在苦药中加点糖分？有糖分是否即绝对不苦？”

令许广平意外又惊喜的是，3 月 13 日一早她收到了鲁迅的复信。展开信笺，“广平兄”三字赫然在目。鲁迅的信写得很长，谈了学风，谈了女师大校中的事，又着重谈他的处世方法。关于“加糖”的问题，鲁迅也写到了：“……我想，苦痛是总与人生联带的，但也有离开的时候，就是当睡熟之际。醒的时候要免去若干苦痛，中国的老法子是‘骄傲’与‘玩世不恭’，我自己觉得我就有这毛病，不大好。苦茶加‘糖’，其苦之量如故，只是聊胜于无‘糖’，但这糖就不容易找到，我不知道在哪里，只好交白卷了。”

鲁迅显然读懂了许广平更深一层的含义：她分明在示好。但是他却“不敢”——对待女性，他一向不是主动的人。

许广平回信给鲁迅：“你的苦痛，是在为旧社会而牺牲了自己。旧社会留给你痛苦的遗产（指朱安），你一面反对这遗产，一面又不敢舍弃这遗产，恐怕一旦摆脱，在旧社会里就难以存身，于是只好甘心做一世农奴，死守这遗产。……我们也是人，谁也没有逼我们独来吃苦的权利。”套用时下的说法，这段话，许广平颇有“女汉子”风范。

在许广平之前，鲁迅对社会政治事件并不感兴趣。上世纪二十年代初他在北京，不但在几个学校教书，而且他当时还是政府官员，作为教育部的签事，他的月俸 300 大洋，相当于现在人民币 12000 元，生活无忧。他对学校里的各种运动不关心，更不会参与；他也不是积极、冲动的人。但这一次，他却愤而起身站出来，第一次参与到社会政治事件中。不能不说，是许广平给了他鼓励，又或者，爱情已经悄悄在他心里萌动，他想受她的

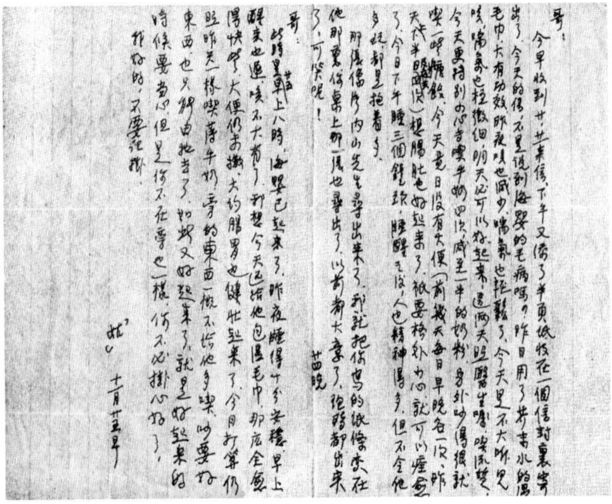

许广平致鲁迅书信

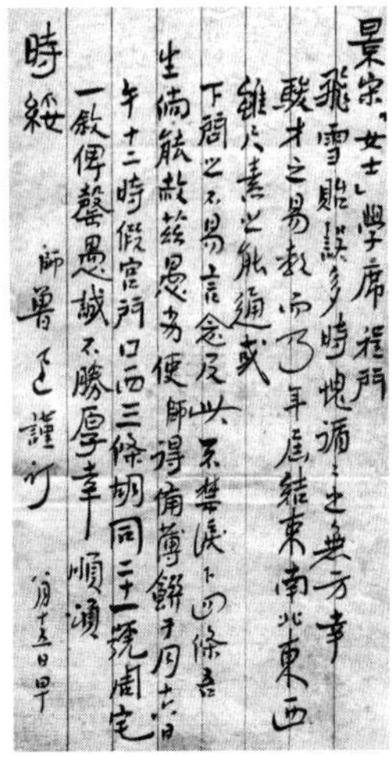

1926 年，鲁迅致景宋（许广平）信札。

牵引，为她做点什么。

1925 年 5 月 27 日，鲁迅、林语堂、周作人等 7 名教授在《京报》联名发表宣言，公开支持女师大运动，最终以 6 月杨荫榆辞掉校长一职宣告成功。

4

鲁迅和许广平开始了频繁的通信。从“收许广平信”，后来渐渐变成“收广平信”，再后来则成了“得害马（鲁对许的专用昵称）书”，鲁迅的日记中有这样的记载：“旧历正月二十二日，夜为害马剪去鬃毛。”真是难得，一本正经的鲁迅，也开始了暧昧。

在这段关系中，许广平显得大胆而激烈。“爱情的滋生，是漠漠混混、不知不觉的，我跟鲁迅之间也是不晓得怎么一来彼此爱上了。”女学生爱上自己的老师，到今天都常有。何况作为作家的鲁迅，身上的光环更为耀眼，许广平自己也无法分清：爱上鲁迅，是男女之情多一点，还是更多的是对这个男人的仰慕？

1925年10月，她在鲁迅主编的《国民新报·副刊》公开表白，“不慑于人世间的冷漠、压迫，不畏惧卫道士的猛烈袭击，一心一意向着爱的方向奔驰”。又在《风子是我的爱》中高呼爱的誓言：“不自量也罢，不相当也罢，合法也罢，不合法也罢，这都与我不相干！”这样明确而炽热的爱，鲁迅是欢喜的，但是他又犹疑，称：“异性，我是爱的，但我一向不敢，因我自己明白各种缺点，深怕辱没了对手。”并问：“为什么还要爱呢？”许广平回答道：“神未必这样想！”

男女间最美好的情愫就在这种暧昧、犹疑、不确定间欲拒还迎，欲罢不能，鲁迅似乎也非常享用与许广平的这段时光。

1925年10月20日晚，在北京西三条寓所。鲁迅坐在靠桌的藤椅上，许广平靠在鲁迅的床头。二十七岁的许广平握住鲁迅的手，鲁迅回报她以轻柔而缓缓的紧握，然后对她说：“你战胜了！”第二天，鲁迅写出了此生唯一一篇婚恋题材小说《伤逝》。

1926年8月26日，鲁迅告别了生活了十四年的北京，与许广平携手南下。他此行的目的，是应林语堂的邀请，赴厦门大学任人文科教授。许广平则是回广东家乡教书。他与许广平商议好，各自在社会中历练两年，积攒些积蓄，就结婚。

但是这个约定对相爱的人来说似乎成了一种煎熬。许广平在去广州的船上就给鲁迅写信道：“临行之预约时间，我或者不能守住，要反抗的。”而鲁迅刚到厦门，行李一放马上就写回信，“觉得太闲，有些无聊，倒望从速开学，而且合同的年限早满”。许广平的回信：“My dear teacher! 你为什么希望‘合同年限早满’呢？你是因为觉得诸多不惯，又不懂话，起居饮食不便么？如果对身体的确不好，甚至有妨健康，则还不如辞去的好。然而，你不是要‘去作工’么？你这样不安，怎么可以安心作工？！你有更好的方法解决没有？或者于衣食，抄写有需我帮忙的地方，也不妨通知，从长讨论。”

在厦门，鲁迅的课依然广受学生的欢迎，每每课堂都挤满了学生，甚至窗外都有人在旁听。鲁迅给身在广东的许广平写了一封信："学生倒多起来了，大概有许多是别科的。女生共五人。我决定目不邪（斜）视，而且将永远如此，直到离开厦门。"

一个男人，只有在自己爱的女人面前才会流露出"孩子气"，尽管他比她大了十七岁，仍免不了还要在她面前"卖萌"。

许广平回信道："这封信特别的'孩子气'十足：幸而我收到。'邪（斜）视'有什么要紧，惯常倒不是'邪（斜）视'，我想，许是冷不提防的一瞪罢！……"

许广平的回信有些醋意，这些醋意又让鲁迅很受用。他们与任何一对恋爱中的男女没有分别。热恋中，男女间的情调，鲁迅也很做得来，与许广平的爱情，带给他从未有过的人生体验。

两地的距离增加了思念的浓度，鲁迅给许广平的一封信中说："我先前偶一想到爱，总立刻自己惭愧，怕不配，因而也不敢爱某一个人，但看

"我坐在厦门的坟中间"，摄于1927年1月。

鲁迅在景云里寓所书房，摄于1928年3月16日。

清了他们的言行的内幕，便使我自信我绝不是必须自己贬抑到那样的人了，我可以爱。”他每天都给她写信，有时一天写三封，半夜里也跑到邮局跳过栏杆投递。信里的内容细致到吃饭穿衣到晚上起夜用什么样夜壶。一个男人，愿意在一个女人面前如此淋漓尽致展现自己，足见他信任她，依赖她，或者，爱她。他也不止一次询问、关注许广平经济上是否够用，有困难一定及时告诉他。可以说，恋爱时期鲁迅的表现可圈可点。

1927 年 10 月 8 日，他们从广州来到上海，许广平搬进上海景云里 23 号鲁迅的公寓，两人正式结为伴侣。

5

社会上对他们的同居始终有非议。为避嫌，鲁迅对外宣称许广平是他的秘书，帮他整理、出版文稿。他们去杭州旅游，鲁迅邀请了一个朋友同行，再三嘱咐房间要订三人间。到杭州，朋友白天外出访友，鲁迅又再三叮嘱他晚上一定回来住宿。在男女关系方面，鲁迅如此小心翼翼，深怕给外界留下什么说辞和把柄。

相比鲁迅的保守与消极，许广平在这段关系中始终主动、勇敢，即使她明知鲁迅顾忌良知和舆论无法休掉朱安，对她许广平不可能“明媒正娶”，也许她永远只是一个“妾”，作为一个曾经奋力要打破旧礼教的新女性，许广平内心其实很在意。但是，怎么办呢？她爱他啊。一个女人，当她爱上一个男人，就真如张爱玲所言“低到尘埃”也不惜。

对自己的这段感情许广平曾有过这样的宣言：“我们以为两性生活，是除了当事人之外，没有任何方面可以束缚，而彼此间在情投意合，以同志一样相待，相亲相敬，互相信任，就不必要有任何的俗套。我们不是一切的旧礼教都要打破吗？所以，假使彼此间某一方面不满意，绝不需要争吵，也用不着法律解决，我自己是准备着始终能自立谋生的，如果遇到没有同住在一起的必要，那么马上各走各的路……”这话，表面上说给外人听，实际上是给自己打气。恋爱谈过了，同居生活开始了，未来会遇到什么？

许广平心里没有底。

在上海定居的近十年时间里，鲁迅先后在三个地方租过房子：一是虹口横浜路的景云里，租老式石库门的亭子间，他称为“且介亭”；二是在北四川路，租公寓里的套房；最后，搬到静安寺附近的大陆新村，租住独门独户的洋房。——房子始终是租的，鲁迅没有为许广平买下一套房子。

鲁迅辞去大学教师的职位，专心在家写作。许广平为帮他整理书稿，也为更好地照顾他的身体，没有出去工作，默默留在了家里。这对一个曾经是学校的积极分子、有着思想和抱负的女子来说，的确意味着很大的牺牲。

这样的牺牲是否值得？许广平没有多余的时间、心力来考虑，她所有的心思和精力都给了鲁迅。每天，她忙着照顾他的一日三餐。他喜欢北方口味，许广平就提议请个北方厨子，十五元的工钱，鲁迅觉得贵，不让请。鲁迅吃的菜，要拣嫩的菜，只要叶，不要茎，鱼肉拣烧得软的，没刺的。惯常要烧三碗菜：一碗素炒豌豆苗，一碗笋炒咸菜，再一碗黄花鱼。鲁迅吃饭是在楼上单开一桌，许广平每餐亲手把摆着三四样小菜的方木盘端到楼上。家里的两个佣人都老了，买米买炭出门办事，这样的粗活得许广平亲自弄。佣人一直跟着他们，不忍辞退，多雇个人的经济实力又不够。鲁迅的稿费除养活他们自己，还得养着他的母亲和朱安，这都得靠许广平精打细算节省着来。日子很清苦，她处处很俭省，买东西总到便宜的店铺去买，再不然，就到减价的地方去买。她把节省下来的钱，都印了鲁迅的书和画。

1929 年 9 月 27 日，四十八周岁的鲁迅有了孩子，许广平为他生下一个男孩。这个在上海出生的婴儿，被鲁迅取名为“海婴”。

海婴渐渐大了，他很可爱，只有他是不论鲁迅在做什么都可以去打扰的。有一次，海婴严厉地质问鲁迅：“爸爸，你为什么晚上不睡觉，白天却睡觉？”又有一次，他跑来问：“爸爸，你几时死了？”到了最后不满意的时候，他就批评鲁迅：“这种爸爸，什么爸爸！”

海婴在大人谈话时总喜欢依偎在鲁迅的身边。看见爸爸烟抽完了，他便从香烟筒里取一支，插进烟嘴，夹在烟灰缸上，备鲁迅取用。鲁迅夜间写作，思路有时被猫叫打断，就开窗把空烟筒扔下庭院撵猫。次日清晨，海婴会把空烟筒捡拾回来，说是要为爸爸提供新的“炮弹”……

面对这样一个小人儿，鲁迅自己都承认没有办法对付他。他自我反省说：“我自以为也不算怎么坏的父亲，虽然有时也要骂，甚至于打，其实是爱他的。”

鲁迅给朋友的一封信里写道：“寓中都好，孩子也好了，但他大了起来，越加捣乱，出去，就惹祸，我已经接受了三家邻居的警告——但自然，这邻居也是擅长警告的邻居。但在家里，却又闹得我静不下来。我希望他快过二十岁，同爱人一起跑掉。”

淘气的海婴耗费了许广平大部分精力，她要照顾他、看紧他，生怕他又跑去打扰鲁迅。鲁迅自不会凶他，但是鲁迅要思考、要休息，许广平总得时时盯着海婴。她每日抽空还得打毛线衣、用机器缝衣裳，剪裁了许多件海婴的内衫裤在窗下缝。她里外所有人都要顾及到，只是对自己忽略了，每天上下楼跑着，所穿的衣裳都是旧的，次数洗得太多，纽扣都洗脱了，也磨破了，都是几年前的旧衣裳。春天时她穿一个紫红宁绸袍子，那料子是海婴在婴孩时候别人送给海婴做被子的礼物。做被子，许广平觉着可惜，就拣起来做一件袍子。

若一有客人，她上街临时买菜，得在厨房弄出七八个菜，鱼肉全有。下厨房煎炒还不说，就是摆到桌子上来，还要从菜碗里为着客人选好的夹过去。饭后又是吃水果，若吃苹果还要把皮削掉，若吃荸荠看客人削得慢而不好，要削了送给客人吃。鲁迅的客人几乎每天都有。

每晚，送走客人，鲁迅开始在他的书桌前彻夜写稿。凌晨，大家醒来，他却睡去。到下午二三点，他才又开始新的一天。他喜欢吃糕饼糖果、油炸的、硬的食品，明明胃不好，每日要吃一粒治胃病的药。他烟瘾很大，很伤身体，他整夜咳嗽，但是，他不听医生的劝阻，也不听许广平的。

有一天鲁迅病着，却偏要下楼去赴一个约会，把衣裳穿得整整齐齐，腋下夹着黑花布包袱，戴起帽子来，出门就走。许广平在楼下正陪客人，看鲁迅下来了，赶快说：“走不得吧，还是坐车子去吧。”鲁迅说：“不要紧，走得动的。”许广平再加以劝说，又去拿零钱给他带着。他直说不

鲁迅全家福，摄于1930年9月25日。

要不要，坚决地走了。“周先生的脾气很刚强。”许广平很无奈地解释给别人听——这样的事件，隔几天就会有。

鲁迅晚年常夜不能寐，独自走到阳台上，和衣躺在冰冷的水泥地上，年幼的海婴夜里起床撒尿，看见爸爸睡在阳台地上，便也不声不响躺在他身边。

鲁迅心里有解不开的结？为什么？是什么？许广平不知道，他也不跟她说。那种感觉是什么呢？生活在一起后，每天得以朝夕相处，身体无比近了，可是心呢？

她是他的妻，却无力勉强他改变什么，更无法像平常人家的女人，可以口无遮拦地抱怨、吵架。许广平也随着别人称鲁迅为周先生。那个可以跟鲁迅开玩笑、顶嘴、亲昵，率直而又勇敢的许广平，在他们婚后就不见了，代之的是一个每日匆匆、隐忍的妇人。她淡淡地评价与鲁迅婚后的关系：“我自己之于他，与其说是夫妇的关系，倒不如说不自觉地还是可保持着一种师生之谊。”

丈夫始终以老师自居，又或者，她始终把丈夫搁在老师的位置，这样婚姻生活该有多么不自在？甚至，当面对丈夫其他女性仰慕者的亲近，她不能生气，不能抱怨，不能有微词，这对一个女人来说，得需要多大的底气和包容？

那个众所周知的仰慕者，说的就是萧红。

6

萧红进入鲁迅的人生是 1934 年。她同当时的恋人萧军一起从东北到上海，初始，他们两人是一起到鲁迅家拜访的。渐渐地，就只萧红一人登门了。彼时她的文学成就并未显现，鲁迅待她也同其他来访者没有分别，他是高高在上的教导者，她是正襟而年轻的仰慕者。

据说两人之间的改变始于萧红给鲁迅的一封回信。她不许鲁迅称呼她为女士。她的口气近乎天真、撒娇，并不畏惧鲁迅的身份。这反而引起了他的注意。鲁迅很难得地在回信里开起玩笑："悄女士（萧红曾用笔名悄吟）在提出抗议，但叫我怎么写呢？悄婶子，悄姊姊，悄妹妹，悄侄女——都并不好，所以我想，还是夫人太太，或是女士先生罢。"

这些信件迅速拉近并改变了两人的关系。之后，从不关心别人穿什么衣裳的鲁迅，开始评价起萧红的衣着，说她的红衣服并不好看，又非常耐心地教授她颜色的搭配原则；许广平给萧红插一朵粉红色头饰，也被鲁迅"眼皮往下一放"，并说"不要这么装饰她"，许广平马上窘起来。

萧红几乎每天都去鲁迅家，他忙，她就跟许广平说话，赶上饭点就吃饭，常常直坐到将近十二点才起身返回。有时鲁迅叮嘱许广平送萧红出门，并为她付好车钱，有时他又要送萧红到铁门外，并指着隔壁那家写着"茶"字的大牌子道："下次来记住这个'茶'字，就是这个'茶'的隔壁。"连萧红自己都想为什么他一定要送呢？对于这样年轻的客人，这样的送是应该的吗？

似乎，鲁迅每次见到萧红都是高兴的，更难得会开玩笑：明明上午才见，下午却说“好久不见”；鲁迅不游公园，住上海十年，兆丰公园没有进过，虹口公园这么近也没有进过。春天一到了，萧红告诉他公园里的土松软了，公园里的风多么柔和。鲁迅答应找个晴好的天气，选个礼拜日，海婴放假时，好一道去，也算是短途旅行。他脾气倔强，却能听进萧红的话。

中国人素来不相信男女间会有什么真正的友情，何况在鲁迅人生中为数不多的几位女性中，萧红与他的关系似乎的确特殊，甚至她写的《纪念鲁迅先生》都被评价比许广平写得好。于是，很多后人通过蛛丝马迹、字里行间，研究加揣度，认定鲁迅和萧红一定有点什么。

会有什么呢？如果非要说有点什么，那也是一个长者对晚辈的呵护与培养——鲁迅长萧红三十岁，叶君《从异乡到异乡——萧红传》有一段记录萧红与好友李洁吾的谈话：李说：“鲁迅先生对你真像是慈父。”萧红听罢，立刻纠正说：“不对！应当说像祖父一样……”

鲁迅自费为萧红出版《生死场》并作序，可是他也为萧军、柔石等作者作过序，并大力相助过。鲁迅只是在尽着一个长者的责任，他爱护青年作者，也愿意扶持他们，因为他始终认为他们是一个国家的希望。萧红的特殊在于，她是一个年轻的女性，她在鲁迅面前有女孩儿的娇憨与活泼，这很容易引起一个长者的关心甚至怜惜，鲁迅从她的身上找到了青春的共鸣，这种感觉令人感到愉悦和温馨。鲁迅与萧红的关系，仅此而已吧。

我更想知道，1934 年到 1936 年间，萧红在鲁迅家频繁进出，许广平心里会有什么？别的不讲，一个千头万绪的家庭主妇，每天最想有的还是一点自己的时间，但是萧红来了，她就得一边做事还要一边陪她说话，是要分掉好大一块精力。更何况，鲁迅那时候是病着，需要静养，他却常常不管不顾从三楼下到一楼来跟萧红谈话。

作为妻子，许广平难免会有微词。有次她对朋友说：“萧红又在前厅……她天天来，一坐就是半天，我哪能有时间陪她，只好叫海婴去陪她，我知道，她也苦恼得很……”但是，对许广平来说，鲁迅的朋友就是她的朋友，鲁迅的爱憎就是她的爱憎，鲁迅的世界就是她的世界。她不能抱怨，也不能不快。

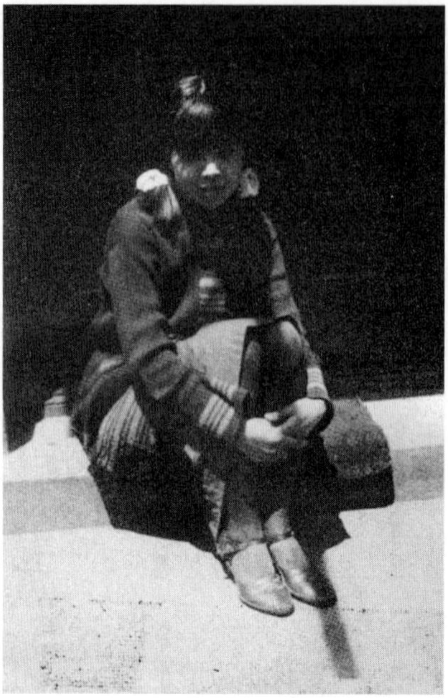

坐在鲁迅家门前的萧红

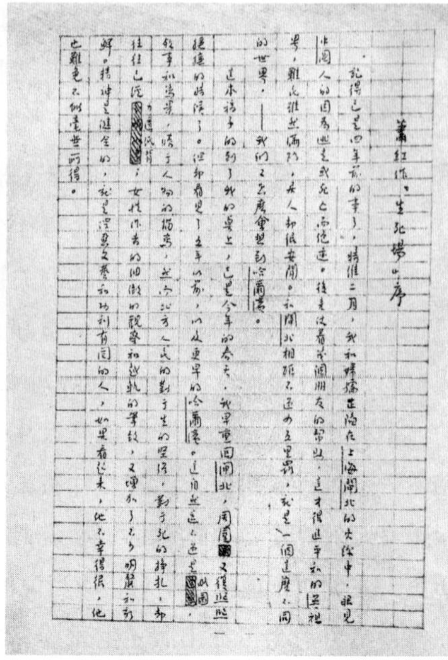

鲁迅为萧红《生死场》作序

1936年10月，鲁迅在上海病逝。

鲁迅弥留之际曾给许广平留下遗言："忘记我，管自己的生活！"

此话，真令人感慨万千。鲁迅一定很清楚，离开他，也许许广平会有更好的生活。

但是，她已然不会再有自己的生活。在鲁迅走后她的余生里，她所做的一切都与鲁迅有关，她的时光用来出版、整理鲁迅的文稿，处理有关鲁迅的大事小事。

鲁迅去世后，朱安生活困难，准备把鲁迅的藏书卖掉。许广平得知消息后，委托朋友找朱安面谈："不能把书卖掉，要好好保存鲁迅的遗物。"朱安反问："你们总说要好好保存鲁迅的遗物，我也是鲁迅的遗物呀，为什么不好好保存我？！"许广平承诺，朱安的生活由她负担。

1946年，许广平到北平整理鲁迅遗物，在八道湾和朱安住了两个月。这是两个女人最亲近的一段日子。许广平每日抄录鲁迅的著述，朱安挪着

老年的朱安

小脚为许广平准备饭菜，许广平感动地叫她“姐姐”，每晚接过她端来的泡脚热水后，都想和她聊聊。但朱安只是在一旁静静地抽着水烟，并不多言。

1947 年 6 月 29 日凌晨，朱安去世。前一天，鲁迅的学生去看望朱安。她已不能起床，但神态清醒，她哭着说：“请转告许广平，希望死后葬在大先生之旁。”她还说，她想念大先生，也想念许广平和海婴。

她的葬礼是许广平安排的，她最终葬在婆婆鲁瑞的墓旁。坟墓上没有任何标记，只插着一支黄竹镶铜的水烟袋。许广平知她一辈子也就这一个喜好。

朱安也走了。自此，和鲁迅相关的人，除了海婴，就是她自己了。许广平其实完全可以想象得见她的余生岁月，会永远沉浸在鲁迅的世界里。这是二十三岁那年，当她坐在讲台下，第一眼看见那个男人时就注定的宿命。

从二十三岁到三十六岁，从相识到他去世，一共只有十三年，他的十三年却成了她的一辈子。

参考资料：

鲁迅：《鲁迅日记》，北京：人民文学出版社，2006 年 12 月。

萧红：《回忆鲁迅先生》。

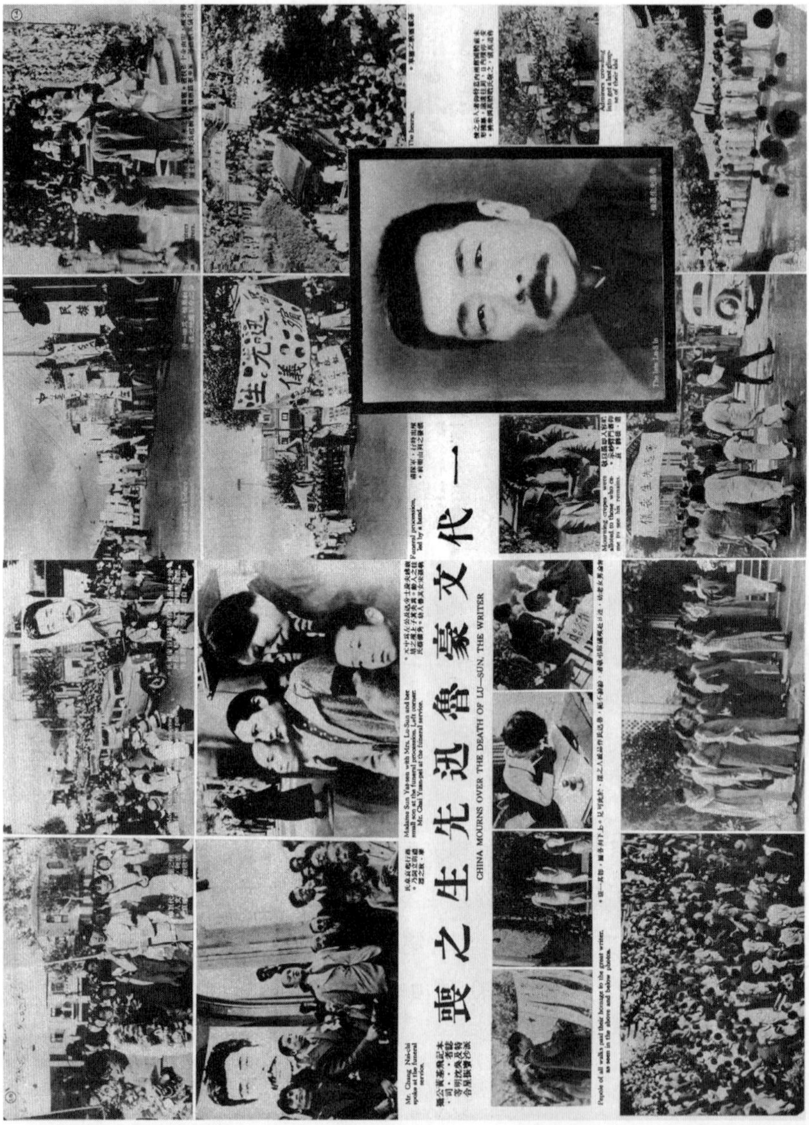

《良友》画报整版报道了鲁迅逝世的消息

傲慢与理智背后有深情

陈西滢

我向来就不信多数人的意思总是对的。我可以说多数人的意思是常常错的。可是，少数人的意思并不因此就没有错的了。我们主张什么人都应当有言论的自由，不论多数少数都应当有发表意见的机会。可是，我们固然反对多数因为是多数就压制少数，我们也不承认少数因为少数就有鄙夷多数的权利。

——陈西滢《多数与少数》（节选）

1

中学课文《纪念刘和珍君》一文，陈西滢是作为“反动文人”出现的，他是鲁迅笔战史上第一个论敌。照中国人的习惯思维，和好人打架的肯定是坏人。于是，在我们读到有关他的书里，他都以“坏人”的面目出现。

现在我知道，人实在没有绝对的好与坏，尤其是政坛，不过各为其主，是政治分歧、政见不同，哪里是简单的好与坏就能说清？

这个叫陈西滢的男子，在世人眼里是傲慢无理的，在他自己的人生里，却完全不同。尤其是对他的妻子凌叔华，一生宽厚、深情与至爱，非一般男子能及。

2

陈西滢，名源，字通伯，西滢是他为《现代评论》周刊“闲话”专栏撰稿时使用的笔名。十六岁即赴英国留学，先后入爱丁堡大学和伦敦大学学政治经济，获博士学位。1922 年回国，在北京大学执教，此时二十六岁。

从十六岁到二十六岁，是一个人人生观、价值观形成并定型的关键时期，在英国度过的十年，英国人的理智和有序给陈西滢留下深刻的影响。而民国时代的中国，政府、社会，民风、文风，相比井然有序的英国，怎一个乱字了得！对那个时代一些国人的劣根性，鲁迅的态度是“哀其不幸，怒其不争”，不管怎样地尖锐抨击时弊，人们总觉着他是和民众在一起的。陈西滢不同，带着高高的姿态俯视着，字里行间流露出从英国带回来的理智与傲慢，冷冷的、疏远的，被鲁迅讽刺为“正人君子”和“绅士”。

其实，陈西滢外冷内热，对家人骨肉的情感很深挚，虽自少留学西洋，脑子里中国伦常的观念却保留得相当深厚。他孝于父母，也笃于友人，对待朋友是不负责则已，既负责则负责到底，任何艰难在所不顾。

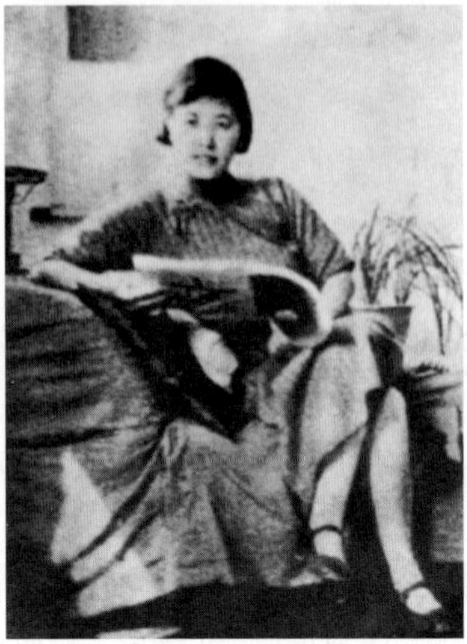

凌叔华

作为一个极有才华的人，与鲁迅相比，陈西滢不说略高一筹，至少和鲁迅是旗鼓相当的对手。他曾经被视为“民国书生”，写一手好文章。有人评价他的文风非常独特：普通小事，经他七拐八歪一说，就显得荒诞和不公平；一个人人痛恨却多年未果的社会现象，他四两拨千斤几句话就挖到了根。他的傲气，也有曲高和寡之意。对无才无德一无是处的人，他会冷眼讥讽，毫不掩饰自己的傲慢与轻蔑，而对有才华的人，他从心底里佩服甚至敬仰。他的妻子凌叔华，最打动他的，就是她的才华。

3

早在陈西滢之前，有一个世界级的大文豪已对凌叔华慧眼识珠、赞赏有加。他就是印度大诗人泰戈尔。

1924 年 5 月，适逢泰戈尔访华，作为燕京大学学生代表去欢迎泰戈尔的正是凌叔华。有人形容凌叔华的相貌不仅男人喜欢，女人见了都喜欢。她比陈西滢小四岁，出生在北京一个书香世家，十几岁时曾东渡日本，无论是文字方面还是绘画方面，都有扎实的功底和很高的素养，可谓多才多艺。

泰戈尔见到她，满心欣赏，对陪在一旁的徐志摩说，凌叔华的才情比林徽因有过之而无不及。

泰戈尔访华，徐志摩作为诗人代表负责接待，他和陈西滢都是在这个时候认识凌叔华的。

徐志摩是个多情的种子，爱林徽因，爱陆小曼，又对刚认识的凌叔华有好感。凌叔华的性格，不像林徽因率直灵动，也不像冰心矜持内敛，更不像陆小曼任性烂漫。凌叔华温婉随和，但又掺入一丝心机，染上一点“俗”气。有人说，最适合徐志摩的女人当属凌叔华，后人也有很多说辞，这两人彼此是有意的。实际上，她和徐志摩虽走动频繁，谈诗歌，谈人生，谈感情，互通信件多次，但是更多的，徐志摩只能算是凌叔华的蓝颜知己。

陈西滢与徐志摩截然相反，他外冷内热，不善言辞，口才一般，更不会哄女人。在遇到凌叔华之前，他二十八年的人生里，感情世界一片空白。泰戈尔来华期间，他作为主办方负责接待，与凌叔华有过几次接触，对她一见倾心。但是要他像徐志摩一样情诗不断，缠绵悱恻，他万万做不到。与凌叔华交往中，他最浪漫的举止是：1926 年 6 月凌叔华从燕京大学外文系毕业，以优异成绩获该校金钥匙奖，陈西滢出其不意地送了她一束玫瑰花。凌叔华真是喜出望外。要知道，陈西滢是多么木讷的一个人，从来不会花前月下的。话又说回来，一个闷骚的男人偶尔做出如此浪漫的举止，其力量一定大大强过天天情爱不离口的风月场上的男人。

凌叔华也有女人的虚荣心，喜欢男士侍奉左右，每天甜言蜜语，但是可贵的是，她比陆小曼多出几分人生的智慧，知道什么样的男人更靠谱，什么样的男人真正适合她。

何况，陈西滢对她不仅爱慕有加，还相当欣赏她的才华，他看出她有很高的文学天赋和素养，鼓励她大胆创作。凌叔华写的第一篇文字，就发表在陈西滢主编的《现代评论》中，受到很多读者的喜爱。一个男人真正爱一个女人，不仅爱她年轻的貌，还深深懂得她的精神世界，并能引领其成长，这样的爱情令凌叔华对陈西滢更多了几分倚重。

史上那场著名的论战，鲁迅大战陈西滢，起因就是凌叔华。

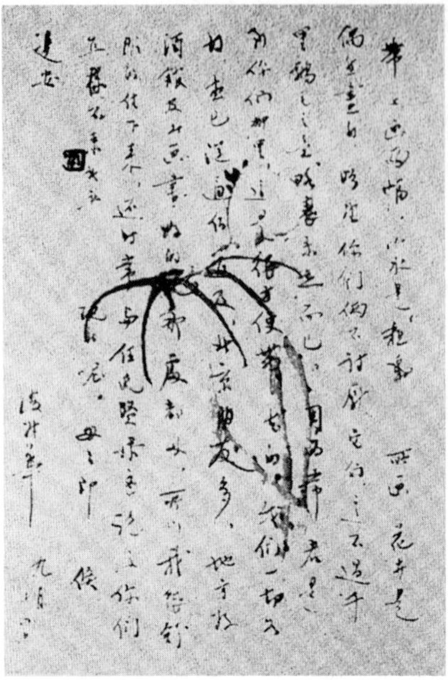

凌叔华墨迹

《花之寺》书影

4

1925年10月，徐志摩接编《晨报·副刊》，发表了凌叔华的小说《中秋晚》，同时还配了一幅英国画家毕亚兹莱的半裸女性黑白画像。报上刊载的画像其实是凌叔华从画册上描摹的。但发表时徐志摩一时疏忽忘了说明，只含糊地写着“副刊篇首广告的图案也都是凌女士的”。

谁知事隔仅一周，有人用笔名在《京报·副刊》上发表文章，指责署名凌叔华的这幅黑白画是典型的剽窃。不久，凌叔华的另一篇文章《花之寺》在《现代评论》上刊发。随后又有人在《京报·副刊》发文，指责其有抄袭契诃夫小说之嫌。

接连被人诽谤，凌叔华内心万分委屈。陈西滢很为她不平，多方打探文章的作者到底是谁？有人说出了鲁迅的名字。其实，鲁迅对凌叔华是赞赏的，早在1925年1月，鲁迅在《〈中国新文学大系〉小说二集序》中对凌叔华的小说《酒后》评论说：“大抵很谨慎的，适可而止的描写旧家庭中的婉顺女性，即使间有出轨之作，那是为了偶受着文酒之风的吹拂，终于也回复了她的故道了。”此评论应该是在非常了解凌叔华的文字和为人的前提下做出的。

陈西滢本是极聪明、冷静的人，稍微想一下就该知道鲁迅不会如此攻击凌叔华，却因想要恢复凌叔华名誉的心思过于急迫和强烈，他没有细细分析和思考就无端地认同了别人的闲话。这真应了那句话：热恋中的人，智商为零。

1926年1月30日，陈西滢在《晨报·副刊》上发表文章，公开指责鲁迅的《中国小说史略》系抄袭日本学者盐谷温的《支那文学概论讲话》。随后，又在《剽窃与抄袭》一文中点名“思想界的权威”鲁迅“整大本的剽窃”。

鲁迅哪里能受得下如此无端的人身攻击呢？1926年2月8日，他在《语丝》周刊上发表《不是信》，针锋相对地反驳了陈西滢的说法。文章还说：“绅士的跳踉丑态，实在特别好看，因为历来隐藏着蕴藏着，所以一来就比下等人更浓厚。因这一回的放泄，我才悟到陈源教授大概是以为揭发叔华女士的剽窃小说图画的文章，也是我做的，所以早就将‘大盗’两字挂在‘冷箭’上，射向‘思想界的权威者’。殊不知这也不是我做的，我并不看这些小说……”

这场论战不断升级，最后上升到了政治之争，涉及多人。最后经胡适出面调解，事情才告一段落。但陈西滢从此终身背负上了“被鲁迅骂过的人”之名。

如果说此前凌叔华对要嫁谁和不要嫁谁还举棋不定，那么经过此次“论战”，她对陈西滢彻底放了心。她在给胡适的一封信中说：“在这麻木污恶的环境中，有一事还是告慰，想通伯已经跟你说了吧？适之，我们该好好谢你才是。……这原只是在生活上着了另一种色彩，或者有了安慰，有

陈西滢与凌叔华

了同情与勉励，在艺术道路上扶了根拐杖，虽然要跌跤也躲不了，不过心境少些恐惧而已。”

1926 年 7 月，凌叔华和陈西滢在北京欧美同学会结婚。

5

1928 年 10 月，陈西滢应聘到武汉大学任教，凌叔华一同前往。1932 年，武汉大学新校址在东湖之畔的珞珈山落成，陈西滢与凌叔华夫妇带着独生女儿陈小滢乔迁珞珈山新居，寓所命名“双佳楼”。

童话故事的结局往往是：从此，王子和公主过上了幸福的生活。而真正的人生中，这却只是开始。陈西滢和凌叔华性格上存在很大差异。陈西滢寡言、挑剔、喜讽刺，而凌叔华则外向、友善、娴雅、温柔又热情。曾经徐志摩在致胡适的信中大谈陈、凌二人的婚姻，“叔华通伯已回京，叔华病已好，但瘦极。通伯仍是一副‘灰郁郁’的样子，很多朋友觉得好奇，这对夫妻究竟快活不，他们在表情上（外人见得到的至少）太近古人了！”这徐志摩也多事，人家夫妻的事与你何干？但是此信也从一个侧面看出二人的婚姻生活并不太和谐。

陈西滢是非常孝顺的人，尤其是父亲去世后，他把母亲接到身边养老送终，伺候得非常周到、尽责。母亲在身边，免不了兄弟姐妹都常过来看望，后来他干脆又把长姐从无锡老家带到武汉同住。

凌叔华是很有些“小资”的女人，朋友评价她是“一个生活于梦幻的诗人”。她对婚姻的要求是一家三口既清净又优雅地过日子，哪成想家里的人口越来越多。陈西滢在外忙了一天，回家不是先同她说说体己话，而是先问候母亲，再跟长姐说半天话，轮到她，都已无话可说。她与陈母她们也合不来，生活习惯与思想观念都不同，这些都是小事，她可以忍得了一时，却架不住每天琐事不断，想清静一点法子都没有。她同陈西滢理论，陈西滢不争辩，只躲着不回应，这更让凌叔华恼火：仿若一拳捅到棉花上，气都没地儿出。

但是，谁的婚姻没有问题呢？两个家庭出身、成长背景、性格、爱好

1932 年，胡适访问武大时留影。前排左四为胡适，左六为凌叔华，倒数第二排左一为陈西滢。

等等完全不同的人在一起生活，而且是一辈子，哪会没有矛盾呢？凌叔华本是一个有智慧的女人，应该懂得婚内的问题要婚内解决，她却一时情迷，犯了一个女人不该犯的错误：她出轨了，而且对方是一个外国人。

6

陈西滢一定想不到，给他的婚姻几乎带来毁灭性打击的那个人来自他热爱的英国。这个人叫朱利安·贝尔，是英国著名女作家弗吉尼亚·伍尔夫的侄子。朱利安是一位有才华又有激情的青年诗人，1935 年他应邀来武汉大学任教时，才二十七岁。

朱利安与凌叔华在珞珈山相识，他到武大的当天就去了陈家拜访，晚上他写信告诉母亲："整个下午我都和文学院院长一家待在一块，有他的妻子，还有他六岁的女儿——非常可爱迷人的小女孩。我们谈话的方式很自由——简直是内地的剑桥。"凌叔华给新来客人应有的东道主的热情，陪他买生活用品，挑选窗帘，布置宿舍，对他的照顾细微有加。

朱利安有事没事都往陈家跑，陈西滢忙于公务很少在家，渐渐地，陪他聊天的就只剩下凌叔华。他们都钟情并擅长文学、绘画等艺术，聊得很投机。朱利安的出现给凌叔华沉闷、烦恼的世界打开了一个窗口，她是那么喜欢见到这个热情、浪漫的小伙子，虽然她比他大了八岁，但两人的交流完全没有隔膜。与他见面、聊天成了她每天最期盼、快乐的事。陈西滢呢，看到因为朱利安的来访，妻子变得快乐起来，每天不再为家里琐事同他争吵，他很欢迎朱利安，甚至有点感激他。他万万没想到，这个外国人竟然给自己戴了一顶硕大的"绿帽子"。

很多史料称凌叔华和朱利安成就了一段摧心荡腑的爱情。其实说穿了，或者俗气一点说，就是一个外国年轻人和一个中国已婚女的偷情。事实上朱利安在热恋凌叔华的同时，还与其他女性有不一般的关系，甚至她们不止一个。

这段感情让凌叔华尝到了热恋的滋味，但更多的是煎熬和痛苦。她知

年轻的朱利安·贝尔

道了朱利安与其他女人的交往后，非常恼怒，与朱利安发生了激烈的争吵。朱利安不以为错，他认为自己爱凌叔华，同时也可以爱其他女人，并一再声称，“天生不相信一夫一妻制”。他多次表示，并不打算和凌叔华结婚。

这种情爱观让凌叔华很绝望，决心以死抗争，她携带一小瓶老鼠药，又备了一把割腕的蒙古刀子，又扬言要吊死在朱利安房里。她极端的言行让朱利安很害怕，朱利安意识到他一时的激情无法承受得了这个东方女子这份沉重的情爱。此后两个人的每次见面不再是甜蜜，彼此都成了对方痛苦的导火索。

7

到了 1937 年，他们的“偷情”在武大成了人尽皆知的事。凌叔华处境尴尬，似无退路。当时，陈西滢是武大文学院的院长，每天高高在上教导他人，私下里却成了别人茶余饭后议论甚至嘲笑的对象——中国男人，又是一个有头有脸的男人，妻子从身到心都出了轨，对他来说，该是莫大的耻辱吧？

人的素养是在关键时刻显现出来的。在凌叔华的背叛事件中，陈西滢表现出了一般男人做不到的宽容与大度。他理智、冷静地和凌叔华长谈了一次，提出三种了结方案：其一，和凌叔华协议离婚；其二，不离婚，但分居；其三，彻底断绝朱利安，破镜重圆。方案囊括了处置此事的各种可能，由凌叔华任意选择。一个男人，若非深爱妻子，绝不会在自己受到如此伤害和侮辱时，还处处设身处地为她考虑。

凌叔华幡然醒悟！

她怎么可能离婚嫁给那个出尔反尔、三心二意的外国男人朱利安呢？！

她知道自己一时情迷走错了，好在陈西滢给她留了后路，她默认了陈西滢给她的第三种选择。

朱利安原定任教三年，如今已无脸再在武大待下去，随便找了一个理由辞职了。武汉大学的左翼学生为他开了小小的欢送会。最难得的是，陈西滢放下自尊，亲自为朱利安主持了这个欢送会。表面上，那些左翼学生以为保守的陈西滢赶走了激进的朱利安，对陈西滢意见很大。陈西滢为保全妻子声誉，承受了莫大的误解，从始至终没做任何解释。

事情到了这个地步算是告一段落。但是，凌叔华却转身又给了陈西滢第二刀——朱利安回国途经香港，凌叔华当时正在广州，他们在广州见面后，又去香港共度了几天。这个女人到底是怎么想的呢？也许她旧情难忘以此做最后的诀别，又想着此事隐秘得天衣无缝，陈西滢一定不会察觉。

但是陈西滢还是知道了。凌叔华辩解说，是在她不知情的情况下，朱利安追到广州去找她的。1937 年 3 月 16 日，陈西滢给已回到英国的朱利安写了一封言词尖刻的信：“我感到很受伤害，我对你的行为感到惊讶。你对我许下诺言说不会再给叔华写信，更不会再见她，除非她强迫你。……我不知道，你会在把道德原则扔掉的同时，也把对朋友的诚信统统扔掉了。没有信义，没有尊严，不遵守诺言。”

不知朱利安如何看待、回应的这封信，他回国后不久，不顾母亲和姑姑的强烈反对，加入了国际纵队赴西班牙参战。在马德里守卫战中，德国法西斯的飞机炸中了他开的救护车，弹片切入胸腔，朱利安重伤身亡。

朱利安去世的消息传到中国，武汉大学校友们为他举行了一场追悼会。

陈西滢出席，并坐在第一排。没有人知道，当时的他面对如此纷纭多变的人生会有怎样的感想。

8

1946 年冬，陈西滢成为国民政府驻联合国科教文组织常驻英国的代表。1947 年，四十七岁的凌叔华带着女儿小滢抵英，与陈西滢一同在伦敦定居，开始了她客居异国他乡的生活。

对陈西滢这样一个高傲的人来说，凌叔华的出轨带给他的不亚于胯下之辱，为什么他却能一而再、再而三地原谅了她？多年后，他们的女儿陈小滢在一本书里给出了答案："至于我母亲和贝尔的婚外情的事，我一直不知道，一直到父亲去世的前两年。1968 年，有一本有关贝尔的传记出版了。我一直从小就以为他是父母的好友，因为小时候常听到他们谈到贝尔的名字，因此我买了这本书送给父亲作为给他的生日礼物。过了几个月，我因为生病请假在家，从父亲那里借回这本书来看，才发现了母亲和贝尔的事。有一天，我带父亲去郊外，顺便问起他这事，他说书里说的事是真的。

两人最终选择了"执子之手，与之偕老"，图为晚年的陈凌夫妇二人在新加坡。

我问他当时为什么他们不离婚，他说，当时女性离婚是不光彩的。再问他，他说‘你母亲很有才华’，然后就不说下去了。”

陈西滢于1970年去世。二十年后，1990年5月18日，凌叔华在女儿和外孙的陪护下躺在担架上回到中国，返回北京史家胡同54号老家，在北京这座她出生、成长，并与陈西滢相识、结婚的城市，搜寻着往日的记忆。数日之后，她便辞世了。

1999年，旅英女作家虹影根据朱利安·贝尔的史料写了一本书名为《K》的小说，讲述了当年发生在武大的那段三角关系，此书的出版引起各方争议，也使得那段经年往事再次浮出水面，一时间风云再起。只是，三个当事人早已作古，世间再多流转纷纭已与他们毫无关系了。

参考资料：

陈学勇：《高门巨族的兰花：凌叔华的一生》，北京：人民文学出版社，2010年12月。

〔美〕魏淑凌：《家国梦影：凌叔华与凌叔浩》，张林杰译，天津：百花文艺出版社，2008年10月。

蔡登山：《女作家凌叔华的背叛和陈西滢的宽容》。

徐百柯：《陈西滢：傲慢与偏见》，《民国风度》，北京：九州出版社，2011年10月。

我始终在你的半径里

胡适

电报尾上他加了一个字，
我看了百分高兴。
树枝都像在跟着我发疯。
冻风吹来，我也不觉冷。
风啊，你尽管吹！
枯叶啊，你飞一个痛快！
我要细细想想他，
因为他那个字是“爱”！

——胡适《无题》

1

似乎有一种共识，包办婚姻总是不幸的。的确，婚姻是自己的，父母哪做得了主？这根本违背人性嘛。只是，依人性自由恋爱结合的婚姻，就是幸福的唯一标准吗？

民国是反对包办婚姻的鼎盛时期，很多人忙着离婚又结婚，寻寻觅觅，反复折腾。身为新文化运动第一人的胡适也因此被人嘲笑，据说主张自由恋爱的陈独秀曾拍着桌子对他说："你要认我是个朋友，你今天就跟你的老婆离婚。这么丑的老婆，这么小脚的老婆，没有文化，没有思想，你居然能够容忍，证明你不是我的朋友。你如果是我的朋友，马上就和她离婚！"

胡适回他："其实我现在的婚姻，对我没有什么吃亏，也很好。"

纵观胡适的一生，他人生中这唯一的一次婚姻，虽不算举案齐眉、琴瑟之和，却做到了生儿育女，同甘共苦，执子之手，与子偕老，一辈子不离不弃——这又是多少人求之不得的事。

何况，胡适与他的妻子江冬秀，他们之间岂非只有义？回首他们五十八年的相守，虽迂回曲折，却不乏有很多爱。

2

胡适十三岁时由寡母为自己定了亲，对方是旌德县的名门望族之女，叫江冬秀，长胡适一岁。江冬秀也早年失父，江母见到少年胡适后，对他的知书达理很是欣赏。两家老太太为两人合了八字后，就替他们把婚事定了下来。

1904 年，订婚不久，胡适由老家安徽去到上海，开始了崭新的人生求学经历。1906 年考入中国公学，1910 年考取"庚子赔款"第二期官费生赴美国留学，于康奈尔大学先读农科，后改读文科。1915 年入哥伦比亚大学

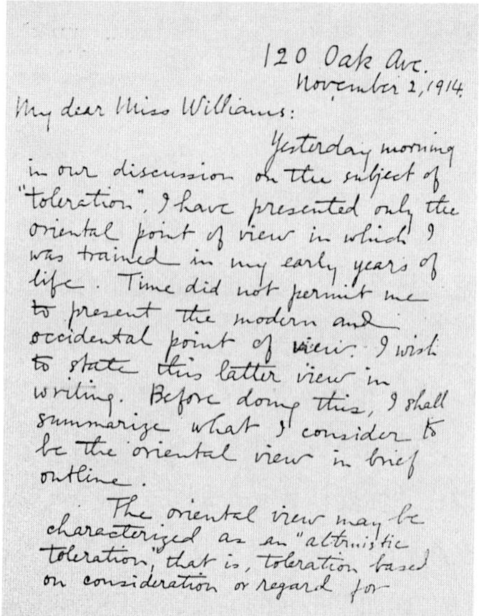
120 Oak Ave.
November 2, 1914
My dear Miss Williams:
Yesterday morning in our discussion on the subject of "toleration", I have presented only the oriental point of view in which I was trained in my early years of life. Time did not permit me to present the modern and occidental point of view. I wish to state this latter view in writing. Before doing this, I shall summarize what I consider to be the oriental view in brief outline.
The oriental view may be characterized as an "altruistic toleration," that is, toleration based on consideration or regard for

胡适给韦莲司的信

研究院，师从哲学家杜威。

也就在这个时期，胡适结识了据说是他的初恋的女人，美国青年画家韦莲司。

在康奈尔大学读书时，胡适与康奈尔大学教授亨利·韦莲司比邻而居。1914 年 6 月 18 日，胡适邂逅了教授的小女儿——从纽约归家探望父母的韦莲司。韦莲司虽比胡适大六岁，却与他一见如故，彼此留下了极好的印象。此前胡适接触的大都是旧式女性，韦莲司却是新女性的理想典范。他认为她“人品高，学识富，极能思想，高洁几近狂狷，读书之多，见地之高，诚非寻常女子所可望其肩背”，“余所见女子多矣，其真能具思想、识力、魄力、热诚于一身者，惟一人耳”。

对韦莲司，他有的是新鲜、敬佩和欣赏。韦莲司对这个来自东方的年轻男子更为心动，西方人的开放让她在他们后来的“独处”时，对胡适几欲投怀送抱，这对胡适来说真是莫大的考验。

胡适曾有过一段令他万分后悔的荒唐经历。在上海求学期间，他因交友不慎被带到窑子做过嫖客。当时不觉得是错，赴美留学后，受到美国观念的影响，他才醒悟：嫖乃人间大恶。因此，他呼吁中国人要树立一种新道德："令人人皆知皮肉生涯为人类大耻，令人人皆知女子堕落为天下最可怜之事，令人人皆知卖良为娼为人道大罪，令人人皆知狎妓为人道大恶。"从此一直要求自己洁身自好。

此外还有一个原因，出国前母亲曾要求他先结婚再留学，胡适以"儿决不以儿女婚姻之私，而误我学问之大"及经济因素来解释此时结婚的各种不妥，他向母亲保证："断不敢背吾母私出外洋不来归娶。儿近方以伦理勗人，安敢忤逆如是……"出国后，他恪守母训"男女交际尤须留心"，有四年时光与女同学都无来往。

对于胡适，韦莲司的确是个例外，她是让他第一次品味到男女之情动的异性，她的热情，他自然是欢喜的，却又万分为难。他告知韦莲司自己早已订婚，无法给予她婚姻，自然也不能有非分之举："在家庭关系上，我站在东方人的一边，这主要是我有一个非常非常好的母亲……我长时间离开她，已经使我深感愧疚，我再不能硬着心肠来违背她。"

在此后漫长的人生岁月中，胡适把自己与韦莲司的情谊始终界定在精神范畴的知己。不论他身在美国，还是回到中国，他们一直都有书信往来，胡适结婚后还致信给她，约定六年后会带着太太去美国看望她。因此也可证实，他们之间的关系是不用避讳太太的，是坦荡的。

但是反观韦莲司，她对胡适的感情却非常复杂。她终生未嫁，一生中大部分时光都在为胡适修改讲稿，成立出版基金，整理书信，这更像是一种无望的苦恋："我唯一一个愿意嫁的男人，我却连想都不能想。"

理智让胡适远离了韦莲司，也让他开始审视自己的婚姻。对母亲给自己的这个包办婚姻，他自然是不满的，之前他靠逃避来面对，而韦莲司的出现让他意识到，再不情愿，也不可能解脱这个婚姻另娶："假如我那时忍心毁约，使这几个人终身痛苦，我良心上的责备，必然比什么痛苦都难受。"这个信条贯穿他的一生。

既然不能解约，就不能一直逃避。胡适意识到要认真对待自己的婚姻——他要培养两人的关系和感情。早在 1911 年 4 月 22 日，远在美国的他给身在安徽、从未谋面的江冬秀写了第一封信。

2

胡适称她为“冬秀贤姊”，他先是感谢冬秀对胡母的照顾，又问候了岳母。然后，用大段篇幅劝冬秀要多读书：“姊现尚有工夫读书否？甚愿有工夫时，能温习旧日所读之书……虽不能有大益，然终能胜于不读书坐令荒芜也。”

江冬秀虽出身仕宦之家，但由于受到礼教的束缚，没有受到较多的文化教育，仅仅读了几年私塾，初通文字而已。胡适在此后多次书信来往中，每封信中都鼓励她，询问她读书的情况，并希望她能多给自己写信。冬秀很听话，有空就读几本书，也尝试着不再让私塾先生替自己回信，自己一字一句写给胡适。胡适每每接到冬秀来信都很欣喜，赞赏她字迹娟秀，又说她词文达意总有进步，然后帮她一一改过错字、白字。

这个时期胡适之于冬秀亦师亦友。冬秀在他的敦促下想来进步不少，因为晚年打发她时间的除了麻将就是读几本闲书了，她最爱读武侠小说，金庸著作，她如数家珍。“金庸的小说，在胡家的书架上，竟亦旎旎然与戴东原，崔碧诸公（的著作）揖让进退焉！”当然，这是后话了。

除了读书，胡适还鼓励江冬秀放足，他在给她的一封信中说：“缠足乃是吾国最残酷不仁之风俗……姊为胡适之之妇，正宜为一乡首倡。望勿恤人言，毅然行之”，“胡适之之妇，不当畏旁人之言也”。两人书信中也颇多甜蜜，胡适央冬秀多寄照片给他，每得一张，都表示“甚喜”。

从十三岁定亲后胡适去往上海再转去美国，一走十几年，转眼冬秀都已二十五六，两人还未论及婚嫁，甚至未曾谋过面，若说这其中江家没有顾虑和担忧是不可能的，胡适很耐心地解释种种不能立即回归的原因，又很体贴地在信中安慰她：“西方男女婚嫁都迟，男子三十四十始婚者甚多。以彼例此，则吾二人尚为早婚耳。”

后人谈及江冬秀，多形容其“泼辣”。其实，与胡适结婚之前的冬秀

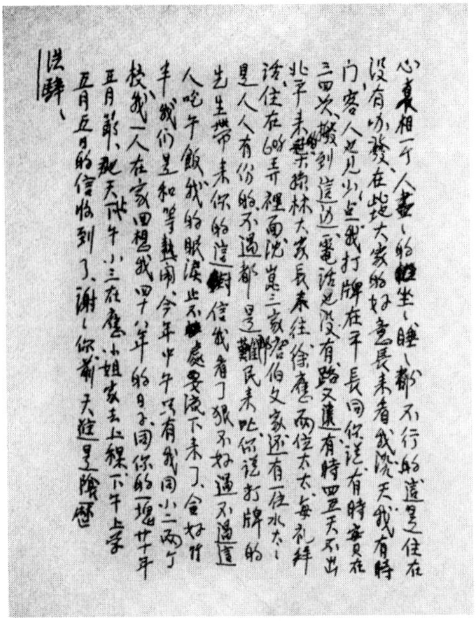

心裏相一个人晝晝的坐坐睡睡都不行的這是住在
沒有办發在此地大家的好意長来看我說天我有時
门客人也见少些我打牌在平長同你說有時寡在
三四次搬到這边電話也沒有路又遠有時四五天不出
北平来的宗孫林太太長来往徐應两位太太每礼拜
話住在的弄裡面沈崑三家邵伯文家还有一位水太太
是人人有份的不過都是難民来吃你說打牌的
先生帶来你的這封信我看了狠不好過不過這
人吃午飯我的眼淚止不住要流下来了合好廿
年我們是和等熱鬧今年中午只有我同小三两个
校我一人在家回想我四十八年的日子同你的一塊廿年
五月節那天中午小三在應小姐家去上課下午上学
五月五日的信收到了謝謝你前天這是陰曆
洪騂

抗战时期，江冬秀写给胡适的信。

非常内敛、羞涩。1917年夏，二十五岁的胡适终于回国，任北京大学教授。暑假，他归乡，很想结婚前能见冬秀一面。这年8月，冬秀身体抱恙，他写信给她说要去看她，未得回复，他还是去了。冬秀却不见，退至内屋。胡适随众人追进去，冬秀一急，躲进床上厚厚的帐幔里，执意不肯露面。

一个在乡间长大的旧式女子，从未谋面的未婚夫突然从天而降，她那份忐忑、不安、无所适从——想见又不敢见，都被那个帐幔给遮住了。

胡适虽怅怅而归，又深怕冬秀因此而自责，第二天即给她书信一封："适亦知家乡风俗如此，绝不怪姊。"真是体贴。

3

1917年寒假，胡适从北京回家，与江冬秀结婚。

新婚不久胡适独自返回北京，在新婚满月时作一首诗寄给冬秀："前度月来时，你我初相遇。相对说相思，私祝长相聚。今夜月重来，照我荒州渡。

江冬秀与孩子们在一起。

中夜夜醒时，独觅船家语。”

对冬秀，他真是爱护有加：记挂着她的痛经，特意查了书籍，告诉她扫除心事也许可缓解疼痛。下封信又问，可好了没有？为使冬秀多多写信，他哄着她：“前次写的信很好，我读了很喜欢。能多写几封，我更欢喜了……我看见你的照片了，可好不好？你多写几封信与我，我便替你多印几张回家去送人。”冬秀叮嘱他的事，他也全记得，一一照做。结婚第四个月满月之期，他给她写道：“你记得我么？我不知你此时心中想什么。你知道我此时心中想的是什么？……窗上的月亮正照着我，可惜你不在这里。”

不错，他和她，是靠着包办婚姻走到一起，可是谁能说这不是爱，谁又能说这里面没有爱？

他不断央求母亲让冬秀能来北京陪伴，为此他早已租好了一套有十七间房子的院子。这年六月，冬秀由哥哥相陪来到北京，夫妻终于团聚了。胡适急迫要冬秀来京，一方面他着实想念新婚的妻子，另一层，他希望冬秀能来北京受教育——她是旧式小脚女子，上不了台面，但他绝不会为着自己的一份虚荣心将其藏匿家中。冬秀到北京后，一有机会胡适就带着她四处走，鼓励她同朋友的女眷结识、交流，也在家里宴请朋友——冬秀一手好厨艺，从家乡带来的干挂豆、萝卜丝、笋衣、豆豉，在她的手中变成美味的家乡菜，笋衣烧肉、芦笋炖肉、萝卜丝塌果。渐渐地，凡人必知，这个能干的女子就是胡适的太太。

冬秀来后，对胡适的饮食起居照顾得熨熨帖帖，他的晚睡作息也全被纠正，不曾有一夜在半夜后就寝，稍有抗议，冬秀马上说是奉了母命，不许他晚睡。胡适给母亲写信说：“我要坐迟了，他（她）就像一个蚊子来缠着我，讨厌得很。”——哪里是讨厌，分明是得意地炫耀。多年后，胡适客居异国，仍时时有这样的信给冬秀：“……三夜都两三点钟才睡，真对不住太太。可是昨夜早睡了……”

小夫妻俩最初的这段日子安稳又和美，未几，冬秀怀孕了。1919 年，他们的第一个孩子祖望出世了。

4

许是三岁丧父，胡适自小由寡母养大，深谙母亲的辛苦。对女子，不仅身边相熟的女性，就是一个普通的女学生，他都怀有一副慈悲心怀，也因此他一生都有女人缘。连一向孤僻的张爱玲，没什么朋友，同时代的文人，更不肯随喜和流俗，只有对胡适不仅欣赏而且仰慕，曾说：“跟适之先生谈，我确是如对神明。”

纵观胡适的一生，与他交好、受他帮助过的红粉知己，应该多到两位数。但是别的真只能算知己，没有其他，只有一个叫曹珮声的，算是一个例外。

1923 年 4 月，胡适患了肺结核，从北京南下杭州养病。一个女子闻讯而来，照顾他的饮食起居，两人开始了长达三个月的朝夕相处。这个女子就是曹珮声，她是胡适三嫂的妹妹，小胡适十一岁。1917 年胡适回乡成亲，她是伴娘之一，两人初识。胡适夫妇到北京后，她常写信给胡适。1923 年，她正在杭州女子师范学校读书，而此前不久，她刚刚结束了一段三年的痛苦婚姻。此番再遇胡适，正是她人生最脆弱、凄凉之时，最需要来自异性的温暖与慰藉，何况此人是她一直仰慕的胡适。

有人说，只要是男人，就会有旁骛之心。或许，初始，胡适对她仅是同情，但是日子久了，两人的情感渐渐成了彼时西湖的水，一天比一天荡漾。也有人说，这全是疾病惹的祸——胡适的肺结核、曹珮声的甲亢，都是让人情绪亢奋的疾病，难免会失去应有的理智。

胡适在日记中写道："桂花开了，秋风吹来，到处都是香气。窗外栏杆下有一株小桂树，花开得很繁盛。昨天今天早上，门外摆摊的老头子折了两大枝成球的桂花来，我们插在瓶中，芬香扑人。"又，"下午我同珮声出门看桂花，过翁家山，山中桂树盛开，香气迎人。我们在一个亭子上坐着喝茶，借了一副棋盘棋子，下了一局象棋，讲了一个莫泊桑的故事……"

——因为有爱情，一花一景都如此美丽与心动。他一头栽进这浓郁的婚外情中，每天只想着与这个叫珮声的女人同下一盘棋，同读一本书、同游山，同玩水，直至最后同居。

而此时身在北京的江冬秀，对杭州的两人丝毫没有怀疑，她还写信让胡适另请个厨子，生怕累着曹珮声。——她照顾着自己的丈夫，冬秀对她只有感激。

三个月的"烟霞洞之恋"让两人都忘记了人间几何，直到曹珮声怀孕，胡适幡然清醒——神仙的日子也许该结束了。

他回到北京。回京前他是否给曹珮声有过承诺，回到北京后是否向江冬秀提出过离婚，在胡适的日记和他留下的其他文字中，均未找到过只言片语。

有两个著名的段子：其一，他回京后马上提出要离婚。江冬秀问他可是真话？胡适说，真话。冬秀冷笑：离婚可以。我先把两个儿子杀掉，我再自杀。——你连离婚的麻烦都省了。胡适登时噤若寒蝉。

其二，胡适提离婚，江冬秀大哭大闹，抓起一把裁纸刀刺向胡适的脸。要离婚，必得出人命。从此，胡适再也不敢。

不知这两个段子怎么传出的，可信度又有几分？但是从此后几年的文字中，包括胡适和冬秀分居两地时的书信中，并无看出夫妻间任何异常。

1925 年，胡适与友人在南京鸡鸣寺游玩，右一为曹诚英（珮声）。

胡适之所以没有离婚，他应该是渐渐清醒了，即便不是江冬秀的以命相逼，他总得顾忌这六年婚姻生活及两个家族的盘根错节，更重要的是，他们还有孩子。拆散一个家庭哪是轻而易举的事？

想来，他给远在杭州的曹珮声的答复应该是非常冷酷而无望的，因为曹珮声很快就断了对他的念想，把腹中的胎儿流产了。

和胡适生命中有过交集的女性，最初的韦莲司、杭州的曹珮声，后来所谓的徐小姐、杜威夫人等等，不论她们与胡适缘深缘浅，没有一个同他成为陌路甚至反目成恨。爱情不在，情谊却一直延续，即便是受伤最深、用情最切的曹珮声，与胡适分开后，也只记得他的好。胡适早年选读的是农学院，曹珮声在 1925 年步他后尘，考进东南大学读农科，后赴美深造。胡适还特意写信给韦莲司，托她照顾曹珮声。曹珮声终身未嫁。她曾经委托好友将她一直珍藏着的一大包与胡适来往的资料，在她死后焚化。1973 年，她在孤独寂寥中离开人世。临终前曾要求将自己埋葬在安徽绩溪一条公路旁，那是通往胡适的家乡“上庄村”的必经之路。曹珮声希望有一天胡适归来时，能在自己的坟前驻留片刻。她并不知道海峡对岸，胡适早已死去整整十年了。

5

胡适也是男人，脱不掉人间各种诱惑，其情感世界甚至比一般人更丰富多彩。但是不管他走多远，他总能及时刹车，记得回家的路。江冬秀像个圆心，胡适始终在她的半径里。

对于江冬秀，李敖的解读是："你看到了江冬秀女士以后，你才知道胡适的伟大"，"像鲁迅，从日本留学回来以后，把原来那个乡下婆子，那个老婆丢掉了，像傅斯年把原来老婆都丢掉了，可是胡适没有把他这个缠小脚的乡下老婆丢掉，乡下老婆就反客为主，就欺负起胡适来……"

很多人喜欢拿江冬秀和朱安比。但是胡适不是鲁迅，冬秀也非朱安。胡适一直鼓励冬秀不仅多读书，还鼓励她多和外界人事接触、交流，并且家里的大小事都由冬秀做主，她也渐渐显示出自己的独立、能干，甚至卓有见识的一面。

她曾对胡适说："请你不要管我，我自己有主张。"的确，她是非分明，有自己独立的判断和立场。

1926年，胡适答应要为徐志摩与陆小曼证婚。江冬秀非常不高兴——对于徐陆两人把各自婚姻搞得乱七八糟，又风风光光再婚，她很不看好，同胡适吵了好几回。末一次，胡适要去英国伦敦参加中英庚款咨询委员会全体会议，临行前，冬秀当着胡适朋友的面说："你要做这个媒，你即便到了结婚台上，我拖都要把你拖下来。"胡适当时未反驳，在西伯利亚经莫斯科至伦敦的火车上给她写了一封信："……我心里很不好过。我是知道你的脾气的；我是打定主意这回在家绝不同你吵。但我这回出门，要走几万里路，当天就要走了，你不能忍一忍吗？为什么一定要叫我临出国还要带着这样不好过的影象呢？有些事，你很明白；有些事，你绝不会明白。许多旁人的话都不是真相。"

1934年，北大教授梁宗岱成名之后，要同他的妻子离婚，梁妻忠厚懦弱，

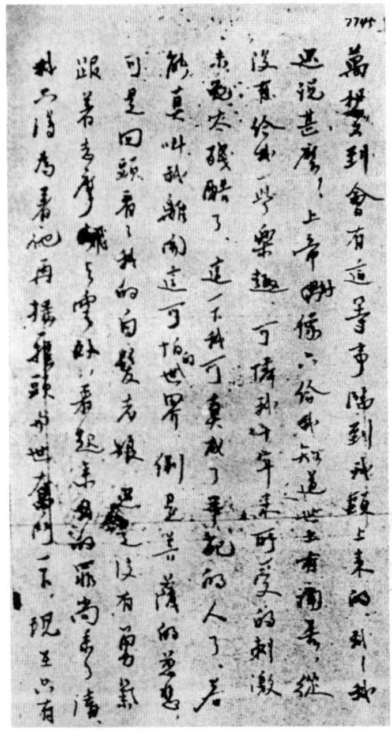

陆小曼致胡适书信

无力抗拒。江冬秀闻之挺身而出，为她打抱不平。江冬秀将梁妻接到自己家中给她助威壮胆，最后闹到法院打官司，江冬秀还亲自到法庭代她辩护，结果使梁宗岱败诉。这件事不要说民国，搁现在都令人称奇。此事也令胡适对自己的太太刮目相看。

1928 年胡适家族修建祖坟，按习俗这么重大的事当由男人主持完成。但因他身心繁忙无法回家乡，此事全权由江冬秀来完成。事后，胡适非常感激和钦佩江冬秀的所作所为，说如果是他或者他家族的其他人，都不会做得这么完美，只有冬秀才会做得这么好。

6

1938 年，胡适被任命为中国驻美国大使。他带着长子到了美国，冬秀则带着次子留在上海。夫妻俩开始了长达三年的分离，彼此联系全靠书信。

两人几乎每十天半个月就会有信往来，每封信都编了号。冬秀挂念胡适在美国的诸多不便，她不时给他寄各种东西：衣服、书籍、茶叶、绣品、丝袜。——美国买的丝袜都是东洋丝做的，胡适不穿，只穿冬秀寄来的国产丝袜。

有一天，胡适穿上冬秀寄来的红绛色便袄，在右边口袋里发现一小包东西，打开一看，里面是七副象牙挖耳。他看了，心里有说不出的感动。他想，只有冬秀会对他这样体贴入微，想到这小件的东西。

远在美国的他，为让冬秀安心，每信必报自己新近测量的血压、体重。他给她邮寄花旗参；耐郎袜子先买两双，一双八放半，一双九放，寄给冬秀让她试穿再告诉他准确的码数；买了好看的手表托人带给她，说那个表带可以松紧，冬秀一定喜欢；听说冬秀新认了几个干女儿，他很为她高兴，忙不迭地买了化妆品和皮包让人捎回国内，说是给冬秀和她干女儿的。

他在美国的旅馆，月圆之夜想到她，马上起来给她写一封长信；花园里红色玉兰开了，他摘下一瓣寄给她；在她五十岁大寿时，他在美国“客中的客中”，在旅馆中给她写信，诉说无限感慨。七月七，他在园子里看到满天的星，半圆的月，也“很想念你”。

尽管她已五十岁，在她心里还是他的娇妻。有次江冬秀写信给他：“我想，你近来一定有个人，同你商量办事的人，天上下来的人。我是高兴万分，祝你两位长生不老，百百岁。”

这封醋意满纸的信让胡适忍俊不禁，忙写信回她：“我在这里，身边没有一个人，更没有女人。”又解释不让她跟来美国，总是怕她人生地不熟，语言不通，却还要时时面对应酬，他在这里日子都难熬，不忍心让她也来受罪。有关他和一个徐小姐的“绯闻”传到她耳中，他耐心给她解释，他只给这个徐小姐写过一封劝诫信，从此再无往来。他承诺，此生不会再做对不住她的事，让她尽可放心。

胡适所谓的“对不住”江冬秀，除了曹珮声之事，还有他们的女儿之死。女儿素斐出生不久便染疾病，胡适因为繁忙，未将此事太放心上，不久素斐竟病重夭折。一年后，胡适在纽约，有一晚梦见素斐的病容，不由得哭醒，起身后破了多年不再写诗的戒条，为早夭的女儿写下一首长诗，又给

1952 年，胡适与江冬秀在纽约寓所前。

冬秀写了一封长信，自责自己没能早一点给女儿请好的医生。他一面写一面哭——这份切肤之痛，只有冬秀能懂。

还有一件，冬秀一直劝诫丈夫远离官场，不要从政，胡适却身不由己。1938 年 11 月 24 日，胡适致江冬秀家信中说："现在我出来做事，心里常常感觉惭愧，对不住你。你总劝我不要走上政治路上去，这是你帮助我。若是不明大体的女人，一定巴望男人做大官。你跟我二十年，从来不作这样想，所以我们能一同过苦日子。所以我给新六（注：族人）的信上说，我颇愧对老妻，这是真心的话。"

7

晚年，江冬秀跟随胡适去了美国，后又辗转到了台湾。她最爱打麻将，据说每次打牌必赢。她在麻将桌上赢来的钱，也经常是胡家的收入之一。后来，胡适在台湾任研究院院长时冬秀邀朋友来家打牌，他也从不干预，有时四缺一，他还被她拉来凑一角。身为院长的胡适，为维护前院长（蔡元培）规定不准在公房打牌的好传统，曾对他的秘书说，请帮我买所房子给我太太住，因为太太打麻将的朋友多，在公房打牌不方便。

胡适常常买书，对旧书商很客气。但是，他家中的财权掌握在夫人手中。先生爱买书，太太不爱给钱，书账能拖就拖，实在拖不下去了才想各种法子还账。书商们虽然都很佩服胡适，但做他的买卖时，就不得不和把钱抠得紧的胡太太打交道，很头痛。

时间久了，大家都知道胡适"怕老婆"，对此胡适不但不以为怪，还曾对学生发表过一番"怕老婆"的"宏论"："一个国家，怕老婆的故事多，则容易民主；反之则否。德国文学极少怕老婆的故事，故不易民主；中国怕老婆的故事特多，故将来必能民主。"

甚至他有个癖好就是收集全世界怕老婆的故事。他还提出了著名的"新三从四德"标准：太太出门要跟从，太太命令要服从，太太说错了要盲从；太太化妆要等得，太太生日要记得，太太打骂要忍得，太太花钱要舍得。多年后，台湾女作家三毛说过一句意味深长的话；男人怕老婆，哪里是怕，分明是爱！

张爱玲人情淡漠，对胡适与冬秀的关系却颇为赞赏。1955 年，她在纽约初见胡适和江冬秀。写下如下文字："他太太带点安徽口音……端丽的圆脸上看得出当年的模样，两手交握着站在当地，态度有点生涩，我想她也许有些地方永远是适之先生的学生。使我立刻想起读到的关于他们是旧式婚姻罕有的幸福的例子。"

在有些地方冬秀永远是胡适的学生，但另外一些方面，冬秀又是胡适温暖而坚强的后盾，是他永远的依赖。唯此，两人才携手相伴了一辈子。

参考资料：

耿志云、欧阳哲生：《胡适书信集》，北京大学出版社，1996 年 9 月。

胡适：《胡适日记全编》，合肥：安徽教育出版社，2001 年 1 月。

张爱玲：《忆胡适之》，《重访边城》，北京出版集团，北京十月文艺出版社，2009 年 6 月。

张学良

平生无憾事，唯一好女人

盼发芽早，
愿根叶，
长得茂；
深耕种，
勤锄草，
一早起
直到
太阳晒得
似火烧。
呀，
芽，毕竟发了！

——张学良《发芽》

1

在很长一段时间里，中国人喜欢上纲上线，一好百好，一坏百坏。

比如张学良，西安事变让他成了爱国将领，按我们的惯例，拥有如此“头衔”的人必须“高大全”，于是他很多其他的经历都因此被屏蔽了。

张学良在晚年说过这样一段话：“人就是一张纸蒙住脸，别把那张纸揭开，你要揭开了，那后幕就不定是怎么回事。”

揭开蒙在他脸上的纸，我们惊诧真实的张学良与之前我们所知晓的张学良是多么的不同。西安事变之前，他是少帅张学良，同时也是花花公子张学良；他在战场上叱咤风云，也在各色女人堆里打转。他有英雄气概，又有匪气、风流的一面。他曾写过一首诗：“自古英雄多好色，未必好色尽英雄。我虽并非英雄汉，唯有好色似英雄。”

此诗真可谓他的人生写照。

2

张学良的父亲是声名显赫的张作霖。张作霖有六房妻妾，张学良是其原配赵氏所生，生于 1900 年 6 月 4 日。

对这个长子，张作霖管教最严，也最器重。张学良的性格做派中的张狂、霸气，甚至五毒俱全，都受张作霖的影响。

张作霖最喜欢晚饭后留在饭桌旁，一个人喝点酒。张学良专拣这时去见父亲。他陪在一边，给父亲夹菜、斟酒、举杯，自己也陪着喝两盅。等张作霖喝得多一点，不是全醉，有七八分醉意的时候，张学良就开始提自己的要求，要钱、要权、要人，张作霖都会痛快地答应。

有一次，在张作霖五房姨太太的房里喝酒，张作霖大声说：“妈的，你这小子啊，你当我不知道你呢，你净出去跟女人在外头混——混女人。

我告诉你，玩女人可以。你可别让女人把你玩了。”

五姨太在旁撇嘴道：“得了吧，你儿子够坏的了，你还教呢！”

此话不假！

年轻时的张学良从不缺女人，他经历过的女人据他自己晚年回忆，女朋友、情妇，能记起的就有 11 个。

十六岁的时候，他遇到一个女人，是他表哥的姨太太，他表哥是张作霖的部下。这个姨太太，曾经是个暗娼。张学良经常去他家玩：“有一天，家里没人，她就调戏我，所以我成了坏蛋，就是从她身上学来的，我也因此有些看不起女人了。我这个表嫂呀，大家后来给她起个外号，说她是‘连长’——她的男朋友，有一个连那么多。”

“潘驴邓小闲”，前四样张学良都有。但是那个“闲”，他却不干：“我跟女人是这样，你要不理我，我也就不朝前了。”

曾经有三个女人，她们的丈夫有商界也有政界的，都有名气有地位，这些女人，台面上都正正经经、端庄贤淑，与她们的丈夫步调一致、琴瑟和鸣，私下里却陪着张学良跳舞、游玩、幽会，她们的丈夫也不干涉。张学良有一架大型福特飞机，哪天高兴了，就带着女朋友全国各地飞，他不仅花巨资培养飞行员，还自己建造飞机、自己开飞机。他专门请来万显章辅导他学习飞行理论知识和实际操练。没过多久，他就能熟练地驾驶飞机在营口和丹东飞来飞去，甚至还能够自己驾驶飞机到南京开会。

这样的男人，长得帅，懂风情，舍得花钱，还有对女人极具杀伤力的大权在握，没有几个女人能逃得过来自他的诱惑，他显然也已经被这些女人惯坏了，不相信会有女人不接他的招。晚年时的张学良也承认自己年轻时很荒唐，但是他似乎又颇为得意：“女人沾上我，她就离不开了。”

不过，在张学良的风月逸事中，有个叫梁九的女孩儿颇为特别。

这女孩儿是天津人，其父是天津有名的商人，梁九是他家十个女孩儿中的第九个。1927 年春天，张学良因军务到天津小住，到梁家做客。据说，见过梁九，张学良平生第一次有了寝食难安、相思无眠之感。

这个梁九，年龄虽小，却颇有自己为人处事的一套底线和原则——再

爱，也不做人家小妾。她告诉张学良，如果想和她长相厮守，必须先离婚，再明媒正娶她。张学良当时有原配妻子于凤至，另有一谷姓女子做二房。二房好说，但是于凤至为他生下四个儿女，不要说他良心上做不到抛弃妻子，就是他的父亲张作霖也绝对不会允许他和于凤至离婚。

就像当下那些中年男人对年轻女孩儿们所说的：除了婚姻，你想要什么我都会给你。张学良对梁九也一定说过类似的话。他没想到的是，这女孩儿同之前的那些女子完全不同，她断然拒绝了他："既然你张学良做不到明媒正娶，我就不会再和你有半点瓜葛。"她说到做到，立马同张学良断了往来，转身嫁给了别的男人。"

她的丈夫是北京政府交通总长叶恭绰的侄子叶查理，就是叶公超的哥哥，但是夫妻俩一直不和谐。1930 年的一天，两人在青岛参加一个宴会时，梁九因劝阻丈夫少喝酒而被他打了一个耳光，她当场离席，坐上火车去了上海。大概是怎么都无法解开心中的死结，她在火车上吞食了大量火柴头自杀身亡。

直到晚年，张学良还记得与梁九的很多事："她没有出嫁的时候，我就跟（她）开玩笑。她说：'张先生你不要跟我开玩笑。'我问她：'你喜欢不喜欢我？'她说：'我喜欢你，你不要跟我开玩笑。你到底能不能娶我？你真能娶我吗？'我非常喜欢这个九小姐……"

也许他的确很喜欢这个女孩儿，但能让他牵挂一辈子，一个很重要的因素是他从未真正得到过她，她是唯一一个没有被他彻底征服的女子。那句烂俗了的话同样可诠释他的心理：妻不如妾，妾不如偷，偷不如偷不到——得不到的永远都是最好的，这不是爱，分明是不甘心。

3

1925年6月，在美国驻沪领事馆举办的一次鸡尾酒会上，张学良结识了宋美龄。宋美龄的容貌、气质、衣着和显赫的出身都有别于张学良身边的其他女人，让他很是着迷。数十年后他仍说："宋小姐当时美若天仙。"

他们年龄相近，教育背景、成长环境相似，彼此非常谈得来。两人约会过多次，在人多时，他们常常会用英语交谈，以显示二人之间的独特和亲密。

宋美龄的择偶标准是非英雄不嫁，但是她还有一个条件：绝不做姨太太。张学良是英雄不错，却非自由身，又不能离婚。而此时，蒋介石已与家里的原配解除了婚约，堂而皇之地来追求宋美龄了。1927年，蒋介石终于娶得美人归，与宋美龄步入婚姻殿堂。要说张学良不遗憾显然是假，许多年后他还说："若不是当时已经有了太太，我会猛追宋美龄的。"

虽然这只能算是时过境迁后的感慨，命运不可逆转，可是他们的关系没有因此中断，反而在其后的岁月里，命运有了另外的安排。

后来，蒋介石要枪毙张学良，宋美龄威胁他："你要对那小家伙（他们私底下有时这么称谓张学良）有不利的地方，我立刻离开台湾，而且把你的事情都给公布出来。"这话很厉害！宋美龄一直认为张学良是gentlemen，她对张学良遭受这样的罪很抱歉，一直说对不起。她还在一个公开场合上力挺他：汉卿不要钱，也不要地盘，他要的是牺牲。这话，让张学良感动、感激了一辈子：知他者，宋美龄也。这个女人真是他命里最珍贵的红颜。

西安事变改变了张学良的人生轨迹。他自己说过一句话：我这个生活，就是到了三十六岁，发生大转变。假如没有西安事变，我不知道我还会有什么经历。

《良友》画报第 54 期刊登的“三友”：宋美龄、于凤至与宋蔼龄。

这些转变也包括他的信仰。信仰是一个人精神世界最重要的组成部分，张学良原本对佛教有相当的研究，后来受到宋美龄的影响和指引走上了信仰基督教之路。

可以说，张学良一生中每个阶段都有过宋美龄的关心和照拂。蒋介石去世后，宋美龄去往美国，她仍然经常记挂着身在台湾的张学良，每过一段时间就会托人送些东西给他。张学良在美国的账户被冻结，宋美龄知道后马上派人帮他打通关系，解决了经济困境。赵四去世后，宋美龄怕张学良孤寂，邀请他到美国。他最终没去。有人问他为什么不去？张学良笑言：她会什么都管着我啊，包括我穿的袜子的颜色都要管的。由此可见，两人的关系真不是一般的亲密。

但是这种亲密非世俗间的男女关系，是两个男女跨越生命与岁月的灵魂之交。宋美龄对张学良的好也已到了爱屋及乌的程度，她与他的两位妻子都长期保持着非常好的关系。

4

张学良的第一位妻子于凤至比张学良大三岁。她父亲于文斗是辽源的商务会长，他眼光独到，很早之前就看出张作霖非平庸之辈，将来会大有作为。张作霖很喜欢于凤至，在张学良八岁时，为他和于凤至订了婚；十六岁，为他们完婚。像所有老式婚姻，结婚之前这两人连面都未见过。

对于这桩父母之命、媒妁之言，张学良很不情愿，他从一开始就不喜欢这个太太。他不止一次对于凤至说：“你嫁错了人，你是贤妻良母，可是我张学良恰好不要贤妻良母。”

他们的关系一直不咸不淡，直到于凤至生第四个孩子时得了重病，中外医生都来诊治，判定跟不治之症差不多，都说她一定会死。于凤至的母亲和张学良的母亲商量，让张学良立刻娶于凤至的一个侄女为妾，以便于凤至死后能照料他们的四个孩子。

张学良很生气：“我太太现在病得这么重，你们要我现在就娶她的侄女，那不是我这边结婚，那边催她死吗？那叫她心里多难过？绝对不行。”

后来于凤至的病奇迹般好了。她对张学良非常感激，也因此对他在外面的放纵行为不仅不约束，还跟在后面给他“擦屁股”，真到了只要他觉着好就什么都好的程度。

1928年底张学良易帜后，经常走访南京。他走访南京的目的不是和蒋介石商谈政事，而是爱上了当时外交部长王正廷的妹妹。但是这一次却被于凤至“棒打了鸳鸯”。

于凤至在多年后的回忆录里说：“在汉卿掌握半壁江山的权势和大帅遗留的巨大财富之下，很多女人为谋取私利，用一切手段缠住汉卿。汉卿对女人又十分随便，对此，我从不过问，我相信他决不会负我。只有对王正廷的妹妹，他找我要求我接纳她做二房，说她人品好，留学归国，学识很高。并因王正廷的关系和政府要人都有渊源，一再要求，为此事我再三思考后拒绝。我说：为了我们两人这个家，为了孩子们，我不能同意。最

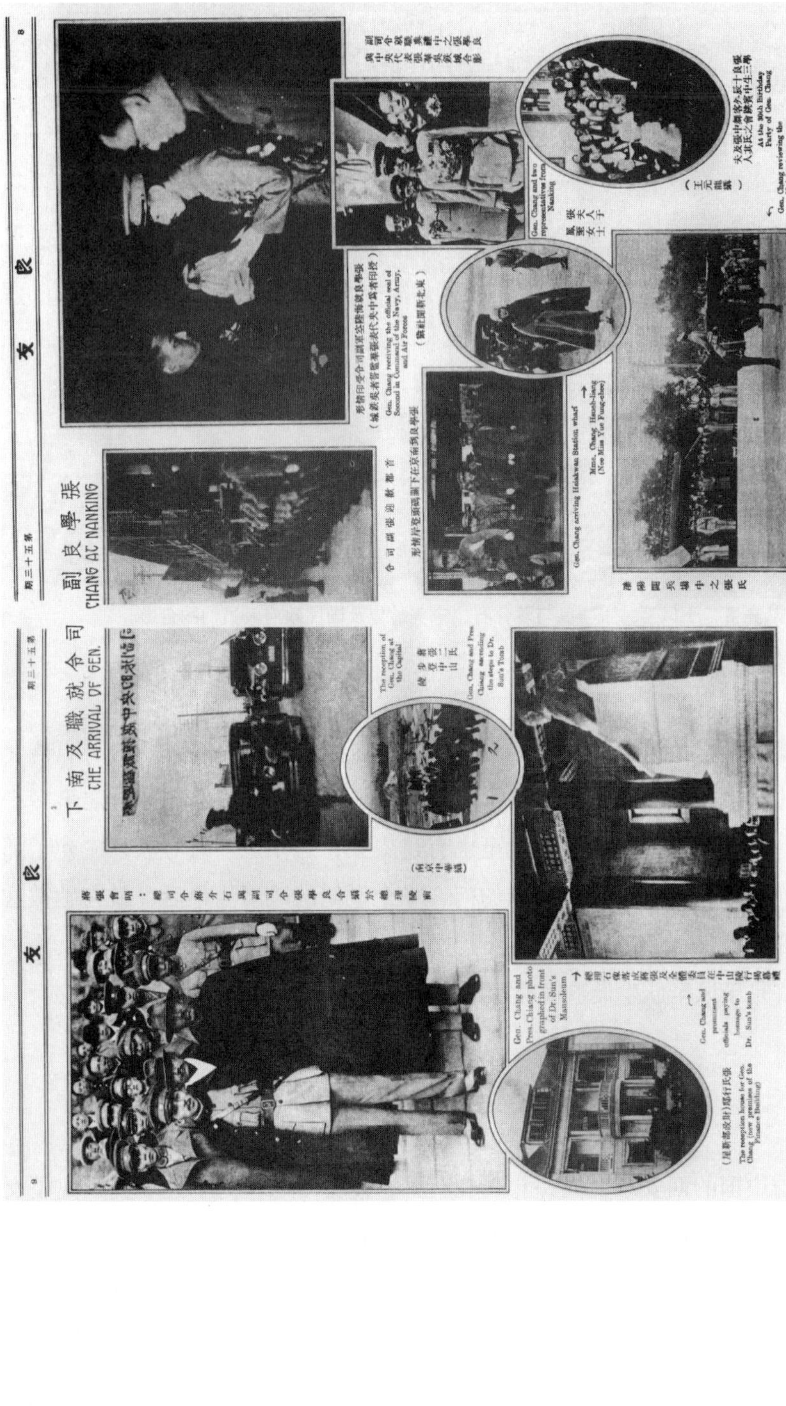

东北易帜后，张学良南下担任中华民国陆海空军副司令，《良友》画报第 53 期的整版报道。

妻从夫贵，于凤至、张学良与蒋介石、宋美龄以及国民政府大员们的合影。

后汉卿依从了我的意见。”

张学良虽然不舍得，还是乖乖顺从了于凤至。男人嘛，风月之事多一个少一个，又如何？不过于凤至也有过失策，当年她一时心软，应允了那个叫“赵四”的女子进了张家的门，半个世纪的风雨沧桑后，最终她被这个赵四所取代。在世人眼中，赵四越过她成为张学良生命中最重要的女人，这也许是于凤至此生最追悔莫及的事。

5

与中国的西安事变同一年，在英国，爱德华八世为了迎娶美国离婚女子沃丽丝·辛普森夫人，放弃了英国王位，留下了“不爱江山爱美人”的佳话。时隔七十多年，随着大量秘史的披露，爱德华八世退位的内幕开始曝光。

许多事实表明，爱德华八世之所以放弃王位，主要是迫于强大的政治压力，并非外界宣扬的为追求忠贞的爱情。辛普森夫人在多年后的一次采访中很疲倦地说：爱德华余生一直与她一起，不是因为两人深爱，而是他被囚禁，他没有自由，但凡他有一点办法，两人也早已分道扬镳。

与爱德华同一时代的张学良和赵四小姐，又何尝不是！

有人说，很多女人都会爱上风流少帅，但能没名没分地陪伴一个失意男人度过数十年寂寞囚徒生涯的，只有赵四小姐。

自然，他们之间的感情深厚过张学良与他生命里的任何一个女人，但是能一直在一起也是命运使然。

关于两人相识的时间，史界、文学界有几种说法，有说1924年，有说1926年。据张学良晚年回忆："我跟太太（赵四）认识的时候，她才十六岁。"在于凤至的回忆录里，赵四初识张学良时的年龄却是十四岁："这群女人中有一个叫赵绮霞，她父亲是政府中主管经济的要员，她因终日在舞场流连、不肯上学，被称为赵四小姐，她追逐汉卿，报纸杂志大肆渲染。她父亲管教她不听，登报脱离父女关系，成为一时新闻。她以此为由，托人找我，要求任汉卿的永久秘书，服侍汉卿的生活，汉卿要我决定。我可怜她十四岁幼龄，无家可归而允许。赵绮霞来到沈阳帅府，一进门就跪地向我叩头，说永远不忘我的大恩大德，一辈子做汉卿的秘书，决不要任何名分。我用我的钱给她买了一所房子，并且告诉财务人员，给她工资从优，以尽到对人之心。"

于凤至在帅府一墙之隔的地方买下一栋小洋楼接赵四来住。张和赵唯一的孩子就出生在这栋洋楼。于凤至知道二人喜欢跳舞，她亲自安排装修时特意在楼里留了一个舞厅。她只有两个条件：一、赵的身份只能是英文秘书；二、她出现的场合赵不能同时出现。

如果于凤至的此番叙述属实，是赵四哭着喊着要跟了张学良，也无可厚非——一个只有十四五岁的女孩子，她真正懂什么？不过是被爱情迷失了眼睛和心智。等到她真正懂得了是非，知道了对错，人生却已不能回头。试想，一个跟过张学良的女人，毫无生存技能，还带着一个孩子，她又与家里全闹翻了，后来父母相继去世，财产的继承权被剥夺，家里当家的是平素厌恶自己的同父异母的嫡出哥哥，她真是无路可去。即便她渐渐知道了张学良不堪，又能如何？除了继续跟随他，怕是再无选择。

西安事变后，1937 年 1 月，张学良被蒋介石软禁在浙江溪口，宋美龄留于凤至在张学良的身边，却不让赵四小姐跟着，她认为赵四就是个小妾，没有资格和身份陪伴张学良，蒋介石也觉得她跟在张学良身边很不方便。赵四的处境非常尴尬，既不能与张学良见面，又不能投奔天津赵家，她孤身一人带着儿子先后在香港及上海住过一个时期。

1940 年 2 月，于凤至患重病必须去美国就医，行前她与张学良有过一次长谈。于凤至在回忆录里说，分别前夜似有生离死别之感。她与张学良边谈边泣，商议如何面对未来。于凤至担心此去怕是再无回归日，她要抓紧时间安置好子女在外省的生活，不能再回蒋统治区。张学良答应她，任何情况下决不自杀，还特别明确指出：永远不会认罪，因为自己没有罪，

赵一荻，人称赵四小姐，她陪伴张学良七十二年，是中国现代史上的一位颇具神秘色彩的女性，才华横溢。图为赵一荻的画。

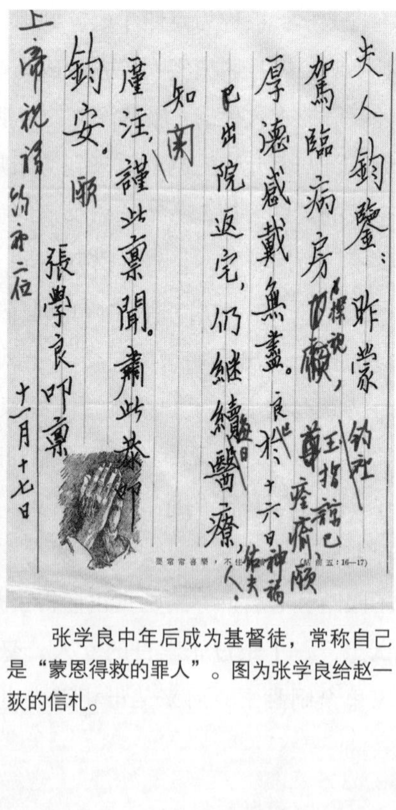

夫人钧鉴：昨蒙[illegible]
驾临病房探视，[illegible]
厚德感戴无尽。良于十六日
已出院返宅，仍继续医疗，
知关
廑注，谨此禀闻。肃此恭叩
钧安。
张学良叩禀 十一月十七日
[illegible]

张学良中年后成为基督徒，常称自己是“蒙恩得救的罪人”。图为张学良给赵一荻的信札。

并且是尽了力报效国家了。他又对于凤至解释："赵四要来了，她会照料我，但是戴笠让她来，就是说明戴能控制她，对这点我们要清醒。"

在这种背景下，赵四才得以重回张学良的身边。她将不到十岁的儿子送到美国托人抚养，自己从香港赶到贵州修文县阳明洞，陪伴张学良。

6

宋美龄起初很不认可赵四。后来他们到台湾后，宋美龄对她的印象才逐渐有了改观。张学良也承认："……到了北投（张学良在台北的寓所），蒋夫人开始变了，变得非常喜欢她。……我后来跟她结婚，差不多就是蒋夫人的力量。我们结婚的时候，蒋公没去，蒋夫人去了，我可以这样说：我和四小姐能够结婚，有蒋夫人一半的力量。因为蒋夫人非常喜欢她，当年不喜欢她，后来非常喜欢。"

但是，真正使他们结婚的理由却不单单只是宋美龄喜欢赵四这么简单。1964 年，为阻止张学良离开台湾到美国和家人团聚并获得自由之路，蒋介石以基督教的信奉者讲究一夫一妻为由，让张学良解除与于凤至的婚姻。蒋介石派了张学良的一个远房亲戚到美国做说客，他对于凤至说，张学良经过多年教育已经认罪和守法了，愿意和赵四在台湾终老，所以才要办离婚。这是他到张学良家和赵四三个人谈及此事时赵四亲口这么说的。

于凤至不相信，打电话给张学良，他对她说："我们永远是我们，这事由你决定如何应付，我还是每天唱《四郎探母》。"

为保护张学良的安全，于凤至最终答应离婚。这其中有多少无奈与心酸，全被她生生咽进肚子里。她对来客说："我为汉卿，连命都可以不要，更何况婚姻之名呢？！"

支撑她、温暖她的，除了与张学良共同走过的岁月，还有他电话里那句"我们永远是我们"。她始终坚持所谓离婚是强加给她的，是非法的，她在张学良那里永远是唯一的妻。而对赵四，她感到愤怒与不屑："赵四不顾当年的誓言，说永远感激我对她的恩德，说一辈子做汉卿的秘书，决

冬日山中湿冷袭人，赵一荻裹着厚厚的冬衣，在阳光下编织毛衣。

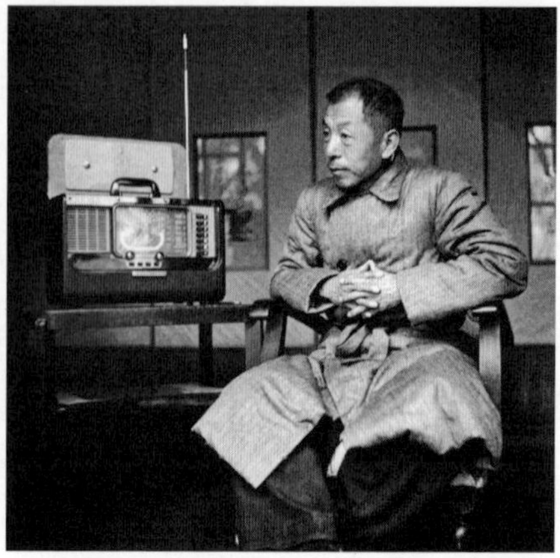

收音机是张学良居住在台湾唯一可使用的“家用电器”，而且还是宋美龄所赠。

不要任何名分等，今天如此，我不怪她。但是，她明知这是堵塞了汉卿可以得到自由的路，这是无可原谅的。”

1964 年 7 月 4 日，赵四和张学良举行了婚礼，彼时张学良 64 岁，赵四也已年过半百，算是“白发新娘”了。7 月 21 日，台湾《联合报》以标题《夜雨秋灯，梨花海棠相伴老；小楼东风，往事不堪回首了》作了报道。这个等了几十年的婚礼，对赵四来说，争一口气、要个说法的心理更强烈一些吧。至于情感，还真不好说到底有多少。有次她对张学良说：“如果不是西安事变，咱俩也早完了，我早不跟你在一块了，因为你这乱七八糟的事情，我也受不了。”

此话不假。她对张学良从少女的盲目崇拜开始，在经历了朝夕相处和多次变故后，再多的激情都会被磨平、消融，何况她虽陪伴了张学良大半生，他却从来也没有给过她足够的安全感。

7

早在 1934 年，墨索里尼的女儿到上海，恰巧张学良也在上海戒烟。身在北京的赵四听闻张学良与墨索里尼的女儿走动频繁（这倒冤枉了张学良，他与这外国妞还真没什么，纯粹是纯洁的友谊），立马打翻了醋坛子，拉着顾维钧当时的夫人黄蕙兰乘坐张学良的私人飞机追到上海，大闹了一场。

即便后来老了，也已与张学良结了婚，赵四的醋劲并未消减。这一部分原因要怪张学良自己不好，年轻时的诸多风流账也就算了，到了晚年虽没有“实战”，他却常常口无遮拦，专喜欢讲男女关系的笑话，甚至经常说什么赵夫人可敬、贝夫人可爱之类的话，让赵四非常恼怒。她无处发泄，就把愤怒转加到为张学良写“口述历史”的作者唐德刚身上，拒绝他继续采访，直接导致那本“口述历史”有一部分内容没能写完。

这个让赵四如此记恨的贝夫人是贝祖贻的老婆、贝聿铭的继母。此女叫蒋士云，其父曾任中华民国驻外使节。巧的是，她在家也排行老四，人称蒋四小姐。

蒋士云是张学良的旧相识。1927 年，在民间北京政府外交总长顾维钧做东的宴席上，蒋士云和张学良初次见面，少女蒋士云对张学良一见钟情。后张学良身居沈阳，他不断收到蒋士云从南方寄来的信件、明信片和玉照。两人的关系一度相当密切。

1936 年西安事变发生时，蒋士云正在上海小住，得知张学良因护送蒋介石而失去自由，蒋士云通过关系打通了特务头子戴笠，冒险到张学良的幽禁地奉化雪窦山探望。

1975 年，蒋介石去世后，张学良的人身自由得到恢复，他骨子里的那些被压抑的真性情又蹭蹭冒出来，开始张罗着与曾经的旧相识、旧相好见面、叙旧。

1979 年，蒋士云，也就是后来的贝夫人从美国飞往台湾，这是她和张学良分别四十年后的首次见面。1991 年 3 月，张学良获准到美国探亲，一到旧金山，张学良就对身边的人说：“我想一个人到纽约去会会朋友。”他早计划好去贝夫人那里做客。此后三个多月时间里，他下榻在她在曼哈顿花园街的豪宅里，同外界一切交往也由她负责安排。这位贝夫人大概多年美梦成了真，一时忘乎所以起来，对前来约请张学良的人各种阻拦，大有“独占此人”之嫌。最离谱的是，之前张学良约好为他写“口述历史”的作者唐德刚在纽约见面，约定的时间到了，唐德刚打电话到贝家，贝夫人声称张学良已回台湾。唐德刚很诧异，想张学良是不是老糊涂了，这么重要的约会都忘记。一个月后，他遇到张的一个学生，这个学生说张学良一直在纽约等唐德刚，抱怨唐德刚为什么不守约。原来是那贝夫人，私自替张学良做主取消了约定。事后，唐德刚打电话问贝夫人为什么这么做，贝夫人振振有词地说：“约见汉公的人太多了，我很怕他身段吃勿消。”——瞧瞧，她真当自己是张大人了。

那么，此时真正的张夫人赵四又在哪里？按她那股醋劲儿，怎么会允许张学良与贝夫人卿卿我我呢？其实当时赵四也在美国，不过她住在洛杉矶儿子家中。她很清楚张学良此番纽约之行一定是去会见老情人，但是她能怎么办，分明阻止不了。令她聊以自慰的是，一个九十几岁的老男人和一个七十好几的昔日女友，怕是再想见也已岁月无多了吧！

的确，对张学良来说，与贝夫人的这次会面，应该是他此生最后的“艳遇”。

参考资料：

唐德刚：《张学良口述历史》，太原：山西人民出版社，2013 年 2 月。

于凤至：《我与汉卿的一生》，北京：团结出版社，2007 年 5 月。

不愿被提起，不应被忘记

王赓

我们常常为错过一些东西而感到惋惜，但其实，人生的玄妙，常常超出你的预料，无论什么时候，你都要相信，一切都是最好的安排，坚持，努力，勇敢追求，风景变幻，人世无常，顺其自然的力量，神秘，莫测，闪着光，就这样突然地把惊喜带到你的世界中来。

——《半生素衣：陆小曼传》

1

根据真实事件改编的电影《泰坦尼克号》。穷小子打败高富帅赢得白富美的爱情故事感动无数人。“屌丝”逆袭，情比金坚，这样的价值观全世界通用。

在中国向来也不乏类似的故事。泰坦尼克沉没十三年后的1925年，在北京，一个叫陆小曼的京城名媛和一个叫徐志摩的新月诗人相识、相爱，上演了一曲才子佳人的爱情故事，被世人称为佳话。我丝毫不怀疑这两人的真爱，也敬佩他们冲破世俗、忠于自己内心召唤的非凡勇气。只是两人遇见时，“罗敷有夫使君有妇”（徐志摩虽离婚，但原配仍肩负着奉养徐家老人和孩子的责任，离婚未离家）。说到底，这就是一场实实在在的婚外恋。他们轰轰烈烈地爱着，却必须有其他两个人为他们俩的爱来埋单：徐志摩的原配张幼仪和陆小曼的丈夫王赓。

王赓被世人、后人所知，无疑是因为这个叫陆小曼的女人。每当徐陆“佳话”被说起，他总会作为陪衬被提及，然而徐有《爱眉小札》、陆有《小曼日记》，王赓生前身后却没有对此留下一个字，他始终是无声的，任人评说。他不是不委屈，在这场关系中，他的身份是尴尬的，甚至是被扭曲和误解的。我想，如果他能选择，他宁可一生都默默无闻也不会想要这样被出名。但是，对那个伤了他的心又损了他的名的女人，他内心的情感却无法用一句爱与恨能说清。

2

实际上，遇见陆小曼之前的王赓已堪称出类拔萃、可圈可点。

1911年，十六岁的王赓从清华毕业，到美国留学。先在密歇根大学待了一年，二年级进入哥伦比亚大学，三、四年级又在普林斯顿，读历史和

二十岁的陆小曼

政治系，主修哲学，并于1915年以名列第十四位（共116名文科生）的优异成绩毕业。接着，他受到美国西点军校的约谈，并在那里接受美国陆军高等教育，有一种说法是，他与美国前总统艾森豪威尔是同学。1918年毕业时，他是这一年140个毕业生中的第十二名。据说，同时毕业于普林斯顿和西点两座学府的中国人，在上世纪初大概只此一人。

回国后，王赓在民国北京政府陆军部任职，1919年巴黎和会召开，中国代表团亟需通晓西方事物的军事专家协助，王赓受邀担任了巴黎和会中国代表团武官兼外文翻译。

在外交部举办的一次舞会上，王赓结识了京城名媛陆小曼。陆小曼的父亲陆子福毕业于日本早稻田大学，早年支持孙中山的革命，在国民党南京政府成立后历任司长、参事、赋税司长等职。母亲吴曼华出身于官宦世家，多才多艺。他们共生有9个孩子，陆小曼是唯一存活下来的，且从小伶俐、聪慧又极尽美丽。陆家极为疼爱，对女婿的人选更是千挑万选。上门求亲者趋之若鹜，但陆家一直没松口，直到王赓回国。王赓先被陆母一眼相中，随后打探的信息又令她不断对王赓增色加分。陆家看中王赓大好的前途和忠厚、正直的人品，他们阅人无数，深信为女儿挑选的这门婚事错不了，很快替女儿做了主。

这门亲事于王赓也是上佳的选择，他虽前途大好，但家道已中落，如今有了陆家可以依仗，使他的根基壮大、牢固了很多。更难得的是，王赓和陆小曼虽是由父母牵线做主，但是他们郎才女貌，初相识，应该也是相见欢的吧，不然以小曼的心高气傲，若有半点不从，也不会从订婚到结婚只仅仅一个月的时间。

他们的联姻轰动京城，婚礼在“海军联欢社”举行，结婚的一切费用，全由陆家负担，包括几位伴娘的衣服，都由陆家订制。

1922年10月10日，两人正式结为夫妻。王赓二十五岁，陆小曼十九岁。

3

炫目的婚礼之后，一切归于平静。男方每日外出忙于公务，营营役役；女方留守家中，一式一样地开始过日子，所有人的生活不都这样吗？如果说这场婚姻王赓有错，就错在让陆小曼太闲——人不仅会闲出病，还会闲出是与非。多年后，有人总结出人生幸福三要义：有事做、有希望、有爱。婚后的王赓不需要小曼为衣食用度操心，她安逸富足，有大把的时间，却无事可打发。那么，希望呢？旧时代的女人大都会把希望寄托在丈夫、孩子身上，把丈夫的升迁看成自己的快乐。陆小曼不是，她生在富贵家庭，见多了富贵人家，已很不稀罕：“其实我不羡富贵，也不慕荣华，我只要一个安乐的家庭，如心的伴侣，谁知连这一点要求都不能得到，只落得终日里孤单的，有话都没有人能讲，每天只是强自欢笑的在人群里混。”陆小曼是一个被宠坏了的孩子，有了风还想要雨，有了月亮还想要星星。

陆小曼看不到她已拥有的一切，她满心满眼的希望，只是爱情。

她要的爱情却不是涓涓细流之爱，更不是相夫教子的平实之情，她要的是卿卿我我、缠绵悱恻的爱情，她不知道，这样的爱只存在于恋爱中，一旦进入婚姻，任谁都不会一辈子都能保有一颗浪漫之心。抛开社会道德规范不说，单说人性，只谈情说爱而没有生活基石的男女关系有多脆弱，陆小曼日后嫁给徐志摩，不也验证了此番道理?

王赓是典型的金牛座男人，勤奋、务实、刻板，追求脚踏实地的平实感，个性温和、庄重正直，从不作任何不切实际的幻想。这个星座的男人的确会把事业看作高于一切。夫贵妻荣，他骨子里有着这样传统的思想。但是，说王赓对陆小曼漠不关心却有不实之处，有人曾在《胡适遗稿及秘藏书信》里，偶然发现王赓写来的一封信：

> 适之、歆海：
>
> 正要写回信给歆海，恰好适之的信亦到。谢谢你们二位种种地方招呼小曼，使我放心得多。这几个月来，小曼得着像你们二位的朋友，受益进步不在少处，又岂但病中招呼而已。她有她的天才，好好培养可以有所造就的。将来她病体复原之后，还得希望你们两位引导她到 SWEETNESS AND LIGHT 的路上去呢。……

此信可谓用心之苦：体贴妻子，认可她的天分，在乎她的格调；他在南京任职，不能常在陆小曼身边，就请在北京的朋友能多多陪伴她。对于妻子的朋友，不论男女，王赓都是欢迎的，包括日后的徐志摩，王赓不仅不反对她与徐志摩来往，对于他们之间的相知、默契反而是鼓励的，因为他希望陆小曼快乐。

但是陆小曼的心思却慢慢生出了异想，尤其是 1925 年，她结识了徐志摩，天雷碰地火啊，她以为这才是真正的爱情。“她只顾自己个体生命的自由，只顾自己的感受和感觉，只顾自己的快乐和休闲，只顾要自己的生活。”在她的《小曼日记》里，尽是对徐志摩的相思之苦和互诉衷肠，王赓出现的次数极少，只是一个“他”——“可恨昨天才写得有趣的时候，他忽然的回来了……”“前天写得好好的，他又回来了。本来这几天因为他在天津，所以我才得过着几天清闲的日子。”“我现在才知道夫妻间没有真爱情而还须日夜相缠，身体上受的那种苦刑是只能苦在心，不能为外人道的。”

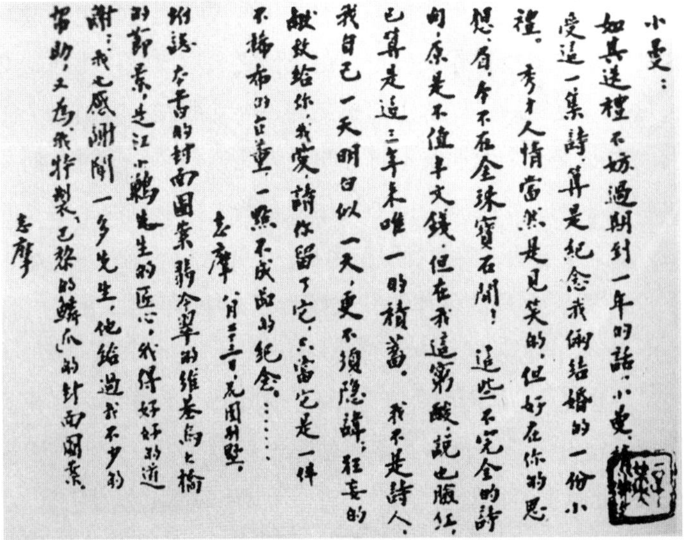
小曼：
如其送禮不妨過期到一年的話，小曼，我
愛這一集詩，算是紀念我們結婚的一份小
禮。秀才人情當然是見笑的，但好在你的思
想，原不在金珠寶石間！這些不完全的詩
句，原是不值半文錢，但在我這窮酸，說也臟仁，
已算是這三年來唯一的積蓄。我不是詩人，
我自己一天明白似一天，更不須隱諱，狂妄的
獻致給你，我愛，請你留了它，只當它是一件
不稀希的古董，一點不成品的紀念……
志摩 八月十三日 花園別墅
附誌：本書的封面圖案，翡冷翠的維基烏上摘
下的節景，是江小鶼先生的匠心，我得好好的道
謝；我也感謝聞一多先生，他給過我不少的
幫助，又為我特製已經的麟爪的封面圖案。
志摩

《翡冷翠的一夜》是徐志摩对陆小曼的爱情宣言。图为序文手迹。

可见，她已全心记挂在她的“摩”的身上，王赓的回家对她来说已成了负担和累赘。

与徐志摩相恋后，陆小曼失去了王赓初识她时的“妩媚”与“轻柔”，动辄伤感躁动、哭哭啼啼，王赓感觉到了他们之间的“情感危机”，为此深感焦虑和不安。他努力调整和挽回过。他当时在上海任五省联军参谋长，他致信给岳母，希望她即刻带小曼赴南方使他们夫妻团聚。但是此信到了小曼日记里却成了“好像长官给下属的命令一般，好大的口气……”，她没有心生愧意，更没有感激丈夫的用心，“我一边看一边心里打算怎样对付，虽然我四面都像是布满埋伏，不容我有丝毫的反响，可是我心里始终不愿意就此屈服……”对王赓，她生出更多的冷漠和厌倦。

4

民国有一个奇怪的现象，也许是新旧更迭、中西碰撞的当口，陈世美或“小三”并不是令人不齿的角色，那时代的人反而显得更开放与包容。五四时代的作家将爱情视作突破口，用爱情之名向旧时代挑战，女作家苏雪林曾说过：“五四后，男学生都想交结一个女朋友，哪怕那个男生家中已有妻儿，也非交一个女朋友不可。初说彼此通信……不过久而久之，友谊就变成恋爱了。贞操既然是一个封建的东西，应该打倒，男女同学之间随意乱来，班上女学生，多大肚罗汉现身，也无人以为耻。”《小说月报》18卷8号《评四五六月的创作》一文统计了1919年四、五、六月三个月所刊载的小说，指出恋爱题材占了总数的98%。由此，作者认为当时作家“最感兴趣的还是恋爱”，他们的“情”是从身体里爆发出来的白热化的冲动。

离婚似乎也并不是一件多么不堪的事，甚至还是一件令人愉快的事。杨步伟在《杂记赵家》中提到：那时还有一个风行的事，就是大家鼓励离婚，几个人无事干，帮这个离婚，帮那个离婚，首当其冲的是陈翰笙和他的太太顾淑型及徐志摩和他的太太张幼仪，张当时还正有孕呢。

在王赓与陆小曼的离婚事件中，有一个人起到了决定性的作用，他是画家刘海粟。徐志摩央他去跟王赓捅破那层窗户纸，他二话不说就答应了。先是到陆家说服陆母，又在“功德林”设宴同时请了王赓夫妇和徐志摩及他们共同的一班朋友，在宴席上刘海粟以自身的经历大谈包办婚姻的可恶，并连问王赓如何看待。王赓何等聪明，马上就明白了这是一道“鸿门宴”呢。

坊间有传王赓不愿离婚，并“拔枪威胁陆小曼”，且不说这事真伪，即便真有此事，一个男人在毫无过错的情况下被妻子背叛，总归是愤怒和有气的。当然这只是传言，王赓受过西方高等教育，他本性又温柔敦厚，定不会做出如此无品的事。三四十年后，刘心皇写了一本书《徐志摩和陆小曼》，称赞“王赓是徐志摩和陆小曼恋爱事件中的伟人”。这真是难得的公允。事实如此，在离婚这这件事上，王赓非但没有以权势压制甚至报复徐志摩“夺妻之恨”，反而显示出一个男人宽广的胸怀，他对身边的朋友说：“夫妻之事，合得来，是夫妻；合不来，就算了。”

当时陆小曼已怀着王赓的孩子，但是她很怕这孩子拖累她无法与王赓

徐、陆二人的订婚请柬

离婚，谁也没说自己偷偷跑到医院把孩子流掉了。事实证明这件事她做得非常草率和任性，手术的不彻底留下了严重的后遗症，她终身未能再怀孕。而且也有传言，她此后每每过性生活都会痛得死去活来，如果这是真的，那么她与生命中后来的两个男人徐志摩和翁瑞午的关系，就相当微妙了。

1925 年底，王赓与陆小曼解除维持了四年的婚姻。分别时王赓对小曼说，从此愿以兄妹相称，以亲人相待。

1926 年徐志摩与陆小曼在北京结婚。对陆、徐之间的结合，王赓表现得相当宽厚与大度，他送去一份厚礼，并对徐志摩说："我们大家都是知识分子，我纵和小曼离了婚，内心并没有什么成见。可是你此后对她务必始终如一，如果你三心两意，给我知道，我定会以激烈手段相对。"

王赓此举真是漂亮！这种胸襟和成全，即便放到今天，也是一般男人难以做到的。当时上海的报纸以"王赓让妻，气度非凡。志摩娶妇，文德安在"为标题报道了此事。很多年后有一句烂俗了的话——有一种爱叫放手，却很适合王赓对陆小曼。她是他生命里唯一一个一见倾心，二见想娶，一个月后就结为夫妻的女子，怎会不爱她？这种爱不会像徐志摩流于形式、挂于言表，而是深埋心底，爱她才希望她能得到真正的幸福。

5

1931年，王赓出任警卫军第二师独立旅旅长时，从报上看到了徐志摩乘坐的飞机失事的消息。他马上赶到北京看望因此大病不起的陆小曼。后来，他又向陆母表达了与陆小曼复婚的意愿。他向来有一种悲天悯人的情怀，此女虽然伤害过自己，但是他仍想替她担当，在她人生最低谷时和她在一起。对小曼，他一直是有感情的吧，才会在第一时间赶来看她，并不计前嫌、不思后果，未与任何人商榷就提出了复婚。陆母很欣喜，她一直很喜欢这个曾经的女婿。但是陆小曼却拒绝了。

陆小曼的婉拒自然是因为她当时爱着徐志摩，徐志摩尸骨未寒，她断不会马上再婚；另一层，以她的心高气傲，想到当年离开得那样决绝，如今怎么能回得了头再跟王赓在一起呢？

两人再次有关联是一年后。

宋子文当财政部长时，组建税警总团，邀请王赓担任总团长，并授予他陆军中将军衔。1932年一·二八事变时，王赓携军用地图到公共租界，被日军捕获。王赓辩解说去租界看望前妻陆小曼。但日本人不信，说看前妻为什么还带着地图？扬言要以间谍罪将其枪决。

关于此事，众说纷纭，有人说王赓是奉宋子文之命夜访驻上海的美国领事馆，但是到了租界才发现美国领事馆已搬离。也有人相信他确实是去见陆小曼，以至于有人专门写了一首《后鸳湖曲》，发表于1932年3月12日的北京《新晨报》，讽刺王赓和陆小曼幽会丢失地图之事。

不知当时有没有人去查问过陆小曼，她又如何作答？事隔二十九年后，1961年陆小曼才在一篇文章中澄清了这件事。她说当时外界有谣传她避难于礼查饭店，但其实她因病在床已好几个月。事后王赓亲口告诉她母亲，之所以急匆匆到美国驻沪领事馆去，是要找他在西点军校同班的一个美国

人到中年的王赓

同学。这个同学是美领事馆一等参赞，名字她已记不清楚了。

> ……因为当时租界上是不能随便逮捕人的，所以他们就一同到了虹口巡捕房。王赓的主要目的就是到了巡捕房就可以要捕房工作人员将他手里的公事皮包扣留下来，因为其中确有不少的要紧文件，不能落在日军手里。因此，捕房内的中国人就答应将皮包代为保藏。外界流传的带了作战地图去投日本人这句话，就是因此而起。又加上在他被捕后没有几天，日军就在金山卫登陆，所以外边的流言更加多了。事后不久就由美国领事馆向日军将他要了出来，由中国政府加以监禁、审讯。

真相到底如何至今都众说纷纭，但有一点可以肯定，他与陆家一直是有联系的，不然陆小曼也不会这么笃定、详细地谈论此事。

1932 年 8 月 2 日，军事法庭对王赓泄密案进行宣判，最终他因“擅离戒严地点”被判处有期徒刑两年零六个月。

两年多的牢狱生活，使王赓患上严重的肾病。1935 年，他出狱后转去德国治疗肾病。病愈回国后，便退出军界，在南京铁道部任职。有人劝他莫再过问国事，他仍然说：“如果国家对外作战，自会挺身而出。”

在与陆小曼离婚十二年后，王赓再婚。据说对方是一位比他小很多的广东姑娘，婚后两人生下一儿一女。

1941 年 12 月 8 日，日军袭击美国珍珠港，美、英、中等国结盟。1942 年 3 月 11 日，国民政府决定派遣一个军事代表团赴华盛顿，因美国参谋长联席会议主席艾森豪威尔将军与王赓为美国西点军官学校的同学，急招王赓参加军事代表团。

如果说影响王赓至深的女人是陆小曼，那么男人就应该算是宋子文了。就王赓的命运来说，真是成也是他，败也是他。他因宋子文的赏识一步步走到陆军中将的位置，却也因他被捕入狱。这次又受宋子文邀请参加军事代表团，王赓此时身体已非常差，他不顾医生的极力劝阻应允了宋子文，不曾想，当军事代表团途经开罗时，王赓旧病复发，一个多月后病情恶化，病逝于开罗皇家医院，时年四十七岁。王赓死后被开罗盟军以军礼隆重葬仪，安葬在英军公墓。

这一年，陆小曼正与一个叫翁瑞午的戏子同居。二十三年后，她在上海病逝。

参考资料：

苏晓康：《中国式的“玉碎”——普林斯顿大学档案中的王赓》。

吴安宁：《鸳鸯蝴蝶梦——民国名媛往事》，武汉：华中师范大学出版社，2011 年 7 月。

葛红兵：《当代中国文学的情感状态》，济南：山东文艺出版社，2008 年 1 月。

第三种爱情

翁瑞午

一声声的狂吼从东北里
带来了一阵残酷的秋风，
狮虎似的扫荡得
枝头上半枯残枝
飘落在蔓草上乱打转儿，
浪花似的卷着往前直跑
你看——它们好像已经有了目标！
它们穿过了鲜红的枫林：
看枫叶躲在枝头飘摇，
好像夸耀它们的消遥？
可是不，你看我偏不眼热！
那暂时栖身，片刻的停留；
但等西北风到，它们
不是跟我一样的遭殃，
同样的飘荡？不，不，
我还是去寻我的方向。
它们穿过了乱草与枯枝，
凌乱的砾石也挡不了道儿；
碧水似的秋月放出了
灿烂的光辉，像一盏
琉璃的明灯照着它们，
去寻——寻它们的目标。
那一流绿沉沉的清溪，
在那边等着它们去洗涤
满身粘染着的污泥；
再送到那浪涛的大海里，
永远享受那光明的清辉。

——陆小曼《秋叶》

1

一个男人，如果功成名就在主流社会有一席之地，再会些吹拉弹唱或琴棋书画，那是锦上添花。反之，一个男人，虽然吹拉弹唱、琴棋书画无所不能，却终生未能在主流社会有一个位置，那就是不务正业、玩物丧志了。

这就是中国的游戏规则。

翁瑞午，很不幸，属于后者。

他京剧、昆曲、评弹样样拿得出手；擅长行书、小楷、花卉，诗文出口成章；富收藏；还会中医推拿。和张大千、赵眠云、江小鹣等人交情深厚。

但，人们记得这些人，却不记得有过他。

提及他，会说，那个和陆小曼同居的戏子吗?

这个一向不被人看重的“戏子”，却是陪伴陆小曼生命中最长岁月的一个男人，他们的关系，不是爱情，胜似爱情，不是亲人，胜似亲人。

2

说他是戏子，因他玩票玩得好。他曾与陆小曼、徐志摩三人曾合演过一次《三堂会审》，由陆小曼演主角玉堂春，剧中红袍由徐志摩扮演，翁瑞午反串小生演王金龙。

现实生活中，三人的关系也非常微妙。

翁瑞午是作为推拿医生进入到陆小曼的人生里的。他也算名门之后，祖辈是常熟翁家大户，父亲是清代知名画家，幼承庭训，通晓国画。也曾到香港英国皇家学院就读，不知何故，没有毕业，只获得肄业证书；曾经官至海军部军需处长，也未在此道一直走下去；他又受业于名医丁凤山，得到真传。他向丁先生学推拿下过苦功，面前摆一叠砖，他一掌击下，可教其中所预定之某块碎掉，而上下诸砖都保持完整。据说，练就此功后，

1927年12月27日《上海画报》刊登的由黄文农所作的《翁瑞午、江小鹣、徐志摩、陆小曼演〈玉堂春〉》

他在推拿时运用体内之气时，有独到的效果，往往手到病除。二十多岁便在上海开业行医，因此生活富足，出门汽车代步，一时也算沪上名人。

雕塑家江小鹣是他的至交，有次去找他，说徐志摩想请他帮忙，徐夫人陆小曼患有哮喘和胃疾，常常疼得痛不欲生，找了很多名医都无法祛除病痛。听说翁瑞午医术很高，就托了江小鹣前来说辞。

翁瑞午第一次见到陆小曼，她不仅没有传说中的美，反倒被病痛折磨得面容苍白、憔悴、毫无神采，而且脾气很大。

经翁瑞午几次推拿治疗后，陆小曼的病痛大为好转，最显著的效果是，以前她经常昏厥，经翁瑞午治疗后，再也没有过。陆小曼病痛缓解后，像变了个人，说话轻声细语，待人和颜悦色，很少再发脾气。徐志摩很感激翁瑞午的医治，邀请他经常来徐府，一来治病，二来呢，翁瑞午知晓天文地理，很健谈，一个小笑话能讲得眉飞色舞、手舞足蹈，只要他在场，陆小曼就笑声不断，徐志摩也希望翁瑞午能常过来陪伴寂寞的陆小曼。

为什么会寂寞？陆小曼是因为爱情才和徐志摩结的婚啊。陆小曼的干女儿何灵琰回忆说："对于徐干爹，我认识的就不太清楚了，因为他在家的时候很少。只记得他是一位白面书生，带副黑边眼镜，下巴长长有一点凸出，人很和气，不太高谈阔论，很安静的。当他在家时好像也不太适应家中那种日夜颠倒的生活，有时他起早了，想早一点吃饭，叫佣人，佣人总说：'小姐没有起来，等她起来一块儿吃吧。'他性情很好，很少发脾气，平时干娘吸烟，天亮才睡，他又不吸烟，只有窝在干娘背后打盹儿。这个家好像是干娘的家，而他只是一位不太重要的客人。"徐志摩不常在家，倒是翁瑞午天天报到，有些喧宾夺主的味道，当何灵琰认徐志摩干爹时，也将翁瑞午一并认作了干爹。

这么看来，民国时期的风气比时下都开放：如今的男子，怕是做不到让其他男人天天上门来陪伴娇妻的吧？徐志摩对此事的豁达有两方面的原因，一呢，他受过西方教育，认为女人婚后也应该有权结交喜欢的朋友，他自己亦和好友之妻情如手足彼此关心，比如林徽因、凌叔华；另一方面，他也相信翁瑞午与陆小曼仅是谈得来，共同喜好鸦片而已。徐志摩麻将打得最漂亮，他善于临机应变，牌去如飞，有如谈笑用兵，十战九胜。他对鸦片与麻将有一番妙论："男女之间的情和爱是有区别的，丈夫绝对不能干涉妻子交朋友，何况鸦片烟榻，看似接近，只能谈情，不能爱，所以男女之间最规矩最清白的是烟榻，最暧昧最嘈杂的是打牌。"

他认为，夫妇之间是爱，朋友之间是情，男女的情爱既有如此分别，丈夫就不应该禁止妻子结交男朋友。另外，翁瑞午和陆小曼初始也的确没什么，他们只是聊得来，两人有很多共同爱好，比如美术和戏曲。

翁瑞午对京剧、昆曲和评弹都有研究，而且延请名师教过。他工旦角，扮相很俊美，唱做俱佳，可是个子比较大，为了弥补这个缺陷，他采取程砚秋的办法，屈腿蹲身走台步，平时以双膝间夹铜板走圆场苦练经年。陆小曼也有拍曲的爱好，昆乱不挡，每在友人雅聚时，凤鸣一曲，还曾在京在沪多次参加各种名目的会演和义演。徐志摩虽偏重于西学，对京昆也喜欢，他有时也会参加翁瑞午和陆小曼的演出，但他没受过专业的训练，只是上台凑趣玩票。

陆小曼《思凡》上妆照

翁瑞午《南阳关》上妆照

3

陆小曼花费很大，生活可谓奢侈，出入有小汽车，家里的佣人不少。她喜欢随便买东西，从来不问价钱如何。有传言说她曾养过一个奶妈专供她每日有人乳喝。有次，她向郁达夫的夫人王映霞抱怨：“每月至少得花银洋五百元，有时要高达六百元，这个家难当，我实在当不了。”按那时候的物价，五百多银元相当于现在的两万多元人民币。

这些花销单靠徐志摩一人根本解决不来，他一月要干三四份差使，赚一千大洋依然入不敷出。翁瑞午时常对他们有些资助。他二十二岁开始养家，自己有五个子女需要负担，但是，对陆小曼在生活上的要求从来是来者不拒，有时周转不过来，他就变卖家里的字画与古董。——他爱这些东西，可以花高价买来赏玩，遇到手头紧张，他也舍得出手卖掉换取生活费用。

翁瑞午对女人也是懂的，对陆小曼这个红粉知已尤为关怀体贴，什么事情都习惯说：“我来，我来！”只要陆小曼过得比他好，要他怎么样付出都可以。他们一起唱戏，共同游玩，偶然合作一幅画；送她喜欢的画作，给她按摩，听她诉苦，提供金钱，不遗余力。他对陆小曼只有供给而没有所求，这种关系让陆小曼非常享受和放松，渐渐地，翁瑞午成了陆小曼生活中不可缺少的一个重要元素。

他们真正走到一起，却是在徐志摩去世后。

1931 年 11 月 19 日，徐志摩经南京赶回北平，是为及时参加林徽因的一个活动。行前在沪与翁瑞午恳谈，再次要求他好好照顾陆小曼，翁瑞午郑重地承诺了。想不到这次托付竟成他俩之间的永诀。为省钱，徐志摩乘坐邮政方面的一架小飞机，飞机在山东境内失事。

当然，坊间还有完全不同的一种说法，说 1931 年 11 月 17 日，徐志摩在他与陆小曼结婚五年后的一天，再次劝小曼不要吸鸦片、不要和纨绔子弟翁瑞午混在一起等等，被小曼怒掷烟枪打掉了眼镜。徐志摩伤感地离家出走，在江浙朋友处盘桓两日后，搭乘飞机赴北平，失事。

不管之前发生了什么，徐志摩骤然去世对陆小曼打击之大是非常确定的。她几乎痛不欲生，翁瑞午则不分昼夜陪在她左右。陆小曼后来对别人说：“我与翁最初绝无苟且瓜葛，后来志摩堕（坠）机死，我伤心至极，身体太坏。尽管确有许多追求者，也有许多人劝我改嫁，我都不愿，就因我始终深爱志摩。但是由于旧病更甚，翁医治更频，他又作为老友劝慰，在我家长住不归，年长日久，遂委身矣。但我向他约法三章，我们不正式结婚。不许他抛弃发妻。”

翁瑞午的发妻叫陈明榴。其父与翁端午的父亲是换帖兄弟，他们一个是桂林的知府，一个是青浦的知县。当时两位夫人正巧同时怀孕，说好如果是同性，就结为兄弟或者姐妹，如果是异性，就结为夫妇。结果翁瑞午和陈明榴同是 1899 年 5 月生，后结为夫妻，生下五个儿女。

对于父亲与陆小曼的关系，翁瑞午的大女儿非常愤怒，她从九岁开始

翁瑞午为陆小曼的画作题款

跟着父亲进出徐府，对陆小曼很熟识，但是她一直无法接受父亲与她的同居关系。她曾哭着质问陆小曼说：“你为什么抓住我父亲不放？”看到女儿凄惨的样子，翁瑞午也很难过：“你不要这么说，我和你妈妈是有感情的，我们生育了你们五个孩子，过了几十年，怎么离得开你妈妈呢？”“那你为什么老到这里来？”翁瑞午无言以对。

不仅女儿强烈反对，外界所有人都质疑两人的关系。

初始，翁瑞午住陆家二楼，陆小曼住三楼，既有关照，又互相独立。当徐志摩死后，作为公公的徐申如每月寄一些银两给守寡的儿媳妇陆小曼。有一天，徐申如得知翁瑞午已经住到媳妇家，便断然拒绝提供生活保障。到那月底，徐申如送来三百元并附了一张纸条：“如翁君已与你同居，下月停止了。”

后来才知道，徐父买通弄口看门的，监视着陆小曼的一举一动。那时，翁瑞午与陆小曼不过是一对抽鸦片的烟友。当他得知徐申如的决定，大怒，毫不客气搬上三楼，但另设一榻而睡，从此以后陆小曼的生活，全部由他负担。

1960 年前后三年，物资奇缺，为了一包烟，一块肉，翁瑞午不惜冒着酷暑、顶着严寒排长队去设法弄到。他有一香港亲戚，时有副食品惠寄，翁瑞午也只取十分之一，余者都送给小曼。陆小曼发病，他端汤奉药，不离左右。据陆小曼表妹吴锦的回忆："陆小曼所受的病痛是常人无法想像的，从二十多岁到六十多岁，她每次大便都相当困难。在徐志摩死后，我和陆小曼生活在一起，就由我帮她用香油灌肠才得以排便。当时香油很紧缺，为了少排便、少麻烦，她尽量节制饮食，其中的苦绝非三言两语就能讲清的。"

翁瑞午本是个有天赋的人，只要他稍微注意经营一下自己，那么无论在书画、中医还是戏曲，都可能成名成家。但是，他对自己的人生却是不经意的。甚至，他对自己都完全没有对陆小曼上心。

他花钱让她向贺天健学山水画，希望她在绘画方面有突出造诣，尽管因此经济负担很重。为了缓解压力，他到江南造船厂当会计科长，收入不菲，却仍难以支撑两处家用和陆小曼学画之费，只得不时变卖祖传的书画古玩。

4

陆小曼和翁瑞午从 1928 年到 1961 年，共同相处了三十四年。两人的关系颇值得玩味。

陆小曼真正爱的男人类型一直是徐志摩那种似水柔情、阳春白雪的男子。但翁瑞午不是。电视剧《人间四月天》里，翁瑞午是无所事事的纨绔子弟，其中有一个镜头，他和陆小曼躺在榻上吸鸦片，正吞云吐雾，徐志摩的父亲冲进来，翁瑞午只做视而不见，傲慢得很。陆小曼有一个叫张方晦的学生，同翁瑞午也很熟，有次翁瑞午同她说："人称陆小曼是海陆空。指她的三个男人：第一个男人王赓是陆军出身，我是海军出身，徐志摩则死于空难。"张方晦听到这番话很反感，多年后撰文，认为翁瑞午很无聊，在精神世界里完全配不上陆小曼。陆小曼自己也对张方晦说过："翁先生口无遮拦，胡说八道，你不要听他的那一套。别受他的坏影响。"

翁瑞午六十多岁时，还曾有过一次"新恋情"。1955 年前后，翁瑞午结识了一个叫"小宝"的关姓女学生，关姑娘是来跟陆小曼学画的，因为走动得挺好，翁瑞午就和陆小曼把关姑娘认作干女儿，关姑娘称翁瑞午为“寄爹”，叫陆小曼为“寄娘”。可是后来翁瑞午却和关姑娘相恋成孕生下了一个女孩。此段关系在那个时代被视为“道德败坏”，翁瑞午因此入狱，并在狱中得了肺病。

对此，陆小曼只表示了不满，但并没有同翁瑞午翻脸甚至离开。翁瑞午出狱后又回陆家，而且翁瑞午与关姑娘的孩子也一直由陆小曼代为抚养，视如己出，甚至后来翁瑞午去世，她自己入不敷出，仍坚持养育这个孩子。

翁瑞午和陆小曼可以说互为需要，相依为命，这不是一般人所能理解的。翁瑞午失业后，两人生计全仗翁瑞午香港亲友汇款接济。徐志摩的老友，徐陆二人的证婚人胡适来信相劝，希望小曼速来南京开始新生活。小曼却对人说：“瑞午虽贫困已极，始终照顾我无微不至，廿多年了，何能不仁不义把他逐走？”

她不仅没有离开，翁瑞午的原配去世后，她以续弦的身份进入到翁家，从档案里看到陆小曼在 1959 年填写的表格上，将翁瑞午写在“家庭人员情况”一栏里，视他为自己家里人，从而清楚地表明了陆小曼的心迹。

翁瑞午的女儿长大后也逐渐接纳了父亲与陆小曼的关系：“其实陆小曼也蛮可怜的，徐家的公公不喜欢她，不让她参加徐家的所有婚丧喜事；我家也是同样的。但是她还是蛮想到我们家的。有一年，她让裁缝做了五套新衣服给我们五个兄弟姐妹。在妈妈去世后，当我们家里的丧事统统办完后，她让爸爸带着我和两个妹妹国光和重光到陆家去。父亲和陆小曼烧了桌好菜给我们吃。想想他俩，也算很苦心为人了。”这个女儿结婚时，陆小曼精挑细选，给她送了一套白绸睡衣裤和卫浴瓷器做新婚礼物——这套瓷器是当年徐志摩到英国定制的，她自己一直舍不得用，这次作为贺礼送给翁的女儿，很是重视。

在上海中国画院保存着陆小曼刚进院时写的一份“履历”，里面有这样的词句：“我廿九岁时徐志摩飞机遇害，我就一直生病。到 1938 年卅五岁时与翁瑞午同居。翁瑞午在 1955 年犯了错误，生严重的肺病，一直到现在还是要吐血，医药费是很高的，还多了一个小孩子（毛毛头）的开支。

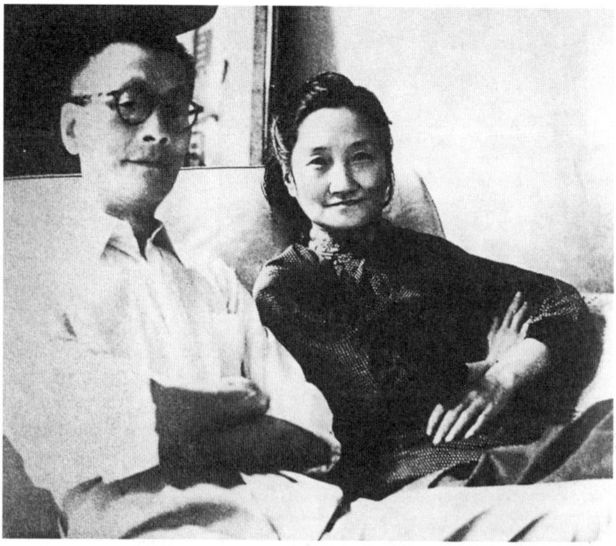

少年未能夫妻，老来却已相伴。

我又时常多病，所以我们的经济一直困难。翁瑞午虽有女儿给他一点钱，也不是经常的。我在 1956 年之前一直没有出去做过事情，在家看书，也不出门，直到进了文史馆。”

1961 年，翁瑞午托人请作家赵家璧和赵清阁到陆家。此时他已近弥留之际，他对两位朋友说：“我要走了，今后拜托两位多多关照小曼，我在九泉之下也会感激不尽的。”

无论外界如何评说翁瑞午这个人，他对陆小曼的始终如一，情深意重是无人可质疑的。古人云：以色事人者，色衰而爱弛。在世人的印象中，陆小曼是个明媚、艳丽的女子，但是翁瑞午认识她时，她就拖着病体之躯，后常年吸食鸦片，以致面色青黄，到了五十岁，更瘦弱苍老、颓萎腮瘪，口中只剩一二余齿。若说翁瑞午图她的貌，实在不符实。陆小曼的干女儿何灵琰在多年后评价翁瑞午说：“现在想想这个人也算多情，他对干娘真是刻意经心，无微不至。徐干爹去世后，他更是照应她，供养她。后来干娘烟瘾越来越大，人更憔悴枯槁，而翁干爹又是有妻有子的人，她给他的

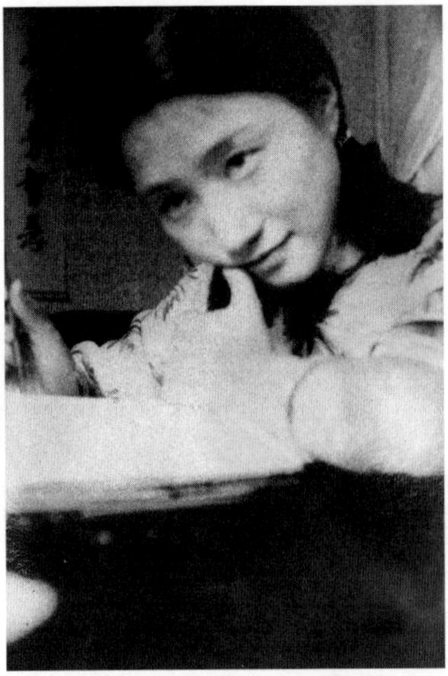

执笔沉思的陆小曼

负担重，而他却能牺牲一切，至死不愈。细想若无翁瑞午，干娘一个人根本无法活下去。”

陆小曼生活中出现的三个男人中，她与翁瑞午生活最长，从 1928 年到 1961 年，共三十三年。她对翁瑞午的情感也最复杂，她一面说，我对翁没有爱情，只有亲情。一面却又跟翁瑞午不离不弃、没有任何名分地生活了三十多年。感情原本就微妙复杂非外人所能说清，王赓可谓正人君子、社会栋梁，可小曼不喜欢就是不喜欢。徐志摩与陆小曼的爱情可谓动天地泣鬼神，可生活中冲突频频，几乎濒临破裂。陆小曼曾对王映霞说过：“照理讲，婚后生活应过得比过去甜蜜而幸福，实则不然。徐志摩是浪漫主义诗人，他所憧憬的爱，最好处于可望而不可及的境地，是一种虚无缥缈的爱。一旦与心爱的女友结了婚，幻想泯灭了，热情没有了。”照此看来，如果徐志摩不死，陆小曼与他究竟怎样，还是两说。

我想，陆小曼其实自己也不清楚，真正适合她的并不是那个阳春白雪般的男子徐志摩，而是看似俗气，却无论大事小事都能为她担当的翁瑞午。

（作曼小陸）　法劈斧人宋

（作曼小陸）　圖翠疊峦層

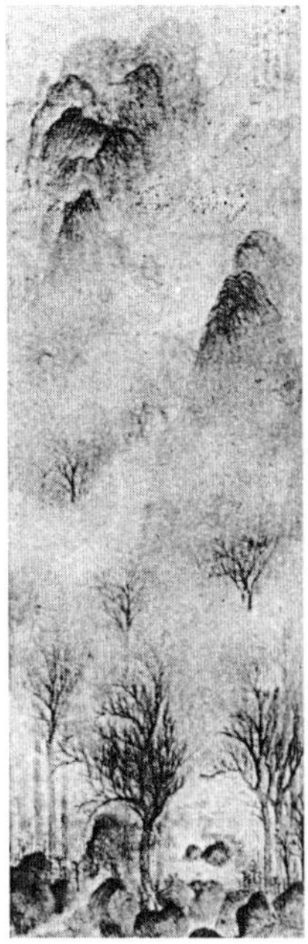

（作曼小陸）　圖讀默亭山

時人妙墨 陸小曼 翁瑞午 聯合畫展出品之一部

（作午瑞翁）　圖雨新林梅

（作午瑞翁）　圖旅行

（作午瑞翁）　圖辭来去歸

1941 年第 163 期《良友》画报整版刊登陆小曼与翁瑞午的画作。

也许，她与翁瑞午之间不是她所向往的男女爱情，却是最接地气、最实在可靠的感情，或可称作第三种爱情。

参考资料：

翁思再：《翁瑞午二三事》。

张红萍编：《陆小曼画传》，南昌：二十一世纪出版社，2005 年 6 月。

张方晦：《回忆我跟陆小曼学画的日子》，《温故》（十五），北京：广西师大出版社，2009 年 3 月。

伊北：《爱恨都已倾城：私房阅读民国女子》，沈阳：万卷出版公司，2010 年 2 月。

我希望你是一个自由的人

潘赞化

几回青写使申江，
避席亭问扫玉床。
大礼躬行迎旧妇，
天津牵遣小牛郎。

——潘赞化《迎妇生子》

1

巩俐和李嘉欣都演过潘玉良，演技不说，单从相貌上讲，都很美。

在中国人的认知里，出身青楼，定是以色事人；被中年成功男士赎身并与之结婚，也符合“英雄救美”的套路；后又成为知名女画家、雕塑家——无论从哪点来看，潘玉良的相貌都应该是出众的。在潘玉良的一本传记里，也有这样的描述：“十七岁那年，她因姿容清秀，气质脱俗，渐已芳名远播，成了芜湖地界令人瞩目的一株名花。”

——这实在是天大的误会。

实际上，潘玉良的同学、学生和见过潘玉良的人没有一个人认为她是漂亮的。从留下的照片上看，她狮子鼻、厚嘴唇，脸出奇得长，颧骨很高，颇有些男气。即便她的自画像，她为自己穿上嫣红色旗袍，端庄贤淑地坐着，仍谈不上清秀，更不要说美丽。

这样的底子，再年轻，遇到潘赞化时的十七岁，仍不会美到哪里去吧？

那么，时任芜湖海关监督一职的潘赞化出于什么救下了她呢？

潘玉良自画像，时年三十三岁。

2

人生很多事大概都讲一个“缘”。那晚，如果坐在那里给潘赞化唱小曲儿的不是张玉良，而是李玉良、王玉良，只要是任何一个年轻的女孩子，他都会施以援手。这纯粹由他的个性决定。

潘赞化温厚儒雅，是一个有文人气质的军人。他祖父曾官居天津知府，他两次留学日本，期间回国与陈独秀组织过社团，也因此与陈独秀结下大半生深厚的友情。1912 年潘赞化担任芜湖海关监督，那时的财政部由北洋军阀控制，潘赞化不愿把关税上交财政部，而是汇寄到上海同盟会。不久，孙中山巡视芜湖接见潘赞化，赞扬了潘的义举。也就是在此期间，潘赞化遇到了张玉良。

张玉良八岁时成了孤儿，在舅舅家生活六年后被卖到芜湖的怡春院。虽入青楼三年，张玉良实际上并没有接客。当时的妓院分成几等，一般比较低等的是过夜，稍微高等一些，只卖艺。张玉良初到青楼，年龄小，又无姿色，老鸨使唤她做烧火丫头，期间也教她些吹拉弹唱的技艺用来取悦客人。张玉良很聪明，不论什么一学就上手，不久就能弹得一手好琵琶，唱一口好京剧，她的嗓音很粗，只唱老生或铜锤花脸。

1912 年潘赞化和张玉良在怡春院遇见那天发生了什么，真实的状况已无从考证。有张玉良的传记作者为增加故事的戏剧性、可看性，把张玉良描述成一个风情万种、楚楚可怜的女子，这符合人们看故事的套路，却不符合事实。

真实的张玉良是一个具有男子气质的女人，不但长相不符合通常所谓的“女性美”，说话、做事也直来直去，性格豪爽，绝不是一个善于卖弄风情，扭扭捏捏的女人。

潘赞化是一个开明的知识分子，是一个革命者，他崇尚民主自由，厌恶旧时代遗留下来的陋习。另一方面他又特别乐善好施，他资助过穷人，为民主革命捐资多次，后来陈独秀处境窘迫，他也慷慨解囊。他对张玉良的救助，与其说是出于个人的情感，不如说是出于一种信仰和道义。

所以，当老鸨说这个叫张玉良的姑娘可以以二百银元赎身时，潘赞化当即派人送了银票过来。

对张玉良来说这二百元从此改变了她的人生，她牢牢抓住了这个机会。潘赞化却没有意识到，他掏钱出来的瞬间，他的人生也就此改变，从那一刻起，他和张玉良，他们的命运紧紧连在了一起。

3

张玉良跟着潘赞化回了潘府，他却犯了难，不知该如何安置她。张玉良唯一的亲人是她舅舅，但送她回去，无疑把她重新推回了火坑，曾经有很多青楼女子虽被赎身，因为没有谋生手段走投无路又回了青楼，这是潘赞化最不希望看到的结果。张玉良也再三表示跟定潘赞化，无论如何都不肯离开。潘赞化只好先留下了她。

为青楼女子赎身的事在芜湖引起了不小的议论和风波。很多人都问为什么？然后各种猜想、各种说辞，最多的一种说法是，潘赞化流连青楼被张玉良迷了心窍，赎她出来用来金屋藏娇。可见，有些时候真相和传言有着多么巨大的距离。

此时，距离芜湖三百公里远的安庆，潘赞化的好友、军政府都督柏文蔚参加了由孙中山等人发起的反对袁世凯的战争，但不久就宣告失败。柏文蔚被迫逃亡日本，陈独秀也因参加讨袁运动而被捕入狱。这一变故很快波及到了柏文蔚和陈独秀的好友、芜湖海关监督潘赞化。

据说当时潘赞化的处境非常险恶，随时会有袁世凯的人冲到他的住所把他抓走的可能。那段日子，张玉良每天夜里手持一把手枪在潘赞化的门外守着，以起警戒作用。晚年，潘赞化回忆这段经历，曾写过一首小诗："长街民变逼陶塘，鼎革清廷兵马荒。九道门前勤护卫，持枪值宿小戎装。"

不久，袁世凯派了新的督查来芜湖，潘赞化被免职。此前，陈独秀获释出狱，去了上海。他劝潘赞化也到上海，并在自己的隔壁为他租好了房子，布置好了新居。1913 年，潘赞化带着张玉良到了上海，住在法租界环龙路渔阳里 3 号，陈独秀夫妇住在隔壁 2 号。

从安徽到上海，从陌生到熟悉，再到朝夕相对，张玉良对潘赞化的感情里由感激变成了仰慕。同时，她的聪慧和直爽的性格也赢得了潘赞化的好感。他是光明磊落的人，觉着两人这么住在一起，身份不明，对张玉良不公平，他也不能做这样猥琐的男人。他不能因他是青楼女子出身就慢待了她，如此，倒真应了那些口舌之非了。

4

陈独秀是新文化运动的代表，他一直赞赏潘赞化为张玉良赎身的事，后来，他又支持潘赞化和张玉良结婚。在感情方面，潘赞化与陈独秀是完全不同的人。陈独秀一生结过四次婚：曾和小姨子私奔众叛亲离，又和医院女护士发生隐情，最后和一个小他很多岁的青年女工结婚，除此据说还有很多不雅的情感经历。与他相比，潘赞化的感情经历却非常简单、透明，之前有一个原配，再有，就是这个张玉良了。他和陈独秀个性的不同并没有影响两人的交往，两人的友谊维持了一辈子，这是后话了。

1913 年底，潘赞化和张玉良在上海补办婚礼，证婚人就是陈独秀。

这是潘赞化的第二次婚姻，确切地说，张玉良只能算是潘赞化的妾。他早年在祖父的安排下，与一位表妹成婚，这位原配妻子人称方氏，是乡下一个裹着小脚的旧式女人，她与潘赞化育有一个女儿，一直住在安徽桐乡老家。潘赞化与张玉良结婚后，他回去探望的次数更少了，而他与张玉良的事情，身在老家的方氏早已有所耳闻。

婚后，张玉良改姓潘，潘赞化曾给她取过另一个名字潘世秀，在两人后来的书信中，潘赞化有时称她“玉妹”（玉良），更多的是“秀妹”（世秀）。1920 年潘玉良考入上海美术专科学校西洋画科时，在《学籍簿》登记的名字就是潘世秀，只是后来才开始使用潘玉良这个名字。

潘玉良未上过学，却考入了上海有名的专科学校，这有她自身的努力，更重要的是潘赞化对她的影响和支持。潘赞化是有名的学者，又是一个有才华的诗人，1915 年陈独秀创办《青年杂志》（第二卷起改名《新青年》）时，便向潘赞化约稿。潘赞化接连在《青年杂志》发表多篇人物传记体文章。他平时也喜爱绘画。起初，潘玉良只用他的画笔在纸上涂涂画画，潘赞化见她聪颖慧质，对绘画有特殊爱好和天赋，遂为其延师授教，悉心培养。

1915 年，潘赞化离开上海，进入云南参加蔡锷的护国军讨袁运动，立下大功，并因此获“云南起义纪念章”之殊荣。不久，蔡锷病逝，潘赞化被北洋政府皖系、直系军阀所压制，始终担任中低级官僚。

那段日子，他其实是孤寂、落寞的，也想潘玉良在身边，可以陪他说说话——身处乱世，能说心底话的也只有身边这个人。但是，最终他没有带潘玉良跟随。当时潘玉良对绘画有了极大的热情，求知若渴，潘赞化不想因自己的事影响她，就留她在上海接受文化补习，并让她跟着一个叫洪野的知名画家习画。

这个洪野也是他们的邻居，当时在上海美专当教授。他看到潘玉良在绘画方面很有灵气，就经常给她一些指点，画到一定程度以后，他看出她很有发展前途，就鼓励她去考美专。

一个妓女出身的女子，没有半点绘画基础，且没上过学，怎么能直接就考美专呢？潘玉良心里很没谱。但是潘赞化很高兴，说去考啊，洪野都说可以，为什么不去？得到潘赞化的许可，潘玉良鼓足勇气报考了上海美专，参加了 1920 年那届美专的招生考试。

据说她考试成绩相当好，也有说她的专业成绩排第一，但是发榜时榜单上却没有她的名字。潘赞化请陈独秀去跟美专校长刘海粟介绍、斡旋，潘玉良得以以插班生的身份进入上海美专。后来影视作品中有镜头，刘海粟大笔一挥在榜单写下潘玉良的名字，是有待商榷的细节。

但是不管真实的细节怎样，潘玉良终于成为上海美专的一名学生，从此走出家门，开始了崭新的人生经历。

那时候女子上大学的少之又少，美专里的女学生就更少了。潘玉良每天去上课，还不时出去写生，在家的时间越来越少。渐渐地，有传闻传到

在《我的家庭》中，潘玉良刻意回避了潘赞化的正室夫人。

潘赞化的耳朵里，说潘玉良经常和男生在一起写生。

潘赞化听了不以为愠，反而明白表示他支持潘玉良这样做："男女社交公开嘛！"

期间，潘玉良找不到人体模特，她决定画自己。裸体画被潘赞化看到，起初他是很震惊的，骨子里传统的观念使他一时无法接受自己妻子的裸体画像，被到处示人甚至展览。别说他了，即便放到现在，又有几个男人能接受妻子裸体画像的？但是他毕竟是一个宽厚、磊落的男人，沉闷了一阵子也就想通了：既然支持潘玉良走上了这条路，就得做到彻底信任，不能因自己的情绪影响、阻止她的追求。

这就是潘赞化对待潘玉良的态度：他不因她是青楼女子慢待她，也不因她是他的妻子而禁锢她。他始终当她是和他同样平等的一个人，他希望她有自己独立的人格，有自己自由的人生。

1921 年，潘玉良从上海美专毕业，她学的专业是西洋画，上海美专校长建议她前往法国留学。潘赞化自然不想夫妻分离，而且是漂洋过海一走就几年，但是，他希望她有更好的发展。他不仅同意他出国，还通过安徽省教育厅为潘玉良争取到了官费留学名额。

5

潘玉良离开中国赴法国留学之前，为丈夫做了一件大事。

她和潘赞化结婚八年，有一件事一直觉着很遗憾，也愧对潘赞化，她没能为他生下一男半女。她曾有过一次身孕，后流产，再也无法怀孕。

在她赴法之前，她瞒着潘赞化以他的名义给安徽桐城乡下方氏夫人一连写去好几封信，请她来上海共度。方氏到上海受到玉良热情接待，腾出卧室，让她与潘赞化住在一起。潘赞化尽管有些生气，怨玉良自作主张，但是她很固执地坚持，他只好遂了她的愿。

一年后，潘赞化唯一的儿子出生，乳名牟儿。潘赞化给已经远在法国的潘玉良写信："潘门之后是你一手培植出来的，从牟出世起，老方是你未经我同意，私自作信叫她到上海来，你还记得吧？你到亭子间去住，逼我与她同居，我本来决意不肯，因你的诚意感动，再三苦劝我，不要因你使我断后，否则，不从你，你就活不下去的样子。"

信中还作诗《迎妇生子》："几回青鸟使申江，避席亭间扫玉床。大礼躬行迎旧妇，天津牵遣小牛郎。""天津"是天上银河中的一个星座名，位于牛郎织女星之间。由于天津的牵线，牛郎织女相会，才有了小牛郎。诗中把玉良比作天津，牟儿比作小牛郎。

潘玉良接信后非常高兴，马上画了三头牛，两大一小，在草地上嬉戏，题名《亲情》，她把这幅油画寄给方夫人和潘赞化留作纪念。后来她又画一幅《牧歌》，画中的四头牛中，或许就有她自己。

1928 年，潘玉良学成回国，任南京中央大学艺术教授，潘赞化也随她到了南京。到南京第一件事，潘玉良便把牟儿从乡下接到身边，待如亲生。不久，方氏以陪伴儿子为由，也到了南京。这一次，潘玉良与她的相处却

《乳牛》，潘玉良作于 1939 年。

极其不愉快。

因为丈夫娶了一个风尘女子做妾，方氏一直耿耿于怀，此番再次面对潘玉良，她自恃已为潘赞化生下一个儿子，不再像上次在上海那样低眉顺眼，而是处处与潘玉良作对，甚至到了睚眦必报的程度。

潘赞化对此颇为无奈，他无法同守旧的方氏讲理。话又说回来，也无理可讲，若说错，他纳妾在先，又是众人口口声声的风尘女子。而且，这方氏是他母亲娘家的远房侄女，他母亲绝对站在她这一边。潘赞化一个大丈夫，一腔豪情，但是回到家却摆不平这几个女人的关系。

另外，潘玉良的青楼出身也犹如一个永远无法摆脱的魔咒，一直跟随着他。潘玉良虽然已成为上海美专、中央大学艺术系教授，却因出身微贱引发社会的偏见与非议。在 1935 年第五次国内画展上，她的画作《人力壮士》被恶意指责为妓女对嫖客的赞歌。这种莫须有的指责让潘赞化和潘玉良很愤怒，也很悲伤。

当时已经是国内政治领袖人物的陈独秀，毅然公开给他们以大力支持。他在潘玉良于1937年绘的一幅《侧身背卧女人体》的白描上亲自题字："余识玉良女士二十余年矣，日见其进，未见其止，近所作油画已入纵横自如之境，非复以运笔配色见长矣。今见此新白描体，知其进犹未已也。"又在潘玉良同年创作的《俯首背女人体》作品上，以同样的字体题写："以欧洲油画雕塑之神味，入中国之白描，余称之曰新白描。玉良以为然乎？廿六年初夏独秀。"

陈独秀这么做，既是对潘玉良的支持，更是对他的好友潘赞化的支持。他的出面，使潘赞化少去了很多非议。

1937年，各种因素促使潘玉良再次到法国留学。赴法之前，她为潘赞化和牟儿画下了未曾在世人面前展示过的白描《父与子》。潘赞化时隔十六年再次送别潘玉良，他将蔡锷送给他的怀表送给了她。两人都没有想到，此后余生，他们再也没有相见。

《父与子》，潘玉良作于1937年。

6

国内先是抗日战争，接着内战，潘赞化劝阻了几欲归国的潘玉良，他不希望潘玉良在战乱期间回来。在那种大时代背景下，平安成了最奢侈的人生之求。

1949 年后，潘赞化被安置到安徽省文史馆做馆员。短暂的平静之后，身边人连遭变故，最让他不安和痛心的是，后来刘海粟都被打成了“右派”，成了“敌人”。他不敢想，此时若潘玉良回国，等待她的将是怎样的命运。此后他给她的信件只是简单地报平安，对她要回国的事不再提，她提了，他也只说再等等。

1958 年，潘玉良再次写信强烈表示要回国，潘赞化给他回了一封信：“来信预告美展有成功之望，将实现你之积四十五年之理想，当祝当贺！你要回国，能在有生之年再见，当然是人生快事。不过虑及目前气温转冷，节令入冬不宜作长途旅行，况你乃年近六旬的老媪，怎经得长途颠簸和受寒冷，还是待来春成行为好……”

他无法在信上明说国内的状况，他不能告诉她，他已因言获罪被划为右派，处境潦倒，他希望他这几句看似平常的话能引起潘玉良的注意，万不可贸然回来。

潘玉良再次听从了他。这成了他给她的最后一封信。一年后，潘赞化在安庆病逝。

1964 年，法兰西共和国与中华人民共和国互相承认，建立了外交关系。中国大使馆派人来看望潘玉良，她才得知潘赞化已去世五年。

1977 年 7 月 22 日，潘玉良在法国巴黎病逝。

她留下三个遗嘱：一、死后一定要给她换上旗袍；二、一定要将她当年与潘赞化结婚时戴的项链带回去，交给潘赞化的后人；三、她在巴黎的作品，将来一定要运回中国去。

只是，这些心愿潘赞化都已无从知道了。

1940 年，潘玉良把《自画像》拍成照片寄给潘赞化，背面题诗：边塞峡江三更月，扬子江头万里心。

映霞，映霞，我……

郁达夫

一夜天风到蕙兰，花香人梦两阑干。
折来红豆悲难定，湿尽青衫泪不干。
佳妇而今悲帝子，腐儒自古苦寒酸。
绵绵此恨何时了，野雉朝飞不忍看。
——郁达夫《春江感旧四首》（之二）

1

民国时期没有微博、微信，但是名人们晒“幸福”、晒私生活之举丝毫不逊于时下。尤其是文人们，动辄有连篇累牍的情书、日记指名道姓地刊登，结婚又或离婚，都要登报以宣天下。这里面，做文章最充分的，当属郁达夫。

文学与恋爱，在郁达夫是互为表里的。他善写，也愿意刊登。郭沫若评价他：“自我暴露，在达夫仿佛是成为一种病态。”他的爱恨情仇都通过笔下的文字洋洋洒洒公之于众，用时下的话说，娱乐头条非他莫属。

他最惹人眼球的是与“杭州第一美人”王映霞之间的恋情，这段曾被誉为“现代文学史中最著名的情事”，从最初的刻骨铭心，到最后的反目成仇，一路轰轰烈烈，到如今仍是坊间时时被提起的谈资。

2

1927 年 1 月 14 日，郁达夫在上海一个同学家中邂逅刚满十九岁的王映霞，他“惊为天人”，瞬间掉进情网。在当晚的日记中他写道：“中午我请客，请她们痛饮了一场，我也醉了，醉了，啊啊，可爱的映霞，我在这里想她，不知她可能也在那里忆我？”

他的表现仿佛是初入爱河的少年，其实当时他已三十一岁，此前不仅有过多段恋情，而且已结婚生子。

郁达夫似乎天生就是一个情种，据说在读小学时就与比邻的“赵家少女”，有过一段“水样的春愁”般初恋之情。1913 年他随长兄去日本留学。1914 年 7 月考入日本东京第一高等学校医科部。在此期间，他先后与几名日本女子产生过恋情。在 1919 年入东京帝国大学经济学部期间，他还有多次嫖妓经历。最为奇特的是，这些情感经历在很多人那里是隐私，唯恐被

郁达夫与原配夫人孙荃及长子龙儿（早夭）的合影

别人知晓，郁达夫不同，他“敢作敢当”，全部原原本本写下来并发表。那部著名的自传体小说《沉沦》就是在此背景下写出的。

1917 年，二十一岁的郁达夫从日本回国省亲，奉母命与同乡女子孙荃订婚。孙荃长得不错，也有文化，郁达夫在日记中曾称赞过孙荃的才华：“薄暮陈某来，交予密信一封，孙氏手笔也。文字清闲，已知压倒前清老秀才多矣。”但是，男人向来只有新人笑，哪记得旧人哭！在郁达夫见到美人王映霞后，孙荃就只有“样样不好”了。孙荃为此自杀过，此举不仅没能挽回郁达夫的心，反而让他心生厌恶。——多年后香港女作家亦舒在谈及男女感情时一语中的：当一个男人不再爱他的女人，她哭闹是错，静默也是错，活着呼吸是错，死了都是错。

郁达夫的日记中多次这样记录：“我所要求的就是爱情”，“若有一个美人，能理解我的苦楚，她要我死，我也是肯的”。这种情感，在他遇到王映霞时达到了顶峰。

当年，王映霞有“天下女子数苏杭，苏杭女子数映霞”一说。郁达夫不是没见过美女，但是她们都抵不过眼前的映霞，他忘记了自己比她整整大了一旬，也丝毫不顾忌自己已为人夫、为人父的身份，对王映霞展开了热烈的追求。

为了给王映霞买生日礼物，他马上坐下来开始创作小说，希望能尽快拿到稿费。而这笔钱他之前的计划是寄给乡下妻子孙荃用来过年的。为了能见到王映霞，他天天跑到同学家里，怕人家烦，就每天请客，饭钱全是借来的。

当时郁达夫虽然写了多部作品，但是并没有像鲁迅等人到了妇孺皆知的程度，甚至爱好文学的王映霞也从未读过他的作品，加之郁达夫其貌不扬，又年过三十，在王映霞众多的倾慕者、追求者中并不占优势。他鲁莽、热烈的追求不仅没让她欣然接受，反而吓跑了她——她决定离开上海返回杭州。

郁达夫听说后，一大早跑到上海火车站去阻拦，没有找到她。他又连忙乘上火车赶往杭州，每到一个站点他都车上车下仔细搜寻，希望能看到王映霞的身影。火车到杭州，他守在车站门口，等了一天也没能见到王映霞。当晚在返回上海的夜车上，他深深体会到了爱而不得的相思之苦，不禁“泪流满面”。他在随后的日记中写道：“我且留此一粒苦种，聊作他年的回忆。”他当时一定想不到，一语成谶，他与王映霞的这段感情的确是种下了一枚“苦种”。

可以说，郁达夫此段时间对王映霞的爱的确是真心的，他给王映霞写了大量的情书，其中一封的末尾是：“……映霞，映霞，我，我……”那种爱到无法用语言表达的深情力透纸背。

怕是任何一个年轻的女孩子，都架不住男人近乎死缠烂打的攻势，加之，王映霞知道了郁达夫在文学界的名气，偷偷找来他的书看过；他又向她承诺，“欲撰西泠才女传”。她渐渐动了心。

可是，郁达夫是有妇之夫，作为新时代女性的王映霞接受不了。郁达夫保证，他一定会处理好。

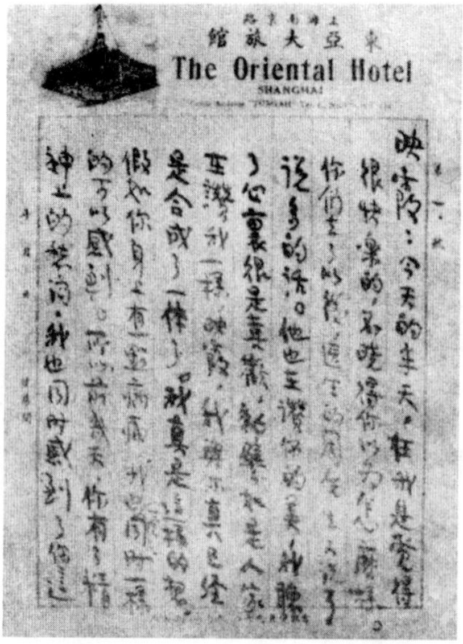

郁达夫给王映霞的信

1927 年 6 月 5 日晚，郁达夫和王映霞在杭州订婚。他们在上海租房开始了同居生活。此期间郁达夫出版了作品集《寒灰集》。在序言中，郁达夫把王映霞比作爱的火焰，复燃了他这堆已经行将熄灭的寒灰。

他频频催促王映霞早日成婚，但是他之前答应与孙荃离婚迟迟没有动静，这让王映霞很焦虑也很失望，她开始怀疑与这个中年男人纠缠在一起是否值得。

事实证明，在热情冲昏了头脑之下的誓言是不可相信的。郁达夫当初答应王映霞不过是权宜之计，哄着她随了自己的心愿，至于与孙荃离婚，他真没想过。

一直以来，对于妻子孙荃，郁达夫多少是有愧疚感的。他虽然不再爱她，并也厌恶她的哭哭啼啼，但是她为他生儿育女、赡养老母，多年来尽心尽力无怨言，如今自己另有他爱已不仁义，哪能再提出离婚呢？

所以对王映霞一遍又一遍地催促，他能瞒则瞒，能拖则拖，让王映霞非常恼怒。

郁达夫与王映霞

1927 年 9 月，郁达夫把详细记录与王映霞恋爱经过的日记整理，以《日记九种》为书名，由北新书局出版发行。

这些日记在他们订婚不久王映霞看过，她当时看到自己与郁达夫相识以来所有的细节，包括在旅馆开房、亲吻等私密的举止，都被他用文字详细记录下来，又羞又气。郁达夫跪在她面前连连发誓，他说这本日记绝不会给别人看到，更不会发表。在当晚的日记中他还写道：原来中国女人做是可以做的，写却是不能写。

可是这才过了没多久，郁达夫居然把日记拿出来出版了！把如此私密的恋爱经历编辑出版，郁达夫可以说别有用心，他向世人宣告了他与王映霞相恋的既成事实，等于是堵死了还在犹疑不决的王映霞的后路，让她“骑虎难下”。王映霞大怒：卷起衣物就要离家出走。郁达夫慌忙阻拦，又是赔礼又是道歉，他说因为太爱她才这么做。见王映霞仍不原谅，他一咬牙，说《日记九种》所得版税全部给王映霞。

《日记九种》在当时的畅销程度超过了《沉沦》，版税的数额相当了得，王映霞终于平息了怒火，咽下了之前的种种不快，并答应与郁达夫结婚。

4

1928 年 2 月，郁达夫和王映霞终于结婚了。他们给亲朋好友发了一张简洁的婚帖：席设日本东京上野精养轩。国内的朋友都以为他们在东京结婚，因路途遥远无法参加，仅有的一两位身处东京的朋友如时赴约，却扑了个空。

郁达夫与王映霞并没有离开上海，他们在老上海火车站旁的一个小旅馆里悄悄度过了他们的蜜月时光。这场婚礼也成了郁达夫“明修栈道，暗度陈仓”的一招。郁达夫再次“骗”了王映霞，不仅没有明媒正娶，连一个亲朋参加的婚礼也没给她。

多年后，王映霞在自传里对这场婚礼给出了这样的解释：“1928 年的春天，郁达夫和我准备结婚。地点问题，倒着实经过考虑，最后才决定去日本东京。既然已决定下来了，我们就印发请帖，请帖上是 2 月 21 日在日本东京精养轩结婚，通知了中外亲友。后来临时由于经济问题解决不了，郁达夫说不去东京了，但又怕我祖父和母亲不同意，然后和我商量决定。在 2 月初，我们就到北火车站附近的小旅馆里去租住了一个多月，到了 3 月中旬，才又搬回民厚南里居住。不久就在南京路的东亚饭店请了两桌客人，请的是几个比较接近的朋友，这一次的请客，就算作是我们的喜筵。”

这一次，郁达夫如此不磊落，王映霞虽然很不高兴，但是已经同他结婚，她似乎也无法再作天作地地同他闹了，只得平静心情开始好好过日子。

他们在上海常德路和延安路交汇的一个弄堂里安了家。婚后的日子很拮据，郁达夫的稿费不仅要支付他们的日常生活开支，还要养活老家的孙荃及孩子。但是对于刚刚成婚的两个人来说，虽苦犹甘，日子倒也不失温馨。

以前不食烟火的王映霞努力学着做一个合格的主妇。她后来回忆说：“当时，我们家庭每月的开支为银洋二百元，折合白米二十多石，可说是中等以上的家庭了。其中一百元用之于吃。物价便宜，银洋一元可以买一只大

郁、王夫妇与儿子郁飞、郁云在一起。

甲鱼，也可以买六十个鸡蛋，我家比鲁迅家吃得好。”

她照顾郁达夫的身体，学习烹饪技术并劝他戒酒，整理出版他的书稿，并让他同鲁迅搞好关系。郁达夫喜欢请客，好友刘大杰常来做客。每次吃饭，都有一道清炖甲鱼会端上来。刘大杰问：“你这么喜欢吃甲鱼，老是吃不厌的样子。”郁达夫指指妻子：“都是她要我吃呀！”王映霞粉颊绯红，道声“啐”，狠狠地白了他一眼。

郁达夫对宋代岳飞父子敬仰备至。他与王映霞结婚后，生下长子取名为飞，借名于岳飞。次子取名云，借名于岳飞之子岳云。生第三个儿子时，王映霞建议：三国里面有张飞、赵云二将，我家现在已有“飞”“云”二员猛将，但还缺少一个谋臣诸葛亮。郁达夫听后叫好，这个儿子就取名亮。

没有人怀疑郁达夫对王映霞那份炽热的爱，不然他也不会花费如此多的心思同她走到一起。但是在郁达夫的骨子里，他始终把王映霞放在了“妾”的位置，他在日记中对王映霞的称谓从结婚前的“王女士”变成了“王姬”。最初的隐婚，他解释为经济原因，实际上他不想给世人一个再婚的印象。他不爱孙荃，但从始至终，孙荃发妻的位置却是王映霞不能替代的。

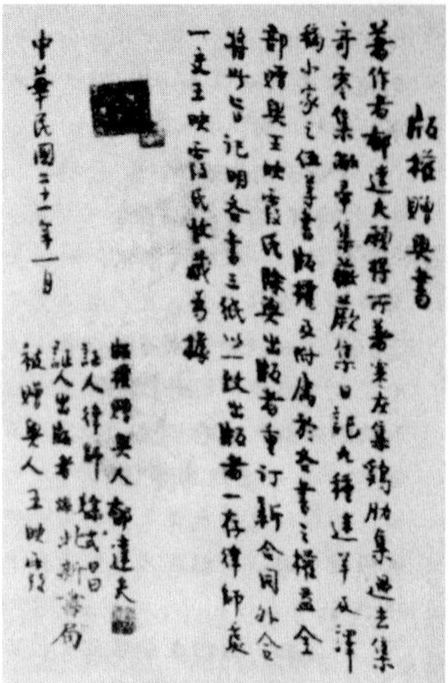

版權贈與書

著作者郁達夫願將所著寒灰集雞肋集過去集奇零集敝帚集薇蕨集日記九種達夫代表作及譯稿小家之伍等書版權及附屬於各書之權益全部贈與王映霞氏除與出版者重訂新合同外合將此旨記明各書之紙型以一致出版者一存律師處一交王映霞氏收藏為據

版權贈與人郁達夫

証人律師徐式昌

証人出版者北新書局

被贈與人王映霞

中華民國二十一年一月

1932年，郁达夫亲笔为王映霞写下了《版权赠与书》。

像大部分的中国男人一样，美人到手，激情也立马褪去。婚后，经济的拮据、生活的琐碎以及两人性格的差异，很快就引起了多重矛盾。婚姻的问题存在于任何一对夫妻间，并不会因双方是名人而减少，反而因为对对方的期待值过高又广受瞩目，名人的婚姻问题似乎会更多。

郁达夫除了会登报揭自家隐私，他还有一个毛病，就是爱喝酒。男人喝两口小酒本也无可厚非，问题是郁达夫经常会喝得烂醉如泥，有时醉在朋友家里还好，很多时候直接醉倒在马路上。婚后第三年，王映霞怀着七个月的身孕，是她与郁达夫的第二个孩子。腊月的一天，郁达夫被朋友约去吃饭结果一夜未归。原来郁达夫醉倒在了嘉禾里的街口上，拥着冰雪睡了半夜。被发现时，一件皮袍子冻成了硬疙瘩。王映霞又生气又心疼，从此立下“禁令”：凡是约郁达夫出去吃饭或喝酒，必须负责将他伴送回家，如果没有人保证的话，就不许他出门。

有一年夏天，郁达夫因王映霞干涉他喝酒，一怒之下离家出走，独个儿喝得酩酊大醉，昏睡在黄浦江边码头上，身上的钱包及手腕上的手表都被小偷摸走了。

又有一回，因阻止郁达夫外出喝酒，两人爆发了激烈的争吵，郁达夫拿走一张五百元的定期存单回了富阳老家，并与孙荃同居了一个星期。知道真相后的王映霞不禁愤怒而且心寒。郁达夫之前答应的与孙荃的离婚之事不但迟迟没有下文，反而跑去与孙荃如此亲密无间，这让王映霞倍感失望和羞耻。

这次事件的结局仍以郁达夫最终认错作为了结，保证书写过多次已不再起作用，为补偿王映霞精神上的损失，郁达夫与她签署了一式三份的版权赠与协议，把《日记九种》在内的十部书的版权全部赠与王映霞。

王映霞虽然接受了郁达夫这种方式的道歉，但是毫无胜利感。对这场婚姻，她感觉幻灭得厉害，一次又一次的打击让她人未老而精神先衰，对郁达夫的很多事情都不再过问和发生兴趣，有了一种得过且过的消极心态。而郁达夫也有委屈，并满腹狐疑：似乎每次只有版税才能哄得王映霞回心转意，这个女人的心里是不是只有钱啊？这样的婚姻真是薄凉！

5

1936年，郁达夫举家迁往杭州，他们在横河桥场官弄建成了自己的住房，取名为“风雨茅庐”，寓意为遮蔽风雨的世外桃源。一心操办房屋建造的王映霞在房屋竣工后，在院子一角立了一块石牌，上面刻着郁达夫亲笔书写的“王旭界”三个字，意思王映霞是这座房子真正的主人。这座寓所共有三间住屋两间书房，占地一亩一分四厘，共花去一万五六千元。郁达夫为此负债四千元。

王映霞虽已是几个孩子的母亲，但依然风姿绰约，她经常开着杭州市长车牌号为001的私人用车，在当地社交界很受欢迎。郁达夫在杭州以文化名人自居，他很想保持一贯的清高，不与官员打交道，但有时王映霞去一些社交场合，他也得跟着，这样的氛围让他很不适应，他有些后悔没有听鲁迅的话，盲目离开上海搬到了杭州。他更懊恼的是，他为王映霞做出如此牺牲，她非但不领情不感激，反而与别的男人“越轨”，做出了对不起他的事。

这个男人指的是时任浙江省教育厅厅长的许绍棣。

1937 年，为偿还盖房子所欠下的债务，郁达夫远走福建去做参议，一个月可有三百多大洋的收入。卢沟桥事变后，杭州也濒临沦陷，郁达夫写信给在杭州的王映霞，让她带着孩子到富阳老家避难，王映霞拖家带口开始逃难，与她同行的就是许绍棣。许绍棣的妻子恰在一年前病逝，留下三个女儿。一路同行中，王映霞对其女儿有过照顾，许绍棣也格外关照王映霞，帮她租下了县城燧昌火柴公司的两间房子，和他毗邻而居。

一个是鳏夫，一个是风韵少妇，即便在战乱时期，中国也少不了这种传言和是非。许绍棣和王映霞"相好"的传闻，很快就传到远在福建的郁达夫耳中，他马上认定这是真的，王映霞背着他红杏出墙了。

按他的说法，发生质变是在一天晚上，许绍棣给王映霞看了一张四千元港币的支票，立刻俘虏了她的人和心，从此王映霞就与许绍棣好了。这种认定从何来？郁达夫显然没有亲眼所见。如果此事是真的，除了两位当事人，也不会有第三者看见，那么谁有这么大的底气有鼻子有眼地把此事说与郁达夫听呢？如果郁达夫稍加冷静，又或者他对王映霞有足够的信任，他都不会不问青红皂白就给妻子扣上"不忠"的罪名。但是他已经失去了理智。

他痛心而愤怒地写下如下文字："许君究竟是我的朋友，他奸淫了我的妻子，自然比敌寇来奸淫强得多，并且国难当前，这些个人小事，亦只能暂时搁起，要紧的，还是在为我们的民族复仇！"并作词《贺新郎》："匈奴未灭家何恃？且由他，莺莺燕燕，私欲弥子，留取吴钩拼大敌，宝剑岂能轻试？歼小丑，自然容易。别有戴天仇恨在，国尚亡，妻妾宁非妓？先逐寇，再驱雏。"

王映霞觉着被郁达夫误解并冤屈了。她辩解说她对许绍棣印象是好，许绍棣儒雅谦和又乐于助人，但是两个人是君子之交，清清白白。

男女关系向来是罗生门，在外人眼里扑朔迷离、难辨真伪。有一个事实是，许绍棣第二次婚姻的牵线人是王映霞，她做媒，才使得许绍棣娶了

1938 年，郁、王夫妇二人摄于福州。

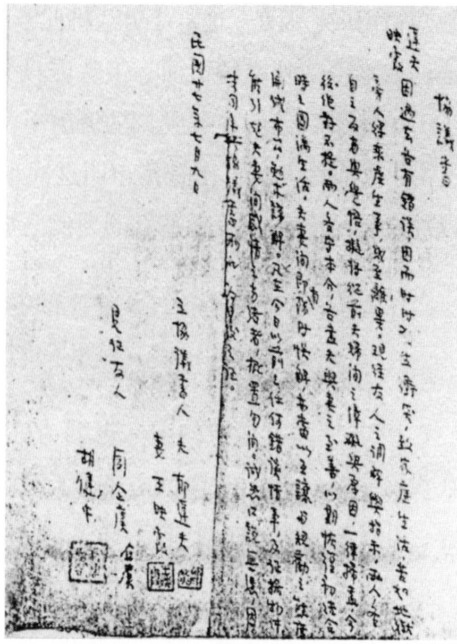

郁达夫与王映霞《和好协议书》

风姿优雅、气质不俗的女画家孙多慈。这是否也从另外一个侧面说明，王映霞和许绍棣更多的是友情，而非男女之情呢？

但是郁达夫对王映霞的解释根本听不进去，他将许绍棣写给王映霞的三封“情书”影印，声称是“打官司的凭证”。王映霞则匆忙卷带细软躲到一个律师朋友家中。1938 年 7 月 5 日，郁达夫请了郭沫若来查看“现场”，并在汉口《大公报》公然刊登《启事》：“王映霞女士鉴：乱世男女离合，本属寻常，汝与某君之关系，及搬去之细软衣饰、现银、款项、契据等，都不成问题，惟汝母及小孩等想念甚殷，乞告一地址。郁达夫谨启。”郭沫若一定规劝过他不要冲动，但是当时的郁达夫谁的话都听不进去。

他致电致信浙江军政府，吁请查找王映霞。一时间，舆论哗然，满城风雨。

郁达夫为什么会出此下策？一方面，他着实恼怒王映霞给他戴的这顶“绿帽子”，中国男人最受不了的就是妻子的不忠，男人在外面怎么花都可以，但女人不行。另一方面，他将此事公布于众，是想向王映霞施加压力，让她知错悔改。但是，他却不知，将此事公布天下，无疑是置夫妻之情于不顾，他这么不给王映霞留情面，王映霞只会离他越来越远。

虽然事后他们在朋友们的调解下各作让步。王映霞写下了不公布的“悔过书”，郁达夫也再次登报声明这次事件是自己“精神失常”所致的误会，以保全她的名声。但是婚姻的裂痕已愈来愈深，几无弥补的可能。

6

1938 年，新加坡的中文报纸《星洲日报》邀请郁达夫担任副刊主编，在没有事先征得王映霞同意的情况之下，他急命她把孩子交予她的母亲抚养，让她即刻陪自己赶赴南洋。他此举有两个目的：一是希望借此修补两人的关系；更重要的，他希望因此隔断王映霞与许绍棣的联系。王映霞虽然没有任何心理准备，很不痛快郁达夫的先斩后奏，但还是听从他的安排，随他去了新加坡。

可是夫妻俩的朝夕相处并没有改善他们的关系，两人每日恶脸相向，矛盾愈加恶化。为求心静，王映霞自己跑到印尼做了一名中文老师。

1939 年 3 月 5 日，香港《大风》旬刊创刊一周年，向郁达夫约稿。他故伎重演，把 1936 年以来的二十首旧体诗词加以注解，名曰《毁家诗纪》，在香港《大风》杂志上公开发表，并声言分文稿酬不取。此番诗作详细记录了他和王映霞的婚变内幕，并指名道姓王映霞与许绍棣的“奸情”是如何发展起来的。他将王映霞比作妾，情变后王氏出走，郁指其为“逃妾”，并在其丢下的一袭纱衫上题“下堂妾王氏衣物”。他还写了不少一般人难以启齿的“家丑”：例如两人在金华重逢时，王映霞以例假为由拒绝与郁达夫同房，不日却与许绍棣夜奔碧湖同居，等等。

可以说，对于自己隐私的暴露，郁达夫已到了“病态”的程度，他每一次都只图一时痛快，从来不想事情过后又该如何收场？

这一次的轰动效应超过了前面的任何一次，据说当期的《大风》特刊连印四版都销售一空，而且之后上海甚至日本的杂志都纷纷转载。

王映霞对郁达夫的最后一点情分和留恋彻底被他毁了。她以牙还牙，以《一封长信的开始》和《请看事实》等数篇文字予以反击。在文中她明确否认与许绍棣的关系，她表示："为了孩子，为了十二年前的诺言，为了不愿使你声名狼藉，才勉强维持这个家的残局，把你的一切丑行都淹没下去，然而，你却是一个欺善怕恶……只好把你那颗蒙了人皮的兽心揭穿了。"

在报纸的推波助澜之下，这对"富春江上神仙侣"终于走到了尽头。

1940年，王映霞先后在《星港日报》《中央日报》刊登启事：郁达夫年来思想行动浪漫腐化，不堪同居，业已无条件离婚，脱离夫妻关系。

王映霞从新加坡孤身回国。1942年，王映霞再婚，嫁给华中航业局经理钟贤道，在重庆举办了一场盛大的婚礼，婚礼之奢华与当年她和郁达夫的秘密婚礼成了鲜明的对比。而与此同时，郁达夫则携带儿子郁飞继续在南洋漂泊。

1945年郁达夫被日本宪兵秘密杀害。他与王映霞所生的两个儿子（郁飞除外）被送到孙荃处抚养。

据说王映霞对自己的第二次婚姻非常满意，称对方给了她温暖、安定和余生。或许正是这场幸福的婚姻抚平了她之前受伤的心，让她尽释前嫌。晚年谈到郁达夫，她已爱恨全无，很客观地评价了两人的关系："他让我品尝到了甜蜜的初恋、疯狂的追求、婚后的缱绻、揪心的痛苦、残酷的折腾，还有深沉的情感。历史长河的流逝，淌平了我心头的爱和恨，留下的只是深深的怀念。"

参考资料：

王映霞：《王映霞自传》，合肥：黄山书社，2008年3月。

陈寅恪

愿得一人心，白首不相离

一、情之最上者，世无其人，悬空设想，而甘为之死，如《牡丹亭》之杜丽娘是也。二、与其人交织有素，而未尝共衾枕者次之，如宝黛等及中国未嫁之贞女是也。三、又次之，则曾一度枕席，而永久纪念不忘，如司棋与潘又安，及中国之寡妇是也。四、又次之，则为夫妇，终身而无外遇者。五、最下者，随处接合，惟欲是图，而无所谓情矣。

——陈寅恪

1

爱情有等级之分吗?

五四运动期间，有人把爱情分为了五等：一等爱情是爱上陌生人，可以为之死；二等爱情是终身柏拉图之爱；三等爱情是一次春宵而止，终生相爱；四等爱情是相爱一生；五等爱情是随便乱爱。

这个爱情观在其后经年中被广为流传，殊不知，说这话的人当时并没有结婚，甚至从未谈过恋爱，此番理论纯粹纸上谈兵，典型的书呆子理论。如果他在晚年再有论证爱情的机会，我想他定会推翻他之前的这个划分等级——他选了四等爱情，却是他生命中最珍贵的财富，大气磅礴，胜却人间无数。

他就是国学大师陈寅恪。

2

在遇见唐筼之前，陈寅恪对爱情相当不屑一顾的。“娶妻仅生涯中之一事，小之又小者耳。轻描淡写，得便了之可也。不志于学志之大，而兢兢惟求得美妻，是谓愚谬。”这是他对好友吴宓的一席话。

当时，两人同在美国求学，吴宓二十五岁，陈寅恪二十九岁。吴宓经常会为情感的事烦恼，让陈寅恪很不以为然。他教育吴宓:“一、情之最上者，世无其人，悬空设想，而甘为之死，如《牡丹亭》之杜丽娘是也。二、与其人交织有素，而未尝共衾枕者次之，如宝黛等及中国未嫁之贞女是也。三、又次之，则曾一度枕席，而永久纪念不忘，如司棋与潘又安，及中国之寡妇是也。四、又次之，则为夫妇，终身而无外遇者。五、最下者，随处接合，惟欲是图，而无所谓情矣。”后来吴宓担心离婚有损名声，想要两个老婆，特意向陈寅恪求教。陈寅恪说:“应持道德，悬崖立马，勿存他想。双妻制度，亦不可行。”

这些理论纯粹从书中而来。陈寅恪从小能背诵四书五经，阅读过大量的历史、哲学典籍。后来，他又留学日本、欧洲、美国等国家长达十三年，精通二十二种语言，但是，在感情方面他却是白纸一张，从未有过钟情的女子。他自幼体弱多病，在国外尤其是在德国期间，他整日在图书馆阅读，每日只带一个面包充饥，营养严重不足，体质越来越差。他唯恐因此连累他人，一直以来，都对感情抱消极之态，未有过多期待。甚至一度他认为自己一辈子都会独身下去。

1926 年 7 月，陈寅恪从国外回到北京，彼时清华学校改制为大学设立研究院国学门，由胡适建议采用导师制，聘任当时最有名望的学者王国维、梁启超、陈寅恪、赵元任等人为导师，人称清华四大国学大师。

这时陈寅恪已三十七岁。在那个时代，他这般年纪都可做祖父了，陈寅恪还赤条条一人。他初到清华，因无家室，学校便安排他住在单身宿舍。他嫌冷清，不愿住。9 月初迁至南院与同事赵元任为邻，吃饭也在赵家搭伙。他与赵元任的友情开始于多年前。1923 年身在哈佛的赵元任想辞职，但又要帮哈佛找个同样哈佛出身的下家，于是想到了陈寅恪。陈寅恪正在德国柏林大学研究院，接到赵的信，复信说：“我对美国一无所恋，只想吃波士顿醉香楼的龙虾。”结果他不仅没到美国去，还把赵元任夫妇“钓”到了德国。他因此同他们的关系非常熟络。这次在清华依赵家而居，他毫不客气地依仗他们，日常一些生活琐事都交由赵元任夫妇代管。他对此显然很满意：“我愿意有个家，但不愿意成家。”很多朋友都为他介绍过女青年，他对婚姻本着极其慎重的态度，始终没有满意的人选。

这样的状况维持了好长一段时间。陈寅恪习以为常、安之若素，赵元任夫妇虽无怨言，却总归不是个办法。赵元任的妻子杨步伟是个有名的热心人，她眼见陈寅恪快四十岁还单身，忍不住对他说：“寅恪，这样下去总不是事。”陈寅恪回答：“虽然不是永久计，现在也很快活嘛。有家就多出一大堆麻烦事了。”赵元任开玩笑说：“你倒是少了麻烦事，不能让我太太老管两个家啊！”

赵元任、杨步伟夫妇

当时，陈寅恪的母亲已去世，他的兄弟姐妹中只有他还没有成家，其父陈三立十分着急，警告陈寅恪："尔若不娶，吾即代尔聘定。"整个家族的压力让陈寅恪颇为苦恼。

2

恰在此时，1928年初春的一天，一次极其偶然的闲谈改变了他的一生。

陈寅恪有个叫郝更生的同事，对方无意间提到他女朋友有一位唐姓好友，她家中的墙壁上悬挂着一幅末尾署名"南注生"的诗。郝更生请教陈寅恪"南注生"是什么人。陈寅恪惊讶道："此人必灌阳唐公景嵩之孙女也。""南注生"是台湾最后一任巡抚唐景嵩的别号，陈寅恪之前读过他的《请缨日记》。他对这横幅的原件非常感兴趣，想亲自去看一下，并拜访一下横幅的主人。

此女教师便是唐筼。

唐筼出身名门。其祖父唐景嵩曾出任台湾巡抚，在中法战争中屡建功

唐筼结婚照

勋，后参加了甲午战争，是著名的爱国将领。唐筼毕业于金陵女校体育专业，后执教于北京女高师，曾做过许广平的老师。

春日的一个周末，陈寅恪在郝更生的陪同下，到了西城浸水河胡同唐筼的住所。

似冥冥中命运注定一般，对女子从没有特别感觉的陈寅恪却对唐筼有“惊见神仙写韵人”之感，原来，这世间果真有一见钟情、相见恨晚。而唐筼之前听郝更生说起过陈寅恪多次，原本便有好感，一口应允了与陈寅恪第二天同游中山公园的约会。

这次约会一开始并没让唐筼感觉美好。她在多年后跟自己的女儿谈起这次出游说，远远看见陈寅恪向她走来，本满心欢喜，突然发现他走路姿势微跛。她是体育教师，出于职业的敏感，心里顿时有些不舒服。好在陈寅恪没等她问就主动告诉她，他足部有多处鸡眼，与早年留学时穿着不合脚的硬皮鞋有关，这才打消了她心中的疑虑。

当时交通不方便，从西郊清华园到城内，很费时间，陈寅恪还有繁重的教学、研究工作，但即便如此，一到假日周末，他就不辞辛苦进城赴约。

两人的感情在很短的时间里升温，不久双方就决定结婚。

3

1928 年 7 月，三十八岁的陈寅恪和三十岁的唐筼在北京举办了订婚仪式，宾客是他们在北京的亲友及唐筼的同事，后又在赵元任家再摆筵席宴请陈寅恪在清华的同事。吴宓还用红笺写了贺诗给新婚夫妇。最高兴的当属赵元任夫妇——陈寅恪解决了终身大事，也不用天天“麻烦”他们家了。

由于唐筼的很多亲友在苏、杭、沪一带，8 月 31 日陈寅恪与唐筼在上海举办了一次婚礼。期间上海的治安欠佳，陈寅恪把婚礼彩车上的装饰全部去掉，以免被劫匪注意遭不测。此事老人们都觉着不吉祥，但是晚宴时，听说刚才有一辆新娘的花车被匪徒洗劫一空，大家才觉着陈寅恪很有先见之明。

他们新婚曾到杭州短暂旅行，不久清华开学，陈寅恪必须赶回学校，而唐筼却要留在杭州为其不久前去世的母亲安排后事。新婚燕尔暂时分离，让陈寅恪非常无奈与不舍，恰逢中秋，他遂作诗“阴晴圆缺意，有人雾鬓独登楼”。

他们婚后先住在姚家胡同 3 号，三年后搬至清华南院。陈寅恪在清华的工资不低，但是唐筼还需处处精打细算，勤俭节约，因为一半的工资要拿去赡养陈家老人。所以他们家的家具从来不买成套的，家里的用品，能自制的就不买现成的。

陈寅恪是学者，生活中笨拙不堪。唐筼婚前也不会家务，但是结婚后她一一学来，渐成治家好手。陈寅恪体弱多病，胃口差，进食少，对饭菜要求独特，唐筼千方百计为他调剂。她自创一本手写的“食物成分表”，每天观察他的进食量，为他搭配合理膳食。陈寅恪吃得好、吃得多，唐筼这一天都很高兴，反之，陈寅恪如果这顿饭下筷很少，唐筼就很沮丧。为增加他的食欲，唐筼真是想尽了办法。他喜欢吃面包，她就自制厨具烤面包。他喜欢吃干煸豆豉苦瓜，非得唐筼做的才吃。唐筼不喜欢吃，为了迁就陈

1929 年，陈寅恪与唐筼夫妇在姚家胡同 3 号。

寅恪，她也照常吃。孩子们喜欢吃饺子，陈寅恪不喜欢，每逢给孩子们包饺子，唐筼都得单独再为他做汤面蒸饺。陈寅恪喜欢吃火锅、云南玫瑰大头菜和唐筼做的熏鱼，不论生活多困难，唐筼都想方设法满足陈寅恪的胃口。有一年除夕夜，她做了一碗火腿冬瓜汤，陈寅恪和孩子们一起乐翻了天。

她“强制”他每天坚持午睡、散步。起初陈寅恪以睡不着为借口经常“逃睡”，唐筼硬要他每天按时躺下，渐渐给他养成了午睡的好习惯。他的午睡时间，不管谁来拜访，唐筼一律挡驾。后来他们的孩子也都知道，在母亲的眼里，父亲午睡是凡事都不能去打扰的。

冬天，她在客厅里按上有铁皮烟囱的煤球炉，既能烧水又能给室内取暖。夏天到了，就撤掉炉子，摆放一个棕色木殻的土冰箱。夏日清晨，由骡马拉的大板车，满载着冰窖里取出的大冰块，各家纷纷端着盆子去取预订的冰块。这就是土冰箱制冷的来源。

唐筼原本也是不善女红的，结婚后尤其有了孩子，家里的衣服都由她学着裁剪、缝制，所有的窗帘都是她亲手缝制的。她又在院子里种满了各类鲜花与时令蔬菜，想尽办法让这个小家充满温馨，他们的朋友都喜欢来他们家，吴宓、俞平伯更是常客。

他们共生有三个女儿。第一个女儿，为感恩“南注生”那幅条幅为他们结缘，特为女儿取名“流求”。第二个女儿取名“小彭”。陈寅恪对自己的家庭生活很知足，他提倡男女平等，觉着男孩女孩一样好，但是唐筼希望能生一个男孩为陈寅恪延续门第香火。于是六年后，她不顾医生警告，冒着严重心脏病的危险，年近四十，又生下第三个孩子，虽然是一个女孩，陈寅恪仍相当高兴，其父陈三立觉得自己八十五岁了家里仍有新生命诞生，是值得庆贺的事，特地为这个孩子取名“美延”。

4

1937 年 7 月抗日战争爆发。7 月末北平沦陷，9 月，陈寅恪的父亲陈三立去世。因忧愁家事、国事过度，陈寅恪的右眼视网膜脱落，医嘱立即入院手术。陈寅恪考虑手术后需长时间留院观察治疗，他又坚决不肯留在沦陷区教书，最后决定放弃手术，任凭右眼彻底失明。

那一年，漫天硝烟的流离乱世，清华大学、北京大学与南开大学撤退到长沙，后又南撤昆明，成立西南联合大学。11 月 3 日陈寅恪一家被迫离开北平前往长沙。自此踏上了搬家、拆家、建家的辛苦旅程。此后十几年间他们共迁徙二十多次。

1938 年，他们从长沙迁至广西、云南，颠沛流离、受尽辛苦到达香港。

他们先住在环球酒店，后幸得时任香港大学中文系主任的许地山相助，为他们在罗便臣道 104 号租了一个暂时的住所。不久陈寅恪要再次赴联大任教，唐筼因心脏病复发，陈寅恪强留她在香港养病，自己独自去了昆明。行前，陈寅恪特叮嘱唐筼：“在金钱至上的香港，倘若遇到万分紧急危难的事情，只有求助许地山家，因为不但我与许地山相熟，而且许太太为人极好，她家与我家又是世交。”

陈寅恪在云南一领到薪水就汇去香港，法币每天都在跌，所以收到法

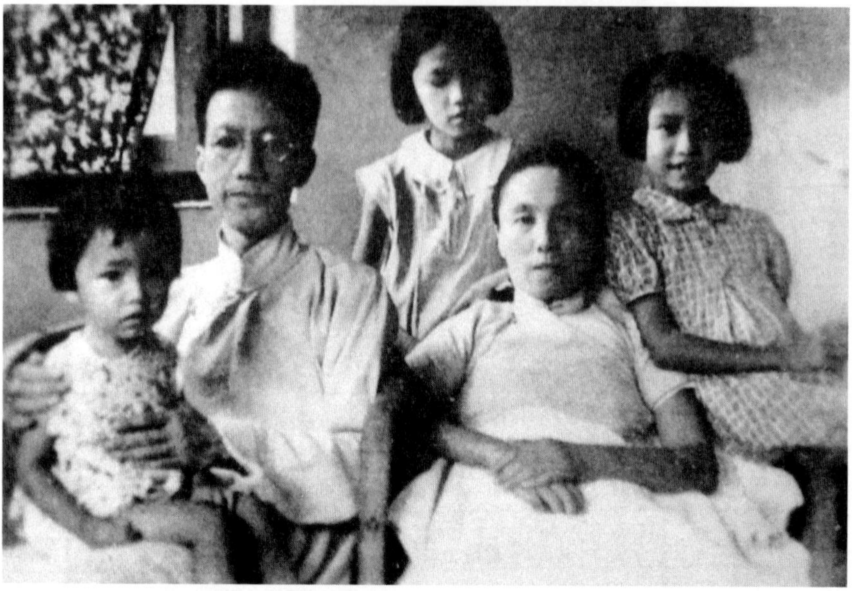

1939 年，全家在香港，陈寅恪在等候去英国的邮轮。

币汇单，唐筼马上兑换成港币度日。她独自一人带着三个女儿度日艰难。租金贵，房子又在半山，唐筼经常气短、心促，后来她们搬离罗便臣道，前往九龙城一个偏僻的地方。此间唐筼心脏病再次加剧被迫住院，孩子们只得托付给许地山夫妇。她病好后不久，刚满周岁的美延染上百日咳，日夜尖声咳嗽，不停呕吐、高烧，很快消瘦下来。唐筼心急如焚，但怕远方的陈寅恪担忧，一直没有告诉他。也许亲人间确有心灵相通，那段时间远在云南的陈寅恪分外挂念美延，他曾在当地集市上看到一个苗族的女子背着一个胖胖的孩子，大大的眼睛，很像美延，就一直盯着看，差点被那女子误认为对孩子有歹心。这让陈寅恪更加想念香港的唐筼母女。

1939 年暑假陈寅恪经安南转蒙古，损失惨重，二十多年来的著述之稿都在安南丢失，让他非常心痛。后终于到达香港，见到患百日咳病愈的美延，吓了一跳，她已经瘦得认不出了。1939 年初陈寅恪曾被英国牛津大学聘为汉学教授。陈寅恪很希望唐筼和孩子们能和他一起赴英国，但是唐筼大病初愈实在不能远行，陈寅恪只好决定只身赴英。恰巧这年 8 月欧洲战事导致地中海完全不能通航，陈寅恪只能推迟一年到英国，随后又回昆明西南联大。

1940 年陈寅恪在昆明因国难家忧，心情沉重，心悸频发。6 月他完成了授课后赶到香港，原本准备暑假后依旧赴英国牛津大学任职，无奈时局不稳定，仍无法赴英。回昆明的路也断了，只好暂留香港。经许地山周旋，陈寅恪被香港大学聘为客座教授，每周两次课，月薪三百港币。后香港大学又聘他暂代四门历史课。

1941 年 12 月，日军发起太平洋战争，陈寅恪带全家仓促逃离香港，先后辗转任教广西大学、成都燕京大学等。唐筼从桂林往成都途中又染痢疾，拖了一个多月，才痊愈。

1944 年，陈寅恪用眼过度，唯一的左眼视力急剧下降，唐筼非常着急，想尽千方百计在贫瘠的物质条件下为丈夫增加营养。她把平时做客穿的旗袍送去寄卖。见宿舍周围青草茂盛，她买来一只怀胎的黑山羊，母羊生下小羊后，她学着挤奶，这是件很麻烦的事，每次都要费尽周折才能挤出一小碗奶给陈寅恪饮用。

雪上加霜的是，这年 11 月陈寅恪不慎跌了一跤，左眼更加昏花，因未及时去医院诊治，延误到 12 月 12 日，他眼前一黑，双目失明。唐筼马上把他送到医院，医生建议立刻手术。在当时医疗条件下，要求手术后用沙袋将病人的头完全固定住，躺倒伤口完全愈合后才能动弹。陈寅恪只盼眼睛能早日复明，毫无怨言，甘受肉体之苦。唐筼也不顾自己病弱身体，日夜看守着他，唯恐他不小心挪动了身体，她自己因此番劳累心焦，再次导致心脏病复发。但是令他们异常失望的是，手术最后还是失败了。五十六岁的陈寅恪双目彻底失明了。

1945 年 9 月应英国文化委员会、牛津大学和英国科学院联合邀请，促成陈寅恪赴英治疗眼疾，英国一流的眼科专家对他的视网膜实施两次手术，遗憾的是未能复明。

不久，他辞去牛津大学教授职位，回国后先在南京，后又回清华大学担任导师。重回清华园，陈寅恪感慨万分。此时，他已是一个盲人教授了。

5

他们住在新林院 52 号。唐筼用极大的热情布置着他们的新家。院前院后种满了各种植物，花坛一侧还特地种了一棵陈寅恪喜欢的海棠树。春天花开时，他不论是经过此树还是坐在书房里，都能闻到花的香气。

1947 年 4 月 27 日，清华三十六周年校庆。一些女生以“妇女如何为社会贡献力量”为题采访一些教授的妻子。唐筼根据自己的具体情况，实话实说：“妇女为家庭作出贡献也很重要……”

的确，唐筼对自己的家庭倾尽了所有的心力和感情，她以女性全部的温情和体贴安抚丈夫身心的创痛，无微不至地照顾陈寅恪的饮食起居，打理家务，查阅资料，诵读报纸、信件，并承揽了家中所有来往书信的回复。她能诗善文的才华和上佳的书法在此得到了用途，陈寅恪的许多诗篇都是她一笔一画笔抄录下来的。1949 年陈寅恪受聘广州岭南大学后，助手不辞而别去了香港，唐筼又临时充任陈寅恪的教学科研助手一年有余，直到新的秘书到来。

她是他的妻子，又是他精神和事业上最亲密的伴侣，他视她为生命中的第一知己，每完成一部著作，都请她题写封面。

对陈寅恪来说，唐筼无时不在、无处不在。她所做的一切，看似平凡，却如同涓涓细流，滋养润泽着他和孩子们。她所发挥的作用随着岁月的流逝越来越重要。可以说，没有唐筼就没有陈寅恪，尤其是暮年，她对他生活上无微不至的照料，事业上倾心竭力的帮助，精神上的全心支持，是他们得以共同生活下去的根本。

1949 年后的二十多年间，各种运动迭起，信奉“独立精神、自由思想”的陈寅恪难以幸免。他的各种“声明”“抗议书”，乃至“文革”中的所有“交代材料”全出自唐筼手笔。陈寅恪在被批判中经受的精神痛苦、心理愤懑，唐筼的感受更深切、更锥骨刺心。

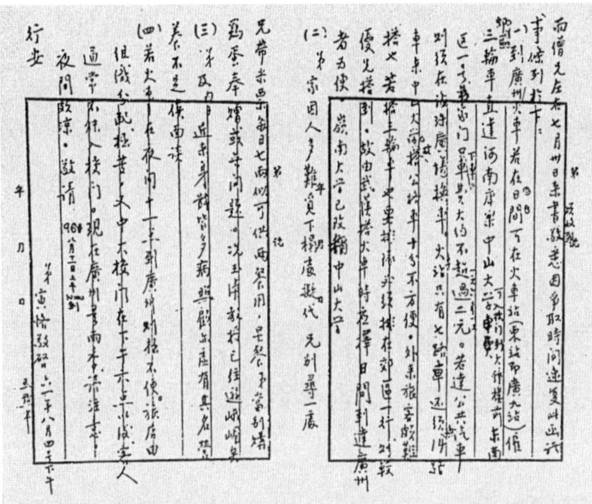

雨僧兄左右：七月卅日来书敬悉，因争取时间速复此函，计事条列于下：

(一)到广州火车若在日间，可在火车站（东站即广九站）雇三轮车直达河南康乐中山大学东南区一号弟家门口，车费大约不超过二元。若达公共汽车，则须在海珠广场换车，大站只有七路车，还须[illegible]，车来中山大学，搭公共车十分不方便。外来旅客殊难搭火。若搭三轮车也要排队，并须排在郊区[illegible]，较优先搭到。故由武汉搭火车时应择日间到达广州者为便。

(二)弟宗国人多，难觅下榻处，拟代兄别寻一处。岭南大学已改称中山大学。

兄带来粮票每日七两，以可供两餐用，[illegible]予当别请鸡蛋奉赠，或本问题。[illegible]教授已往游峨嵋矣。

(三)弟及内[illegible]近来身体皆多病，照顾不能周到，[illegible]

(四)若火车在夜间十一点到广州则极不便，旅店由组织分配，极苦，又中大校门在下午十点后[illegible]人通常不能入校门。现在广州[illegible]

夜间[illegible]，敬请

行安

弟寅恪敬启 六一年八月四日下午

唐筼经常做陈寅恪的工作秘书，此为陈寅恪回复吴宓的信，由唐筼代笔。

唐筼也做陈寅恪的生活秘书，图为陪伴陈寅恪散步。

1962 年 7 月，陈寅恪洗漱时滑倒在家中的浴盆里，摔断右腿股骨，住院近七个月股骨仍不能长合，自此长卧于床榻。当时，中山大学为他配备了三位护士进行护理，“文革”开始后护士被遣返。起初，唐筼出资聘一位护士护理，后来银行存款被冻结，护理费开不出，护士也不愿再做，唐筼就拖着病体自己护理。她很想给他增加营养，但是经济、供应和心情都差，陈寅恪全无胃口，买不到肉，每日只靠白粥、青菜度日，偶尔买到块豆腐乳就已很高兴。

目盲、骨折卧床之躯，陈寅恪在晚年仍完成了八十万字的《柳如是别传》。这其中自然依赖于陈寅恪的坚强和毅力，但与唐筼无微不至的关怀、鼓励和体贴密分不开，她经常告诉三个女儿：“爹爹的学问造诣非比一般，应让他写下来保存。”陈寅恪则对女儿们说：“你们可以不尊重我，但必须尊重你们的母亲。”

1969 年春节后，陈寅恪病体衰弱至已不能吃饭，只能进一点汤水之类的“流食”。偶有亲友偷偷登门拜望，他躺在病榻上已说不出话，只是眼角不断有泪流出，望者无不凄然。他担心心脏病日趋严重的唐筼将先于自已殁了，心怀无尽的怨愤与痛楚，写下一曲挽歌《挽晓莹》："涕泣对牛衣，卌载都成肠断史。废残难豹隐，九泉稍待眼枯人。"

1969年5月5日下午，躺在床上命如悬丝的陈寅恪，再次被迫向当权者作口头交代。陈寅恪留下一句"我现在譬如在死囚牢中"，终至泪尽泣血，再不能言，延至10月7日晨5时30分，于凄风苦雨中溘然长逝。

四十五天后，同年11月21日，唐筼病逝。

有人说她死于心脏病；也有人说她大半生靠药物维系生命，停药十余日，心脏会自动停止跳动。这个女子似乎是专门为陈寅恪来到这个世上，他走了，她马上追随而去。

什么叫相濡以沫，什么叫荣辱与共，什么叫生命相依，什么叫生死相随，陈寅恪和唐筼如是。

参考资料：

陈流球、陈小彭、陈美延：《也同欢乐也同愁》，北京：生活·读书·新知三联书店，2014年4月。

陆键东：《陈寅恪的最后二十年》，北京：生活·读书·新知三联书店，1995年12月。

吴宓

娶了谁都不会幸福

吴宓苦爱毛彦文，三洲人士共惊闻。
离婚不畏圣贤讥，金钱名誉何足云。

作诗三度曾南游，绕地一转到欧洲。
终古相思不相见，约到金鳌又脱钩。

赔了夫人又折兵，归来悲愤欲戕生。
美人依旧笑洋洋，新妆艳服金陵城。

奉劝世人莫恋爱，此事无利有百害。
寸衷扰攘洗浊尘，诸天空漠逃色界。

花样翻新记艳闻，红颜白发语徒纷。
有情私祝成良眷，安乐微酬半世勤。

卓志奇情慕雪莱，鸳湖艳侣未同陪。
收场老妇谭遗事，听唱中郎最可哀。

——吴宓《忏悔诗》

1

最成功的人生是什么？不是上帝给了你一副好牌，而是你能把上帝发给你的一副坏牌打赢。

人生的较量不是一副牌的好坏，而是每个人打牌的能力。同样一副牌，不同的人来打结局大不相同。比如胡适能把人人不看好的包办婚姻坚持到底，并最终过出了幸福的味道，这就是一种能力；很难想象，如果把江冬秀包办给吴宓，吴宓将会过成怎样糟糕的一辈子——他的几段感情都是自己所选，挑在手中的全是好牌，却段段不幸福。他是诗人，是文学家，却因缺乏人生大智慧，每段感情都没能善终，有人形容他是“飞蛾撞昏在灯罩上”，娶谁都不会幸福。

2

吴宓本名吴陀曼。1910 年报考清华学校时，他随手拿出石印本《康熙字典》，在某册某页，闭目确指，得一“宓”字，遂改名吴宓。二十二岁他清华学校留美预备科毕业，赴美国就读弗吉尼亚大学，1918 年转入哈佛大学比较文学系，与陈寅恪、汤用彤并称“哈佛三杰”。

1918 年 11 月，留学哈佛的吴宓突然接到清华留美同学陈烈勋的来信，欲将自己的妹妹陈心一介绍给吴宓为妻。陈心一毕业于杭州的浙江省女子师范学校，与吴宓同岁，当时是浙江定海县一位小学教员。陈烈勋在信中说，其妹在家中曾多次听他谈及吴宓，后又阅读过《益智杂志》《清华周刊》中吴宓的诗文，尤其看到吴宓的照片，萌发爱慕之情，愿嫁吴宓。吴宓接信后，虚荣心得到极大满足，立即回信同意交往。

同时，他托自己清华同窗六年的好友朱君毅帮忙打探。朱君毅的表妹兼未婚妻叫毛彦文，当时也在杭州，同陈心一是好友。毛彦文并不因自己

毛彦文（前坐者）与两个妹妹的合影，1921 年于南京。

与陈心一是同窗好友，而一味溢美夸大，她对陈心一的评价很中肯：“不知吴君选择对象都有哪些条件？陈女士系一旧式女子，做贤妻良母最合适。皮肤稍黑，但不难看，中文精通，西文从未学过，性情似很温柔。倘若吴君想要一位能治家的贤内助，陈女士很适合。如果想娶善交际、会英语的时髦女子，则应另行选择。”

当时吴宓一定对这种评价认可的，他和陈心一很快开始了书信来往。1921 年 8 月，留美归来的吴宓没休息两天，便匆匆赶往杭州陈家。他西装革履，意气风发，用如今的词来形容，很有些“高大上”；陈心一则含羞垂眉，是标准的贤淑女子。巧的是，随后毛彦文也来陈家，她第二天要回上海，特来向好友告别。陈心一之前一定告诉了毛彦文吴宓要来访，请她前来帮忙“把关”。毛彦文活泼雅趣，大方得体，是新时代女子风范，气质与陈心一有很大不同，给吴宓留下了很深的印象。

可以说，吴宓与陈心一一见如故，陈家对这个未来的女婿也相当看好。当天下午在陈父的安排下，两人泛舟西湖，吴宓心中很快活。第二天一早，二人再度相约漫步西湖两岸，都有相见恨晚之感。吴宓在当天的日记中写道：

“是日之游，较昨日之游尤乐。家国身世友朋之事，随意所倾，无所不谈……此日之清福，为十余年来所未数得者矣。”

仅仅十三天以后，吴宓和陈心一正式完婚。婚姻这样的大事，他如此仓促决定并完成，可见吴宓性格中有极为冲动的一面，但从另一方面来看，吴宓当时对陈心一一定是很满意的，才会在这么短的时间就入了洞房。陈心一这副牌是他主动选的，本应一直美满相处下去，实际上这段婚姻却只维系了八年。

3

当初吴宓委托毛彦文在国内打探陈心一的情况时，毛彦文就很明确地告诉他陈心一可以做典型的贤妻良母，但是要她做一个新派的、善交际的太太，就不可能。可以说毛彦文看人非常准。婚后，陈心一恭顺贤良，安心在家相夫教子，她为吴宓生下三个女儿，也调教得非常好。按说，这样恬淡、安宁的婚姻状态是很多男人求之不得的，而吴宓也因家庭毫无后顾之忧，这个时期在学术上取得了很多优异的成绩，1921 年他受聘在国立东南大学文学院任教授，讲授世界文学史等课程，开设“中西诗之比较”等课，开中国比较文学研究之先河。1924 年他赴沈阳，任东北大学外国文学系教授。次年清华大学成立，他任清华大学研究院主任。他还出版了多本著作。可以说这是吴宓的最鼎盛时期。

他该感谢陈心一给他一个如此稳固、安逸的家，但是他却渐渐对她不满意了。他怪她太安静、太恭顺，不善辞令、羞于交际——此前他爱她的种种优点如今都成了她的不好，甚至是罪状。到了 1929 年，吴宓看陈心一已处处不顺眼，在家里一天都无法待下去。

这种强烈的改变有男人的七年之痒之因——婚姻进入一段时期后，夫妻出现审美疲劳，会有厌倦感。但更主要的是，吴宓满眼里只有另一个女人的好，他以为这个女人才是他真正的梦中情人，是他的真爱。

此女非别人，她就是毛彦文。

清华园中的吴宓

当时，毛彦文的未婚夫朱君毅与吴宓同在国立东南大学文学院任教授，他与毛彦文本情深意笃，但世事难料，俩人订婚六年后，他爱上了别的女子，以近亲结婚有害于下一代为理由，不顾多方反对，坚决解除了与毛彦文的婚约。吴宓对自己的好友说，其实他早就爱上了毛彦文，早在清华学校与朱君毅同窗时，朱君毅经常给他看毛彦文的来信，他非常爱慕她的才华，后来在杭州一见，更是难以忘怀。但是，当时毛彦文是名花有主的，所以他一直把自己对她的爱慕藏匿心底。如今毛彦文没了婚约，他觉着他该挺身而出了。

1928 年 8 月 4 日吴宓来到杭州，看望因情感变故而伤心的毛彦文。毛彦文以友相待，请吴宓吃饭。吴宓在这一天的日记里这样写道：“此次南来，诸多令吾失望，惟与彦畅谈，乃极快慰之事，益爱重其人。”

这次杭州之行让吴宓下定了决心，并且他在毛彦文一无所知的状况下便昭告天下：他爱的女人是毛彦文，他要为了她离婚。

一时舆论哗然！

毛彦文其实很委屈，她一直把吴宓当作是朋友，没有任何其他想法，更没有破坏吴宓家庭之心，相反她从心底里是看不上吴宓的，她认为，在做人方面，他迂腐、褊狭，性格暴躁，做事没长性；在学术方面，吴宓虽有过留洋的求学经历，但依然传统、保守，固守旧文化，不论从哪一层，他都不是自己的意中人。何况，他还是自己同窗好友的丈夫，她怎会和这种人走到一起呢？为了让不切实际的吴宓死心，毛彦文特别声明：朱君毅之后，她从未对任何人怀有爱情的感觉；如果环境所迫她非结婚不可，她也只愿嫁给一个从未结过婚的男子。

面对毛彦文的冷面相对，吴宓却一厢情愿地认为，毛是爱他的，只因他有婚姻在身才不接他的茬。于是，他大张旗鼓地付诸离婚行动。他的举动得到了亲朋好友的一致反对，其父公开指斥他，“无情无礼无法无天，以维持旧礼教者而倒行逆施。”吴宓最好的朋友陈寅恪也非常不理解吴宓的行为，他认为且不说陈心一毫无过错，即便她处处不好，又如何呢？他苦心劝吴宓说：“学、德不如人，此实吾之大耻。娶妻不如人，又何耻之有？娶妻仅生涯中之一事，小之又小者耳。轻描淡写，得便了之可也。不志于学问之大，而兢兢惟求得美妻，是谓愚谬！”

但是，一意孤行的吴宓还是抛下陈心一和三个幼儿，离了婚。

4

离婚后的吴宓觉着自己恢复了自由身，可以名正言顺地开始追求毛彦文了。他每天跑去见她还不算，还把自己的情诗发表在报纸上——“吴宓苦爱毛彦文，三洲人士共惊闻”，让毛非常尴尬。金岳霖看不下去了，他自己也是痴情男子，但断不会像吴宓一样做如此没谱的事。他对吴宓说：“你的诗好不好我们不懂，但其中涉及毛彦文，这就不是公开发表的事情。这是私事情，不应该拿到报纸上宣传。我们天天早晨上厕所，可我们并不为此宣传。”吴宓听了勃然大怒，拍着桌子就说：“我的爱情不是上厕所！”

他的爱情让毛彦文很苦恼。1929年毛彦文离开中国前往美国密歇根大学留学。此番远渡重洋，一方面为深造，另一方面，面对吴宓强烈的爱情攻势，毛彦文发现自己渐渐有了动摇，她为自己内心的不安定感到困惑、无措，只好避走他国以求心安。

有人说，这真是奇怪，一个女人，会在短时间内对一个男人由讨厌转变成爱吗?

女人啊，再理性矜持也还是情感动物，经不住男人的三哄两骗加示好。——没办法，女人好的就只有这些。

所以，吴宓密集的、殷勤的、貌似知冷又知热的暖心行为，让毛彦文动了心。再加上他到底是为她离的婚啊！一想到此，毛彦文的心就如同漾在春水里，觉着这个男人是真爱自己。

毛彦文去了美国，吴宓去了欧洲——他想的是，毛随后可以由美国转去欧洲游历,两人同在那里生活、学习,再结婚组建家庭,是一件多么美的事。毛彦文也被他描述的美好景象所打动，默许了他的示爱。

1931 年 3 月，吴宓赴巴黎进行学术交流。他一反以前温情脉脉的样子，将电报拍到美国，措辞强硬地令毛彦文放弃学业，迅速赶往欧洲与之完婚，否则各自分手。有人指出，自从毛彦文接受了他的感情，他的态度立马 180 度大转变，动辄向她发出最后通牒，用语十分冷漠、刻薄。与此同时，据传说他还写信回国，向一位叫贤的女人示爱，同时又与一位金发女郎打得火热。

吴宓的态度虽然让毛彦文很不舒服，但是考虑到这个男人总归是爱自己的，他言辞的不妥也就忍了。

等毛彦文匆匆由美国飞到巴黎，等待她的不是一场盛大、浪漫的婚礼，而是吴宓冷冷的态度——看到毛的那一刻，吴宓又不想结婚了。仿佛一脚踏空，毛彦文不知该怎么接受这样的突然改变: 原来他那样费尽心机追求她，现在她松口了，他却变了卦。毛彦文哭着说：“你总该为我想想，我一个三十多岁的老姑娘，如何是好？难道我们出发点即是错误？”

吴宓不为所动，冷静地说：“人时常受时空限制，心情改变，未有自主，无可如何。”对此，吴宓在日记中这样记述：“是晚彦虽哭泣，毫不足以动我心，徒使宓对彦憎厌，而更悔此前知人不明，用情失地耳！”

最具讽刺意味的是，吴宓在此期间，对小报上炒得沸沸扬扬的鲁迅、

留学归来的毛彦文

许广平之恋陡生艳羡。他说："许广平夫人，乃一能干而细心之女子，善窥鲁迅之喜怒哀乐，而应付如式，即使鲁迅喜悦，亦甘受指挥。云云。呜呼，宓之所需何以异此？而宓之实际更胜过鲁迅多多，乃一生曾无美满之遇合，安得女子为许广平哉？念此悲伤。"他眼里看到的好，全来自别人的女人啊。

这次巴黎论婚最后以订婚作罢。随后吴宓与毛彦文一起回国。毛彦文留在上海，等着吴宓迎娶，她年过三十，急需成家让身心安定下来。可是她不知道，她此时已成了吴宓的"备胎"。

在 1933 年 8 月 18 日的日记里，吴宓将与他关系密切的几个女性比作不同的饮料，有的如白开水，有的如酒，有的如仙露，有的如茶。他以茶来比喻毛彦文。人生有茶虽是一件美事，却少了酒的醇厚、露的甘甜，吴宓觉着就算和他一直心仪的毛彦文结了婚也并不是一件完美的事，他如果能享齐人之福该多好。他这么想，也这么做了，一面懒懒散散地应付着毛彦文一次次的催婚，一面又沉浸在与其他女性的恋爱中。——纵观吴宓的几段感情，有人说，他是一个地道的"好色之徒"，话虽偏激，却折射出了他在婚恋上不安分的一面。对此，陈寅恪看得颇为透彻，说他本性浪漫，不过为旧礼教道德所"拘系"，感情不得抒发，积久而濒于破裂，因此"犹壶水受热而沸腾，

熊希龄与毛彦文婚后合影

揭盖以出汽，比之任壶炸裂，殊为胜过”。吴宓自己也说：“一生处处感觉Love（所欲为——爱）与Duty（所当为——责任）的冲突，使我十分痛苦。”

时间到了1934年底，吴宓终于下定决心奔赴上海。但是，他这次南下的第一站却是先去杭州，向一位卢姓女士求爱；如不成，再去上海，和毛继续讨论是否结婚。

毛彦文大怒。她不是陈心一可以逆来顺受、任凭摆布，她再想结婚也不能忍受吴宓对自己如此的轻薄与儿戏。

仅仅两个月后，毛彦文闪电结婚。新郎不是吴宓，而是一个叫熊希龄的老男人。

5

时年六十六岁的熊希龄曾任中华民国国务总理，他和毛彦文相识于一场饭局，对毛一见倾心。

为什么嫁给了一个年长自己三十三岁的男人？再直白一点，为什么舍弃追了自己近十年的吴宓而选择认识仅两个月的熊希龄？不要说吴宓想不通，连毛彦文的亲朋好友都不理解。但是对毛彦文来说，摒弃所有条件不说，熊希龄比吴宓靠谱多了。当时她已三十三岁，吴宓彻底伤透了她，或者说，她彻底看透了吴宓的为人，对他不再有一丝的期待。她需要求得一个归宿，一个可以让她依靠、给她安全港湾的归宿，她不想再在情感和生活中颠沛流离："当时反常心理告诉我，长我几乎一倍的长者，将永不变心，也不会考虑年龄，况且熊氏慈祥体贴，托以终身，不致有中途仳离的危险。"在经历了朱君毅的背叛、吴宓的若即若离反复无常后，与熊希龄结婚，在外人看来颇不可思议，在毛彦文的心里，却再顺理成章不过。

毛彦文的闪婚深深打击到了吴宓，他觉得自己被毛狠狠地抛弃了！

他又自以为是地认定毛彦文一定是受了自己的冷落才一时赌气，自暴自弃，不得已而嫁人。很长时间里，吴宓都没办法确定自己应该扮演什么样的角色。是负情郎，还是被负情的痴心汉？两者都是，又都不是。不管怎么说，毛彦文是他一生最钟爱的女人，只有真正失去了才感觉到珍贵。毛彦文结婚以后，特别是三年后熊希龄病故，吴宓一直纠缠不休，既是不甘心，同时也是深深自责和后悔。

失恋后，吴宓表示很痛苦，大写"忏情诗"，一连三十八首，诗句凄苦悲凉，皆是自怨自艾之作。他把情诗四处拿去发表，希望以此博得别人的同情。不成想，同情未有，反被很多人嘲笑为自作自受。他不死心，又把这些诗拿到课堂上去讲，一时在学生间成为笑谈。吴宓最得意的门生钱锺书可以说从头至尾冷眼旁观了吴宓处理感情的方式，尤其是他对待毛彦文，之前出尔反尔，之后又一往情深，还反复把所谓的"伤口"拿出来晒。这让钱锺书深感痛心。他怒其不争地写了首诗送给老师："有尽浮生犹自苦，无穷酸泪请谁偿。"吴宓没有得到同情和理解，反倒被驳斥，很不高兴，两人在其后几十年间都因此心生隔阂。

熊希龄去世后，吴宓又燃起了追求毛彦文的希望，他写了很多感人肺腑的长信表达自己的情思。结果一点回音也没有得到，有的信甚至被原封

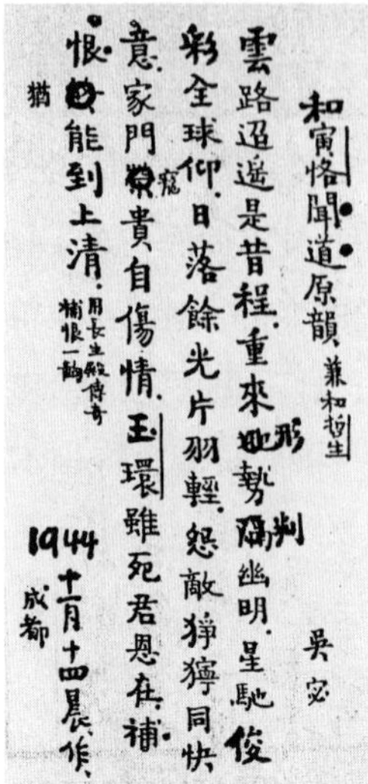

和寅恪問道原韻

吳宓

雲路迢遥是昔程。重來地形勢隔幽明。星馳俊彩全球仰。日落餘光片羽輕。怨敵猙獰同快意。家門寵貴自傷情。玉環雖死君恩在。補恨毋能到上清。

1944 十月十四晨作 成都

无论吴宓在感情上如何荒唐，在学问上的成就确实是毋庸置疑的。此为吴宓《和寅恪问道原韵》手迹。

不动地退回。后来，毛彦文漂洋过海到美国。吴宓得知消息后，千方百计向海外归国的人打听她的消息。他后来请西南师范大学美术系的一位老师根据相片画了一幅毛彦文的肖像，悬挂在墙壁上，每天相看不厌。他的后半生，虽然又有过一次短暂的再婚经历，但他始终沉浸在对毛彦文的思念追悔中，经常在梦中与毛彦文相会，一觉醒来，哭湿枕巾。

毛彦文爱过吴宓吗？她对吴宓到底是一种怎样的情感？1987 年，毛彦文年近九旬，以一本《往事》记录自己一生的雪泥鸿爪，可是洋洋洒洒几十万字的书中，对吴宓她几乎都不曾提及。只在第三章的末尾，仅有一小节“有关吴宓先生的一件往事”，文中纠正了一些关于她和吴宓感情纠葛的错误的传闻，又冷静地表白了她对吴宓的看法。也许是时过境迁，这些看法客观、深刻，对这场失败的爱情做了最透彻的解释：自她与朱（即朱君毅）解除婚约后，她曾想尽办法，避免与朱有关的事或人接触，这是心理上一种无法解说的情绪。吴为朱之挚友，如何能令她接受他的追求？尤其令她不能接受的，是吴几乎每次致她信中都要叙述自某年起，从朱处读到她的信及渐萌幻想等等，这不是更令她反感吗？不过，毛彦文对吴宓也未全部否定，这样评价他："吴君是一位文人学者，心地善良，为人拘谨，有正义感，有浓厚的书生气质兼有几分浪漫气息，他离婚后对于前妻仍倍加关切，不仅负担她及他们女儿的生活费及教育费，传闻有时还去探望陈女士。他绝不是一个薄情者……"

1999年，学者沈卫威教授在台北拜访毛彦文。毛彦文已年逾百岁，眼花耳背。沈教授告诉她："大陆出版了《吴宓日记》，里面有很多关于您的内容，表达了吴宓先生对您的爱慕之情。您有什么话要说吗？"毛彦文面无表情，冷冷地回答了一句："好无聊。他是单方面的，是书呆子。"——吴宓若听闻此话，怕是痛得肠子都断了。

吴宓的偏执和自以为是的思维方式，注定他与毛彦文失败的感情，也注定了他一生情感的郁郁不得志。钱锺书有一段评价也许可以解读他矛盾的一生："……他实际上又是一位'玩火'的人。像他这种人，是伟人，也是傻瓜。吴宓先生很勇敢，却勇敢得不合时宜。他向所谓'新文化运动'宣战，多么具有堂·吉诃德跃马横剑冲向风车的味道呀！而命运对他实在太不济了。最终，他只是一个矛盾的自我，一位'精神错位'的悲剧英雄。在他的内心世界中，两个自我仿佛黑夜中的敌手，冲撞着，撕扯着。"

——如吴宓这般，能把上帝赋予他的每一副好牌都打得稀巴烂，也当属不易。

参考资料：

吴宓：《吴宓日记》：北京：生活·读书·新知三联书店，1998年1月。

钱锺书：《吴宓先生及其诗》。

何世进、于奇智：《吴宓的情感世界》，广州：广东人民出版社，2001年9月。

我憎恨你的国家，可是我深爱你！

蒋百里

我是因为你的安慰为你而活下来的，若你再不理我，我便要去死，要到日本去，死在你们家。

——蒋百里致佐藤屋登的信

1

人世间，爱屋及乌，又或恨屋及乌，都是人之常情，很容易做到。但是“恨屋”却“爱乌”便是一件很难的事了。

在民国，有这样一个男人，他一生都致力于研究如何抗日，最终却娶了一位日本太太。他深爱自己的妻子，却痛恨妻子的祖国，要求自己的五个儿女不习日语一字。

他就是著名的军事战略家蒋百里。

2

1913 年 6 月 18 日凌晨，河北保定陆军军官学校里突然响起紧急集合的号令，二千余名师生迅速赶到操场列队集合。

时任保定陆军军官学校校长的蒋百里已站在尚武堂石阶上。

他身着军服，腰佩指挥刀，神情严峻。他用沙哑的声音对学生说：“我要求你们做的，你们都做了，但是你们要求我做的，我没做到，所以我要惩罚我自己。”说完他快步走回办公室。

几分钟后学生们突然听到一声枪响。大家冲进办公室，发现他们的校长躺在地下，鼻孔流血，胸前的军装都被染透了。

蒋百里选择自杀这种极端的方式，实出无奈与悲愤。他当然知道，作为一个曾经震惊过日本和德国的军事专家，他最应该做的是报效国家而不是用这种愚蠢的方式结束生命。这一路走来，只有他自己最清楚他曾怀有多么大的热忱、付出过多少的努力。

1905 年，蒋百里以步兵科第一名从日本陆军军官学校毕业。根据日本军部规定，士兵榜首由天皇亲自赐刀。这项殊荣被一个中国人获得，成为日本陆军历史上的一件特别尴尬的事。

蒋百里在德国时的戎姿

遂后，他又赴德国深造，深得德国军事学家伯卢麦将军的赏识。他对蒋百里说："拿破仑说过，若干年后，东方将出现一位伟大的军事学家，这也许就应该在你的身上吧！"

回国后，几经辗转，1913 年初，蒋百里赴任保定陆军军官学校校长，少将军衔，时仅三十岁。

他进校的那一天给很多学生留下了深刻的印象。他身着黄呢军服，外罩红缎子披风，腰挂长柄指挥刀，脚蹬铮亮的长筒马靴，骑一匹高头大马进了学校。他一心要报国，一心要建设国防，建设新的军队。他在就职训话中立下誓言："方震（蒋百里字百里，名方震）如不称职，当自杀以明责任。"

他一进学校就抓改革，首先给每一个学生一套新军装、新皮靴，要学生们重视仪表。第二抓伙食，他亲自到伙房去检查：是不是卫生？是不是有营养？第三抓教学，凡保定军校无能力的教师都撤掉，让新从日本回来的老师上任。老师请假，他亲自讲。他很受学生爱戴，学生经常给他写信。

保定陆军军官学校正式创办于1912年10月，为当时全国最高军事学府，是中国近代军事教育史上成立最早、规模最大、设施最完备、学制最正规的一所军事学府。蒋百里的到来，为学校注入了蓬勃的活力。

但是随着改革的深入，很多问题冒出来。比如，被撤下来的人跟新提拔的军官闹矛盾，旧军人跟新军人相斗，破坏新的改良，不合作，改革一度难以进展。上边的经费一直拨不下来，教育部由段祺瑞管，蒋百里亲自跑到北京去找段祺瑞。段祺瑞答应给他钱，但实际上一直不落实。

北洋当权，他不是嫡系，虽被任用，但不予方便，处处受掣肘。1913 年 6 月，蒋百里再次到北京陆军部请求拨款未果。官场的个中环节勾当让他深恶痛绝却无能为力，无奈之下他决定以死警醒世人。

他从北京回来，一夜未睡。叫书童给他磨墨，给蔡锷写了一封长信，细数自己未尽的抱负。他又立下一封遗书："仆之殉职，虽轻若鸿毛，而与军人之风气有关。"留给母亲的信中写道："为国尽忠，虽死无关重要，然与陆军前途及民国有益。"

所幸，蒋百里自杀时，由于勤务兵上前夺枪，子弹打偏没有伤到心脏，只是擦伤了肺的表面。云南都督蔡锷得知好友自杀未遂的消息，要求北京政府务必查明事由，追究责任，国会也开始出面谴责袁世凯政府。蒋百里自杀的消息成为轰动全国的重大新闻。而小小的保定城，一时间也成为了全国政界和军界关注的地方。

3

袁世凯在得知蒋百里已无生命危险后，下令一切医药费用均由总统府开支。段祺瑞深感各方压力，亲自到日本大使馆要求日本大使派最好的医生给蒋百里疗伤。

1913 年 6 月 19 日，陆军军官学校戒备森严，校门外的马路上，布置了大批换上新制服的持枪军警。不多时，一辆英国制造的黑色马车向校门疾驶而来，站岗的士兵一眼认出这是校长的专用马车。马车进入军校后，停在了校长办公楼的门前，但下车的不是校长，而是一个日本军医和一位日本女子。这是自保定陆军军官学校成立以来，第一次有女子踏入。

日本医生来后，查看伤情，发现无需手术，建议蒋百里长期静养，尤其需要精神安慰。袁世凯传话说必须留一人照料蒋百里。日本医生遂决定将那位日本女子留下，她二十一岁，是一名护士，名字叫佐藤屋登。

蒋百里曾经留学日本，与佐藤交流没有任何障碍。但是他每天都把自己封闭起来，不愿意说话。他虽自杀未遂，但其心已死，执意不愿留在人间。他以休息不好为由每天向佐藤要一粒安眠药，偷偷攒起来，准备再次自杀。这个秘密很快被佐藤屋登发现了。

佐藤很激动，她是一个弱女子，她不懂军事，不懂政治，但是她懂得一个朴素的道理——永远不能放弃自己的生命。

她对蒋百里说："自杀是最轻松的逃避方法。但你有没有想过国家培养一个你这样的人才实属不易，死是轻松的，但你的生命，不只属于你自己，你还属于你的国家。你活着才能报效国家，才有机会报效国家。"她还以日本"忍字诀"规劝他："要忍耐，忍是大勇者的精神支柱。如果不能忍耐，将来如何能立大功业呢？"

她每天看着他、照顾他、开导他，她让蒋百里觉着很惭愧。他看着身边这个日本女孩想：我是教育人的人，怎么没想到今天有这么个姑娘，还是日本姑娘，竟敢在我面前来训导我，我真是连一个姑娘都不如啊。

他对这个外表柔弱美丽，内心却如此坚定、大气的日本女孩产生了好感。她对他如此体贴，又很知他心。在她面前，他变得开朗起来，渐渐地，他每天睁开眼第一件事就是能盼着见到她。他理想的伴侣就是这样又漂亮又有见地的一个人。

蒋百里此前已结婚，早年他因父母包办娶了浙江查家的闺女，此查家后来出了一个大名鼎鼎的作家金庸，是查夫人的侄子。查姓夫人目不识丁，并且不育，终生在老家服侍蒋百里的母亲。蒋百里对她并无夫妻之情。在遇到佐藤之前，他从未有过心动的女子。而此时，一种叫做"爱情"的东西已经在他内心产生，他对这个叫佐藤屋登的日本女孩不仅越来越有好感，而且产生了深深的渴望。

1924 年，蒋百里（后排右三）和徐志摩、胡适等人与访华的泰戈尔的合影。

三周后，佐藤奉命回京，蒋百里感觉失去了精神支柱，内心非常失落，他不知何时才能再见到佐藤。从分开的那一刻起，蒋百里体会到了从未有过的煎熬。

1913 年的 10 月，在天津修养了一段时间的蒋百里也来到了北京，住在位于东单牌楼的川田医院继续休养。这是一家由日本人开设的医院。令他意外又惊喜的是，护理他的依旧是佐藤屋登。

再次相见，他决定再也不放弃机会，他要追求这个日本女子。

这一天，佐藤屋登被蒋百里的主治医生叫到办公室里，主治医生郑重其事地对她说道："蒋百里委托总统，总统委托日本公使，公使委托我向你说明，蒋百里希望你能嫁给他。"

佐藤屋登一时间懵了。但是要说她对蒋百里没有任何感觉也不对，通过三周的朝夕相对，他们几乎无话不谈，她对他已经有了很深的了解。蒋百里骨子里血气方刚，重义气，但他并非一介武夫，反倒气质儒雅，未脱书生本色。他与徐志摩是亲戚，曾一起捣鼓了个新月社。在徐志摩最穷最没人理的时候，蒋百里把自己北京的房子送给徐志摩，让他卖了好过日子；1930年蒋百里受牵连坐牢的时候，徐志摩二话不说扛上铺盖卷就直奔南京陪百里坐牢，天下轰动。新月社名流纷纷效仿南下，一时“随百里先生坐牢”成了时髦的事情。

蒋百里的德国友人曾经形容他：在秋天的橡树落叶中，有人席地而坐，朗诵歌德的作品，风神俊朗如神仙中人，这就是蒋百里。

可以说这样一个男人对当时的任何一个女子都是极具吸引力的。

但是两人身份国籍的差异，尤其是蒋百里作为军事家，他的战略目标就是她的祖国日本，这样的关系怎么能够联姻？这是根本不可能的事啊！

日籍医生也劝她千万要想清楚：其一，蒋百里在老家已有妻子；其二，蒋百里的身份与她非常不合适。

经过冷静地思考，佐藤屋登让日籍医生给蒋百里回话：“你爱你的祖国，我也爱我的祖国。我未想过会和你在一起。”

为避免尴尬，她决定离开医院。蒋百里马上写信给佐藤请求她不要离开，他说：“你打消了我自杀的念头，我是因为你才没有再自杀，如果你离开我不在我身边，我万一又要想自杀呢，又有很多悲观的念头的时候怎么办，所以我希望你能够长久地留在我身边。”

为彻底隔断与蒋百里的联系，佐藤不仅离开了医院，而且离开中国回到了日本。

4

蒋百里没有放弃，他把他的爱意和思念写下来，源源不断的情书从中国飞到日本到了佐藤的手中。蒋百里虽是军事家，他还擅长文史研究、诗词歌赋，他后来曾写过一本《欧洲文艺复兴史》，他本人正像达·芬奇一样有着多方面的光芒。所以他给佐藤的情书写得情真意切、非常动人。

佐藤屋登在回信中表明了自己矛盾的心情和最后的态度：“我不会说假话，现在不妨以真情相告。日本女子嫁给中国人有很多困难，而我必须

蒋百里手迹

得到父母的同意，因此难上加难。我已向父母请示过，父母认为，日本不是没有好青年，何必嫁给一个身带暗伤的中国人。看来此事已无希望，你就死了这条心吧！”

蒋百里没有气馁，他在信中回复说：“我是因为你的安慰为你而活下来的，若你再不理我，我便要去死，要到日本去，死在你们家！”蒋百里的这一做法，后来被他的好友，民国著名记者陶菊隐称为“放刁撒赖的突击战术”。这个战术很有效，随着时间的推移，一封封情深意长又立场坚定的信渐渐融化了佐藤屋登的情感壁垒，她终于决定接受这个中国男人的爱，与他一起面对今后的人生。

她告诉父母，她要回到中国去，她爱上了一个中国男人。

父母很吃惊，坚决不同意。佐藤拿出蒋百里写给她的近百封信，一一展示给她的家人看。她父亲看过信，想了一个晚上，对她说：“如果你认为他是一个很有才华的年轻人，如果你愿意嫁给他，你就嫁到中国去吧。你若是受了委屈，随时可以回国来，我把你应得的一份产业留下来等待你。”

身在中国的蒋百里听到这个消息激动万分，他马上派他的士官同学赶到日本接她，一路把她护送回中国天津。他自己则早早赶到天津码头静静守候。当日本的轮渡渐渐靠岸，蒋百里激动万分，他终于再次见到了此生最心仪的女子。

1914 年冬，蒋百里与佐藤在天津德国饭店结婚，因蒋百里素爱梅花，便为爱妻取中文名：佐梅。佐藤对众人说：“从现在开始，佐藤屋登这个日本女子死了，我现在是中国女人，我姓蒋，我叫蒋佐梅。”

结婚后，蒋百里带着佐梅回到北京安家。后来，他还在家乡浙江硖石东山西麓购地数亩种梅二百株，号曰“梅园”，为二人将来归隐之用。

5

蒋佐梅自结婚后就不再说日语。他们生育五个女儿，她从不教女儿们学日语，平时一家人都用地道的北京话交谈。她穿的衣服都是中国服装，一点都看不出来她是个外国人。

1937 年，抗日战争爆发。蒋百里是国民政府对日作战计划的主要设计者，他编著的《国防论》成为整个第二次世界大战中中国军队的战略指导依据。在这部让蒋百里耗尽心血的千钧之作的扉页上，将军饱含深情地写下了这样的字句：“千言万语化作一句话，中国是有办法的。”他提出了著名的“抗日必须以国民为本，打持久战”的理念。

这场两国之战让蒋佐梅非常痛苦，中日战争爆发后，她与日本断绝一切往来，她异常坚定地说：“中日交战，是日本军阀侵略的过错！”她爱自己的丈夫，也爱丈夫的国家，相信正义的力量。为支持抗战，蒋百里把自己的轿车捐给国家，蒋佐梅则变卖了许多首饰及值钱之物，买来布匹、纱布，与女儿们一起，夜以继日地赶制军衣及绷带纱布，送往前线，救护

蒋百里全家福

伤员。

1938 年，蒋百里因劳心过度骤然病逝。冯玉祥本是蒋百里好友，蒋百里的骤然去世让他一时无法接受，出身日本的佐梅成了他的怀疑对象，他写文章说蒋将军是被佐梅用毒针杀害的，理由是她曾说过“你爱你的祖国，我爱我的祖国”。其实，这句话是两人成婚前蒋佐梅表达自己对蒋百里研究抗日理论的理解而说的,原话是“你爱你的祖国,亦如我爱我的祖国一样”。

这件事给蒋佐梅带来了极大的压力，丧夫之痛和莫须有的罪名让这个柔弱的女子几欲崩溃，但是她仍然坚持留在中国，一个人带着五个子女坚强的活着。她用华语教育五个女儿，带着她们一起到街头募捐，拔下头上的首饰捐助抗战事业，不辞辛苦亲赴前线为中国的伤兵治疗服务。她对别人说，她这样做因为她深爱的丈夫和他的国家，而且她认为当时中国的战斗是正义的。

她与蒋百里的五个女儿之中，二女蒋雍、四女蒋华定居美国。五女蒋和居住在北京。他们的三女蒋英曾在德国学习音乐，在 1947 年与科学家钱学森结婚，同样成就了史上的一段佳话。

蒋佐梅一直住在北京女儿的家里，直到 1978 年去世，享年八十八岁。

1984 年，蒋英护送母亲的骨灰至杭州，将其与父亲合葬于凤凰山下南山墓。

墓碑上篆刻的名字为“蒋佐梅”——一个传统中国妻子的名字。

参考资料：

蒋英：《我的父亲蒋百里》。

徐百柯：《亦儒亦武真豪杰》，《民国风度》，北京：九州出版社，2011 年 10月。

金岳霖

人生不止林徽因

一身诗意千寻瀑，万古人间四月天。

——金岳霖

1

提及金岳霖，普通人首先想到的是他一生未婚，默默爱着林徽因；其次，才会意识到他还是一个哲学家。

关于他与林徽因，坊间有很多版本，但都有一点共识：他对这个女人痴情了一辈子。他的确终身未娶，我相信这其中会有林徽因的因素，但不应该是唯一：一个人选择怎样的生存方式，应该有非常复杂、多样的因由，何况作为哲学界的泰斗，金岳霖究竟是怎么想的，实在不是外人一两句话能断定的。而且，在金岳霖的人生里，林徽因并不是唯一的女人，一度他还差点跨进了婚姻的大门。

2

金岳霖十六岁考入清华学校，三年后毕业，被公派到美国宾夕法尼亚大学留学；1920 年获博士学位，次年，到英国等欧洲国家游学。此时，身边就有一个女人相伴，他当时的美国女朋友 Lilian Taylor。Lilian Taylor 的中文名字叫秦丽莲。这一定不是金岳霖所起，以他的品味，断不会为身边的女人起如此俗艳的名字。我猜一定是某个研究金岳霖的后人所起。金岳霖身材高大，戴眼镜，喜欢礼帽，上课都戴着。据曾经跟他共事过的汪曾祺所述，金岳霖经常穿一件烟草黄色的麂皮夹克，天冷了就在里面围一条很长的驼色羊绒围巾。这样的扮相可谓仪表堂堂，说风流倜傥也不为过。加之他非常风趣幽默，他的英式英语特别高雅流利，后来他有一次到英国讲学，连牛津大学的教授都对他的英语水准和学识非常钦佩。这样一个男人，让秦丽莲很是着迷。

1925 年 11 月，金岳霖回国，秦丽莲也随之来到北京。她倡导试婚，

留学哥伦比亚大学期间，金岳霖与张奚若、徐志摩在一起。

对中国的家庭生活充满兴趣，愿意从家庭内部体验感情生活。1926年，金岳霖到清华接替教席。他不住在校内，而是与秦丽莲住在城里。有一天，金岳霖打电话给他的一个朋友杨步伟，说是有万分火急的要紧事，非请她进城一趟不可。杨步伟问他到底什么事这么急，金岳霖不说，只一个劲地催她赶快动身，说好待事情办妥帖了，他请吃烤鸭。杨步伟是妇科医生，脑子里的第一个闪念便是秦丽莲不慎怀孕了，就立刻声明犯法的事情她可不能做。金岳霖回答说，这事大概是不犯法的。杨步伟满腹狐疑，到了金岳霖家，秦丽莲来开门，杨步伟盯着她的腹部看，没什么异常。接着，她才明白原来不是人而是鸡出了状况。金岳霖饲养了一只大母鸡，一个蛋三天生不下来，很痛苦。杨步伟哭笑不得。她把鸡捉来一看，原来是金岳霖经常给它喂食鱼肝油，沉沉的身子重达十八磅，那个蛋卡在那儿，已有一半露在外面。杨步伟稍稍用手一掏就万事大吉了。金岳霖见状，愁眉立展，如释重负。

金岳霖和秦丽莲在北京同居的事大约周遭朋友都是知晓的，单是徐志摩写给陆小曼的信中就多次提到这两人："老金、丽琳（丽莲）、瞿菊农，都来站接我……琳琳（丽莲）还是那旧精神，开口难幺闭口面的有趣。老金长得更丑更蠢更笨更呆更木更傻不离难了！"并描述说，"她是美国人，头发剪得很短，有点像男生头，个子高高，说话很响，一点不文雅也不好看，所以我不怎么喜欢她。"

如果徐志摩的描述没有太多主观色彩，那么这位秦丽莲实在不是优雅、温婉的女性，但是金岳霖和她一直同居，直到 1931 年秦丽莲返回了美国后再没有回来。有说秦丽莲曾为金岳霖生过一女孩，此事真伪未见金岳霖确认。

3

金岳霖的专业是哲学，本已枯燥，他的主讲又是哲学里最晦涩难懂的逻辑学，逻辑课的前一半讲三段论，大前提、小前提、结论、周延、不周延、归纳、演绎……还比较有意思。后半部全是符号，简直像高等数学，很多人如听天书。巴金的夫人萧珊曾是金岳霖的学生，可能也是久学不懂，就问他：你为什么要搞逻辑学？她的意思是：这种学问多么枯燥！金岳霖大笑着回答：我觉得它很好玩。

很多事都令金岳霖觉着好玩。他虽无儿无女，但是过得自得其乐。他除了养过上面提到的三天未下蛋的老母鸡，1938 年，他任西南联大文学院心理学系教授时还养了一只很大的斗鸡。这只斗鸡能把脖子伸上来，和他一个桌子吃饭，他毫不为怪。一到空袭拉警报，别人都往城外逃，他却忙着进城来救他的公鸡。他还养蛐蛐，到处找人比赛。蛐蛐死了，他又搜罗大梨、大石榴，拿去和别的教授的孩子比赛，看谁的个大。比输了，就把梨或石榴送给小朋友，他再去买。

金岳霖虽然研究哲学，但是他很喜欢小说，从普鲁斯特到福尔摩斯都看。与金岳霖同时代的武侠小说家平江不肖生，写了一部《江湖奇侠传》（后来被改编成电影《火烧红莲寺》），此书既有写实又有神怪，金岳霖非常喜欢，连看多遍。在云南昆明时，当时也在联大任教的沈从文有时会拉一个熟人去给少数爱好文学、写写东西的同学讲一点什么。金岳霖有一次也被拉了去。他讲的题目是《小说和哲学》，题目是沈从文给他出的。大家以为金岳霖一定会讲出一番道理。不料他讲了半天，结论却是：小说和哲学没有关系。有人问：那么《红楼梦》呢？金岳霖说："红楼梦里的哲学不是哲学。"他讲着讲着，忽然停下来："对不起，我这里有个小动物。"他把右手伸进后脖颈，捉出了一个跳蚤，捏在手指里看看，表情既促狭又得意。

4

金岳霖和林徽因相识于 1928 年——他先认识徐志摩，在徐志摩的引荐下，才结识了林徽因。按理说，他该感谢徐志摩给他带来这个珍贵的"结缘"，实际上，两人的关系却是微妙的。徐志摩这样评价金岳霖："金先生的嗜好是捡起一根名词的头发，耐心地拿在手里给分。他可以暂时不吃饭，但这头发丝粗得怪讨厌的，非给它劈开了不得舒服……"话里话外，有不理解，也有取笑之意。

很多年后，金岳霖在八十八岁高龄时接受记者采访，提到徐志摩时，金岳霖不假思索地说："徐志摩是我的老朋友，但我总感到他滑油，油油油，滑滑滑——"看到记者惊愕的表情，金岳霖解释说："当然不是说他滑头。"他是指徐志摩感情放纵，没遮没拦。"林徽因被他父亲带回国后，徐志摩又追到北京。临离伦敦时他说了两句话，前面那句忘了，后面是'销魂今日进燕京'。看，他满脑子林徽因，我觉得他不自量啊。林徽因梁思成早就认识，他们是两小无猜，两小无猜啊。两家又是世交，连政治上也算世交。两人父亲都是研究系的。徐志摩总是跟着要钻进去，钻也没用！徐志摩不知趣，我很可惜徐志摩这个朋友。"

这话听起来似有酸意——两人同时喜欢同一个女人啊。但是，这确实是金岳霖对徐志摩发自内心的评价。要说吃醋，他也该吃梁思成的醋，相反，他与梁思成却是极好的关系，对梁的评价很中肯："比较起来，林徽因思想活跃，主意多，但构思画图，梁思成是高手，他画线，不看尺度，一分一毫不差，林徽因没那本事。他们俩的结合，结合得好，这也是不容易的啊！”

也许是哲学家的思维，金岳霖的理智是众所周知的。包括对待感情方面。这一点，林徽因是相当服气他的，后来沈从文遇到了情感困惑，爱上了婚外的女子无力自拔，林徽因就建议他找金岳霖谈谈，因为他是个客观而又理性的人。有时她同梁思成吵架，也要金岳霖出面主持“公道”。

世人都说金岳霖痴迷林徽因，感情浓得化不开。但是金岳霖不会让自己的感情泛滥到失去理性，做出失了分寸和原则的事。他站在林徽因的角度做了认真而理智的判断，最终他放弃了自己的感情，放弃了要“占有”这种感情的欲望。他认为梁思成对林徽因的爱是真正的爱，是厚重而坦荡的，他金岳霖不能夺人所爱，更不能伤害这个真正爱林徽因的男人。

他选择了退出，彻底放弃了对林徽因的那份特殊的情感。但是他并没有从梁思成和林徽因的生活中退出，反而把夫妇二人都视为自己人生中难得的知己。

从此他更多的是与梁思成夫妇俩或者说梁家保持着一种关系。——他欣赏林徽因，认为她是一个极特别的人；他与梁思成惺惺相惜，君子之交淡如水，君子之交又坦荡荡。这份友谊保持了一辈子。

从 1932 年到 1937 年夏，他们同住在北总布胡同，梁家住前院，大院；金岳霖住后院，小院。前后院都单门独户。一些朋友每个星期六有集会，这些集会都是在金岳霖的小院里进行的。因为他是单身汉，又有过留洋的经历，生活方式很西化，经常吃西餐。当时他除请了一个拉东洋车的外，还请了一个西式厨师。每周六是碰头会，吃冰激凌，喝咖啡，都是他的厨师按他要求的浓度做出来的。除早饭在他自己家吃外，中饭、晚饭他大都端着饭菜到前院和梁家一起吃。这样的生活维持到“七七事变”为止。

1938 年梁家从北京搬到昆明，金岳霖跨越千山万水去探望，林徽因曾写道：“思成笑着，驼着背，老金正要打开我们的小食橱找点东西吃，而孩子们，现在是五个——我们家两个，两个姓黄的，还有一个是思永（思成的弟弟）……”一派其乐融融。一天早晨，金岳霖正在书房研究，忽然

1938 年，金岳霖与梁思成、林徽因等友人在昆明西华亭内住所。

听见天空中男低音声音叫“老金”，赶快跑出院子去看，梁思成夫妇都在他们正房的屋顶上。看见他们在不太结实的屋顶上，总觉得不妥当。他说，“你们给我赶快下来”，梁思成在屋顶好一阵大笑。后来，金岳霖作对联“梁上君子，林下美人”赠与他们夫妇。梁思成很受用，林徽因却嘀嘀咕咕：“什么美人不美人的啊……”

1940 年 11 月，梁家从昆明到了四川，在一个叫李庄的地方住下来。那一年金岳霖休全年假，整整一年，他是在梁思成和林徽因李庄的家度过的。他们谈哲学，谈文学、谈建筑，也谈战争。物质上很贫乏，但精神的交流让他们很愉悦。他们是那么相似，互为知己，互相支撑。

抗战胜利后，梁家回到北京，住在新林院，邀金岳霖与梁家毗邻。梁家的客厅有一扇小门，穿过“老金的小院子”到他的屋子，而他常常穿过这扇门，参加梁氏夫妇的聚会。到星期六下午，老金在家里和老朋友们聚会的时候，梁思成和林徽因就穿过他的小院子来参加老金家的聚会。金岳

金岳霖、林徽因和费慰梅等人在一起。

霖的生活很讲究，他家的厨师做面包做得好，每天早上就给林徽因家送过去，没事了就到梁家一起喝茶聊天。

1955年，林徽因去世，后梁思成另娶、再婚，直至1972年去世。但这并没有中断金岳霖与梁家的关系。金岳霖的晚年是跟梁思成的儿子梁从诫一家一起住在北京总布胡同。他每天总提高嗓门喊保姆："从诫几时回来啊？"隔一会儿又会亲昵地问："从诫回来没有？"从诫夫妇称他"金爸"。对金岳霖，梁家后人是以尊父之礼相待的。

5

金岳霖一辈子天真烂漫，率性而行，他总是按自己的志趣去生活，去做事，从不为名利所累。他不愿做行政工作，怕与人打交道。初到清华，创办哲学系，他做第一任系主任，不久冯友兰到了清华，他就立即请冯友兰做了系主任。解放初期，让他当清华大学文学院院长，他也基本上是无为而治。他有时西服革履，执手杖，戴墨镜，一副英国绅士派头；有时着运动衫，穿短裤，球鞋，举手投足像一个训练有素的运动员；有时在西装外面套个中式长袍，戴个老八路的棉军帽，在清华园里跑来跑去。他曾写过一篇题目是《优秀分子与今日社会》的文章，说了这样一段话：“与其做官，不如开剃头店；与其在部里拍马，不如在水果摊子上唱歌。”

在政治方面，他是单纯的，甚至一度他差点和一个“问题”女人结了婚。是的，除了秦丽莲和林徽因，在他晚年生活中还出现了一个叫浦熙修的女人。浦熙修比金岳霖小十五岁，是《新民报》的名记者，人长得很清秀，而且写过很多漂亮的人物传记。她有过一次失败的婚姻，还曾和著名的政治家罗隆基有过一段长达十年欲语还休的恋情。

后来在1957年的反右中，浦熙修交出了罗隆基写给她的所有的信，并附和别人说：“罗隆基的反党反社会主义的阴谋是一贯的，他说他的骨头烧成灰也找不到反党反社会主义的阴谋，实际上他的骨头烧成灰，就是剩下来的灰末渣滓也都是反党反社会主义的。”罗隆基对浦熙修的反噬，痛彻肝肠。两人就此彻底决裂。

上世纪六十年代末，民盟中央组织在京中央委员学习，金岳霖作为民盟中央常务委员，积极参加，并因此认识了同组的浦熙修。不知他是不了解浦熙修之前的经历，还是自动屏蔽了她的过去，他只看到浦熙修的热情大方、开朗明媚，觉着与她很投缘。而金岳霖为人的坦诚、豁达，情感经历的单一，与浦熙修之前交往的男性，尤其与是情感经历丰富的罗隆基判若两极，这些都让浦熙修这个有故事的女人觉着很珍贵，很快就对金岳霖产生了很强的信赖感。

金岳霖常约请她到家用餐，不久，民盟小组的委员们互相传递着一个消息，那就是金岳霖和浦熙修相爱了，并且准备结婚，这的确是一个出人意料的喜讯。

金岳霖当时在中国科学院哲学研究所担任副所长。那时办理结婚是一件重大的事情，要向组织汇报。于是金岳霖向时任哲学所书记周宜明说：“我想找个老伴，向你征求一下党支部对这事的意见。”周宜明回答说：“假如有关于对方的政治情况需要了解，党组织可帮助了解。此外，一切完全

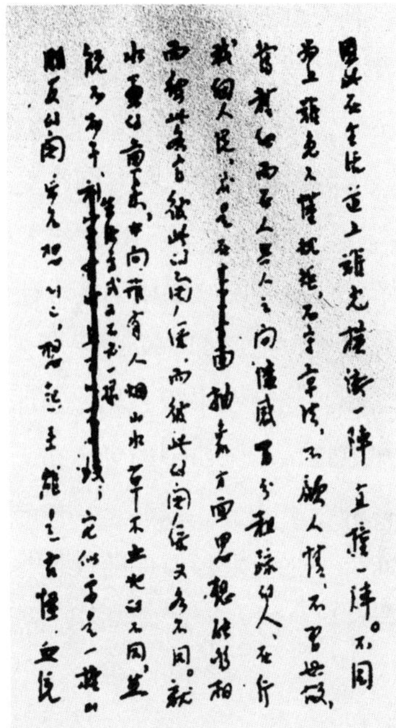

金岳霖手迹

可以自己决定。”

不巧的是，此时金岳霖因病住院。他有一个老朋友，叫李文宜，颇具政治头脑，在去医院探望金岳霖时，婉转地劝他不要急于结婚，再考虑一下。

金岳霖天真地问：为什么？

李文宜欲言又止，只提醒他注意浦熙修与彭德怀的关系。

浦熙修是彭德怀的妻妹，这个关系金岳霖是知道的。也难免李文宜如此谨慎，当时正在批彭德怀的右倾机会主义，别人都唯恐避之不及，李文宜深怕对政治不敏感的金岳霖一意孤行，惹上政治问题就麻烦了。

金岳霖不置可否。李文宜叹口气，又告诉他，浦熙修也病了，是癌症。

金岳霖听了后立刻严肃地说：“这是件大事。”他出院后立刻去看望浦熙修。这时，由于病情发展很快，她已卧床不起了。

不知算是幸还是不幸，金岳霖终于没有与浦熙修结婚，这唯一的一次结婚之事也搁浅了。

此后，他又回到独身一人的生活状态，平日只与梁家经常往来，其余时间深居简出。有一次，他给陶孟和打电话，陶的服务员问“您哪里”。金岳霖答不出，只好说“不管他，请陶先生说话就行了”，对方说“不行”，无论他怎么求，都是“不行”。只好问车夫王喜，王喜也犯了难：“真不知道……只听别人都叫‘金博士’。”这才接上弦儿。

毛主席曾经对他说：“要接触接触社会。”话说这时金岳霖已经八十岁了，怎么接触社会呢？他就和一个蹬平板三轮车的约好，每天载着他到王府井一带转一大圈。他坐在平板三轮上东张西望，王府井人挤人，熙熙攘攘，谁也不会知道这位东张西望的老人是一位一肚子学问，为人天真、热爱生活的大哲学家。

金岳霖虽一生未婚，但他随性也尽兴，依然领略过人生很多风景，这位哲学家若对自己的人生总结起来，应该也是满意的。

参考资料：

杨步伟：《杂记赵家》，沈阳：辽宁教育出版社，1998 年 3 月。

汪曾祺：《蒲桥集》，北京：作家出版社，2000 年 7 月。

金岳霖：《金岳霖回忆录》，北京大学出版社，2011 年 7 月。

李文宜：《回忆金岳霖同志生活轶事》。

章诒和：《往事并不如烟》，北京：人民文学出版社，2004 年 1 月。

王开林：《金岳霖终身未娶之谜》。

陈宇：《暮年金岳霖重谈林徽因：此情只应天上有》。

徐悲鸿

遇见豆蔻年华的她们

一片残阳柳万丝，
秋风江上挂帆时。
伤心家园无限恨，
红树青山总不知。

——孙多慈

1

在很长一段时间，我以为提到徐悲鸿的夫人，指的就是廖静文。

这好像也没错。我的意思是，后来我才知道另有一个“徐悲鸿夫人”，那个女人占据徐悲鸿的岁月和人生要长得多，或者说，也重要得多。她叫蒋碧微。

廖静文写过《徐悲鸿的一生》，蒋碧微也写了《我与悲鸿》。写的是同一个人，因情感立场不同，所呈现的却是完全不一样的徐悲鸿。

在徐悲鸿的世界里，却非只有这两个女人。而且据说，她们都不是徐悲鸿的最爱，他最爱的另有其人。

2

徐悲鸿是江苏宜兴城人，原名寿康。他父亲徐达章公能诗、工书画，共生三子三女，一家八口就靠他卖画鬻字为生。徐悲鸿是长子，九岁从父学画，十七岁先后在家乡三所学校担任图画教师。年少时有次外出借钱未果，备感世态炎凉，悲从中来，犹如鸿雁哀鸣，遂改名为悲鸿。似乎徐悲鸿一生很喜欢改名字，不仅改了自己的名字，他生命中几个重要的女人，从蒋碧微、孙多慈到廖静文，她们的名字都是他改过的。

在遇到这几个女人之前，他曾有过一次非常短暂的婚姻。十七岁时父母为他娶亲，他不满这门婚事，离家出走，后被父亲抓回去完婚。十八岁那年生一子，他为儿子取名劫生，意思是“遭劫而生”，后家里人将其改为吉生。这孩子却未能“吉生”，不久就和他的母亲双双因病去世。

妻与子的病逝似乎斩断了徐悲鸿对家乡的最后一点寄托，他离开家乡去上海，经人资助进了震旦大学法文专修科。与此同时，经一位同乡朱子洲的引荐，他去拜见同在上海的宜兴老乡蒋先生，也因此结识了蒋先生的女儿蒋碧微。

那时蒋碧微还叫蒋棠珍，由于蒋家在宜兴是名门望族，她自幼就受到良好的教育，且天生丽质，十三岁时就由父亲做主与苏州查家订下了亲事。

蒋先生时任震旦大学教授，对徐悲鸿很欣赏，多次惋惜他的两个女儿已许配了人家，不然一定招徐悲鸿为婿。这些话被一旁的棠珍听去，渐渐觉得这个叫徐悲鸿的男人是与众不同的特殊人物，遂对他产生了一种钦佩、爱慕兼而有之的情愫。

那时她只有十八岁，刚从古老守旧的宜兴来到五光十色的上海，但她的生活天地仍局限于一楼一底的家里，所接触的人只有家人邻居，徐悲鸿此时闯进她们的家庭，给她带来非常新奇的感觉。

徐悲鸿对这位年轻貌美的棠珍小姐也颇有好感。此后的情感经历也显示，这位徐先生一向偏好豆蔻之年的女子，几次钟情均为此年龄段的少女。

彼时，他一有空就跑到蒋家做客，明着是拜访蒋先生，实则想见蒋棠珍。爱情的确奇妙，在那种守旧的家庭里，他们从来没有单独在一起的机会，更没有互诉过衷肠，但两人的眉目间已暧昧丛生，彼此早已明了了对方的心意。

此后不久，他们做出了一件不仅在那个时代，即便放到今天都算惊世骇俗的事：徐悲鸿带着蒋棠珍私奔了！在中国传统社会中，私奔意味着伤风败俗，但在民国时代，私奔却意味着新潮，很多接受了新思想的女子视其为革命和进步。

在明知对方已许配了别人家，而且自己同她父亲又一向交好，徐悲鸿仍能做出此举来，艺术家的为人做派的确非常人能比。而且他托的中间人，那个朱子洲先生竟也甘愿跑腿给棠珍通风报信，说徐悲鸿要到法国留学，问她想不想一同去。棠珍在片刻紊乱与惶恐后脱口而出：“我去！”

这个当时只有十八岁的女子，并不清楚此番应允意味着什么，只是出于对徐悲鸿的信赖与好感。还有一个原因，她想借此逃避之前的订婚。当时，未婚夫查家公子就在蒋碧微父亲的大学里上学，有一次考试作弊被张贴了告示，令蒋碧微对他非常失望。在她心里，这位查公子无疑就是一个花花

悲鸿与碧微在巴黎

公子，与勤奋、上进的徐悲鸿绝不能同日而语。

得到棠珍肯定的回复后，徐悲鸿马上刻了一对水晶戒指，一只上刻“悲鸿”，一只镌着“碧微”。他把碧微的戒指整天戴在手上，有人问他这是什么意思，他得意地答：“这是我未来太太的名字。”

1917 年第一次世界大战激战正酣，从上海到法国的航线不通，5 月 14 日清晨，徐悲鸿带着秘密离家的蒋棠珍乘日本船“博爱丸”驶往长崎。

女儿和人私奔，对名门望族的蒋家来说是件很不体面的事，更无法向查家交代。蒋家无奈之下，只得登报宣称蒋棠珍已因疾病身亡，并在宜兴家中设了灵堂。而此时，改名为蒋碧微的蒋棠珍已随徐悲鸿到达日本，开启了她与徐悲鸿此后几十年里爱恨交加的人生之旅。

3

1918 年 11 月，第一次世界大战结束，徐悲鸿带着蒋碧微到了巴黎，这次他以公派留学的身份进了法国国立最高艺术学校。

初到法国，二人各写一联以铭心志。蒋写的是“言出必行，行必不改”，徐写的是“独持偏见，一意孤行”，横批是“应毋庸议”。

此对联更多是为自己打气、鼓励。毕竟，婚姻不同于恋爱，国外也不同于国内。他们的物质生活很贫乏，对蒋碧微来说，她一个大户人家的闺秀要承受现实生活的不堪和困顿，的确需要非凡的勇气。不过，因为刚刚新婚，她对未来生活有很多美好的期待，而且更重要的，她相信徐悲鸿不会辜负她的这番期望：“我是女人，现实环境训练了我安排生活的能力，我愿和他截长补短，同舟共济。我惟一的希望是像他那样的一块璞玉浑金，经过琢磨淬砺，将来能成为璀璨的大旗。”

在赴法国以前，徐悲鸿的绘画艺术已有相当造诣，此番入学后更是废寝忘食地潜心攻习。每天上午他在学校素描班画石膏，下午学校没有课，他便去研究所画模特儿。除了勤学不辍，他一有空就到各大博物馆欣赏古今画苑的珍品。他最喜欢在回家途中绕道塞纳河边，那里是旧书、古版、印画的集散地，他经常浏览搜求，一耽搁便是好几个钟头。期间徐悲鸿以蒋碧微为原型创作的油画《箫声》成为他的经典之作，其中的吹箫女子不知倾倒多少人。也正是在这段时间内，他在美术界渐渐建立起了自己的赫赫声名。

徐悲鸿的成就与蒋碧微的陪伴和鼓励密不可分，而且蒋碧微本身也是一个不甘寂寞的女人。巴黎是艺术家聚集之地，经常有各种酒会和沙龙，她对此很热衷，她的优雅和风范很快在这些场合展露出夺目的光彩。也就是在此期间，她结识了同在西方学习美术专业的青年才俊张道藩。

张道藩出身于书香门第，1919 年赴英国，1921 年入伦敦大学美术部就读，成为该院有史以来第一位中国留学生。1923 年他到德国旅行，恰逢徐悲鸿也在柏林停留，遂慕名前去拜访。张道藩没有想到，这次相见给他留下深刻印象的不是徐悲鸿，而是徐的妻子蒋碧微，以至于他到了晚年仍能清晰地回忆起蒋当时穿的黄底灰红花的旗袍以及白皙的面庞，无比风情。

但是对蒋碧微来说，张道藩虽然相貌堂堂、英俊儒雅，却并没有什么特别，他不过是他们那次德国之行的一个偶遇，她回法国后很快也就淡忘了。

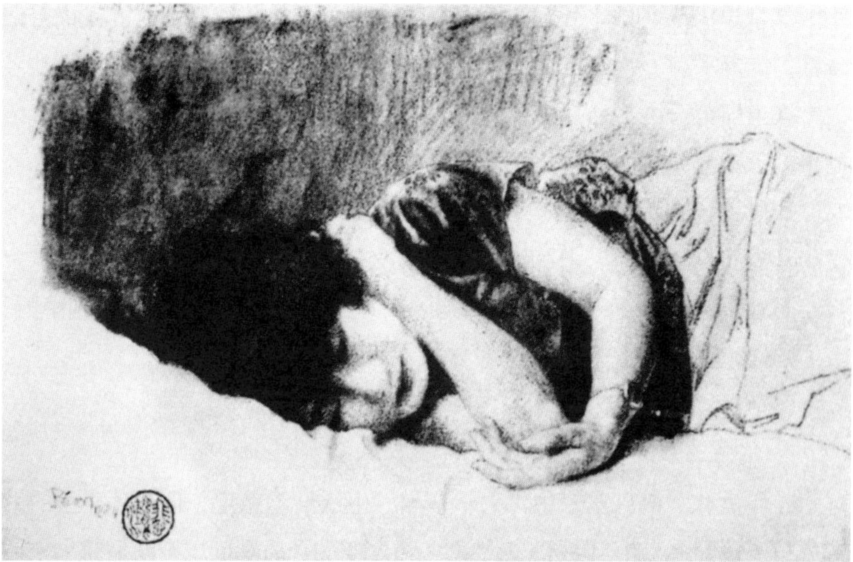

徐悲鸿作《蒋碧微入睡图》

她没有想到，不久之后张道藩居然也到了巴黎，并开始频繁地登门拜访，而此时恰逢国内政局动荡不安，留学生官费停发，徐悲鸿和蒋碧微在巴黎进退维谷，一筹莫展。徐悲鸿决定到新加坡设法筹措款项。临行前，他请朋友们包括张道藩在他离开这段日子对蒋碧微给予关照。张道藩欣然应允。

随着接触的增多，蒋碧微对张道藩有了更多的了解。论艺术修养，他比徐悲鸿逊色很多，但是他对待感情细腻、热情，对女人非常体贴，对她之殷勤甚至超过了徐悲鸿这个丈夫。他曾手捧一只插满白玫瑰的红色朱砂瓶，走过大街小巷，步上曲折的楼梯，送到蒋碧微的房中，摆在她的钢琴上。当时蒋碧微并无特别感觉，后来她才明白，他不是对所有的女子都热情，他对她如此之好是因为爱上了她。

1926 年 2 月蒋碧微收到张道藩一封长信，他向她掏出了一颗赤裸裸的爱心。这份情书写得荡气回肠让她内心非常波动，一时间完全不知所措。但是蒋碧微很快摆正了心态：她早已是徐悲鸿的妻，虽未明媒正娶甚至也未有一纸婚书，可是她十八岁跟着他私奔，从日本到欧洲，她是要一辈子跟随这个男人的。她十分理智没有回应张道藩的热情，希望他能很快忘记自己，恢复平静。

张道藩万分失望，后来他回国，之后又和当初在巴黎认识的一位法国姑娘结了婚。

那段日子，蒋碧微并不好过，她经济相当拮据又染上疾病，在医治中发现怀有身孕。前途未卜，她想回国却没有路费，最后还是她那个口口声声要与她断绝关系的父亲不忍心，给她寄了三百法郎，她终于得以回到中国。

4

三年后徐悲鸿到南京中央大学任教，生活渐趋稳定，他与蒋碧微的第二个孩子也即将出生。但是此时他们生活之间的矛盾和问题渐渐显露出来。多年后徐悲鸿和蒋碧微的女儿谈起她对父母的印象说过这样一番话："父亲生活非常简朴，基本上是棉衫外加长衫，皮鞋实在不能再穿了，就到旧货摊上去买，而对艺术却是爱到无以复加的地步，花再多的钱也在所不惜。而母亲的穿着却超过了讲究的层次；喜欢请客，一请就是很多桌，她是把沙龙夫人的一套搬到家中来了。"

其实对任何一对夫妻来说，都不可能存在完全一致的人生观、价值观，生活习惯和理念更不会完全统一相同。徐悲鸿与蒋碧微原本也可以在不断磨合中一直过下去，但是命运让徐悲鸿的生命中出现了另外的女人，徐蒋的关系渐渐出现了越来越多的裂痕。

1930 年，暂居上海的蒋碧微接到徐悲鸿的来信催她回南京。他说如果她再不回去，他可能要爱上别人了。蒋碧微不知发生了什么变故，马上带着孩子回到南京。当晚，徐悲鸿向她承认，他喜欢上了别人。

这个在徐悲鸿眼里才华横溢的女学生，叫孙韵君，彼时十八岁，安徽人。她曾在这年的暑假投考国立中央大学文学院，没有考取，于是到艺术系旁听，徐悲鸿对她的画作特别青睐，赞赏有加。

徐悲鸿的艺术造诣没人怀疑，但情商却不能令人恭维。他过于简单和天真，当他意识到自己的感情被另外的女人吸引，他寄希望于妻子，希望她能拉自己回来。可以说这是对蒋碧微的信赖，但是任何一个女人都不可能大度到能接受自己丈夫心中有另一个女人。事实证明，在婚姻关系中百分之百的坦诚是不可取的，有时处理不当比善意的谎言更伤人。

尽管事后他又百般解释，对这位孙姑娘的好感只出于对她才华的认可和欣赏，却给蒋碧微有越描越黑之感，让她失望并在心里留下了阴影。

1931 年夏天，徐悲鸿特别高兴，他欣赏的孙韵君以图画满分的优异成绩被国立中央大学艺术系录取。这也意味着，她正式成为了她的学生。

他似乎忘记了之前因为这位孙姑娘与蒋碧微之间的矛盾，他毫不掩饰对她的关爱和器重。他把她的名字由孙韵君改为“孙多慈”。她住在中央大学女生宿舍，当时女生宿舍禁止男士出入，徐悲鸿却经常以教授画艺的名义到宿舍去找她；有时上课只教她一个人，完全忽略了教室里还有众多其他学生。如此一来，别人不乐意了：你对这个女学生好我们不管，但是你因此侵占了我们受教育的权利，那就不能谅解了。于是，那段日子，学生间经常明里暗里对孙多慈与徐悲鸿进行埋怨、批评、指责，甚至一些难听的话也迅速在校园里传开。

恰逢徐悲鸿在南京的公馆建成，作为学生的孙多慈给老师送来了一份贺礼，她别出心裁，选了一百株枫树苗，让人栽在了徐家院子里。

蒋碧微愤怒了。本来各种传言已令她恼火丛生，如今那个没有分寸的女学生又在自己的家里种满了什么劳什子的枫树，可不是火上浇油？盛怒之下，她把所有的树苗连根拔起，并连夜种上桃树、梅树，示威给徐悲鸿看。

这无疑是一个妻子爱之切恨之深之举，但徐悲鸿不能理解，在他眼里蒋碧微已从一个优雅的女人变成了泼妇。为了抗议，他将公馆改称“无枫堂”，将画室改做“无枫堂画室”，还专门刻了一方“无枫堂”的印章。夫妻关系急转直下。

1933 年 1 月，徐悲鸿携中国近代名家绘画要赴欧举办巡回展览，为修复夫妻间裂痕，蒋碧微坚持同他一起赴欧洲。孙多慈此段时间则继续在中大学习。可是徐悲鸿人在海外心系国内，他与孙姑娘的书信往来从未间断，

徐悲鸿作《孙多慈像》

直至 1934 年 8 月他回国。

不久，他带领孙多慈一行几十人到天目山与黄山等地写生。据说写生期间徐悲鸿与孙多慈可能由于久别重逢之故，很是亲密，一路上根本不在乎别人的议论，甚至还被一位云南籍的同学偷偷地拍到了一张二人在某山间僻处接吻的照片。在天目山上，孙多慈摘下了两颗相思红豆送给了徐悲鸿，徐悲鸿珍藏起这两颗红豆。回到南京，他马上到银店打了一对戒指，把红豆镶入其中，一个刻上“悲”字，一个刻上“慈”字。他脱下当年的那枚刻有“碧微”的戒指，戴上这枚“慈悲”戒。两人的恋情昭然天下。

5

徐悲鸿的毫不隐讳，给很多好事者留下了谈资。好事之徒再加以渲染附会，轰动一时的花边新闻便不胫而走。许多小报绘声绘色，例如当时的南京《朝报》就不知登了多少有关这桩三角恋爱的故事。

这些闲言碎语甚至诋毁嘲弄，对于当时年仅十九岁的孙多慈来说，每天的处境可想而知。后来孙多慈只好搬出女生宿舍，在外面租了一间房子，由她的母亲从安庆搬来与其同住。在她，是为了躲避纷纭，但是在蒋碧微看来，孙多慈显然是为与徐悲鸿更方便约会才搬到校外，为此又与徐悲鸿大闹。

徐悲鸿吵不过她，一气之下离开了家。蒋碧微随后跟去，在他的画室，她一眼看到徐悲鸿为孙徐二人合绘的《台城月夜》图，画中徐悲鸿席地而坐，孙多慈则侍立一旁，天际一轮明月朗朗，意蕴清幽，情愫暗生。此画到了蒋碧微眼里是如此刺目，她抑制不住内心的愤怒，不顾众人阻拦将画撕得粉碎。

她这一闹，再次加速了徐悲鸿奔向孙多慈的一颗心，也给了他更加坚定离开蒋碧微的理由和借口。

孙多慈毕业之即，徐悲鸿先请中华书局帮忙，给孙姑娘印了一本素描画集，接下来又四处为她奔走，想争取一批官费送她出国深造。

但是他的努力最后因蒋碧微百般阻拦而未成。徐悲鸿很愤怒，在给他的一位朋友的信中说："弟月前竭全力为彼谋中比庚款，结果为内子暗中破坏，愤恨无极，而慈之命运益蹇，愿足下主张公道，提拔此才，此时彼困守安庆（省三女中教书），心戚戚也。"

孙多慈未能如愿出国深造，只好回老家，心中当然戚戚不欢。徐悲鸿为使她开心，想尽法子对她呵护、鼓励。1936 年开春，他请朋友出面代订购孙画，并签署了契约，附在 4 月 12 日的信中："请将弟存款内拨二千五百元陆续购买孙多慈女士画，详细办法另纸开奉，务恳吾兄设法照办为感。"二千五百元对当时的徐悲鸿来说，并不是一个小数。他每月在中大任教的月薪三百大洋，多半要支付家用，所余的钱还要添置画材书籍。可见男人若真爱一个女人，任什么都舍得。

孙多慈无疑也是很爱徐悲鸿的，她曾被家里强迫与别的男士交往，每次都因忘不掉徐悲鸿而有始无终。抗战爆发后安庆失守，孙多慈随家人辗转流徙到长沙，她写信给徐悲鸿，诉说自己的想念。徐接信后立马收拾行囊，离家出走到长沙与她见面，并将其全家接到桂林。他为孙多慈在广西省政

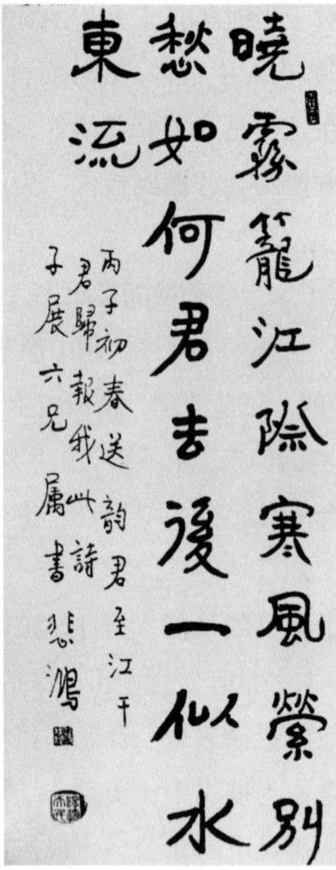

徐悲鸿手书孙多慈诗句

府谋到一职，自己也借此留下一待就是两年。

1938 年 7 月 31 日，徐悲鸿在《广西日报》登出一则告示：“徐悲鸿启事：鄙人与蒋碧微女士久已脱离同居关系，彼在社会上的一切事业概由其个人负责。”他的朋友拿着这张报纸去见孙的父亲，想极力促成徐、孙的婚事，不料被孙老先生骂了个狗血喷头，给撵了出来。

孙家为什么如此强烈地反对女儿同徐悲鸿的婚事，当事人都没有任何文字留下。只知道不久孙家便收拾行装，裹挟着孙多慈离开了桂林。

6

被孙家拒绝后的徐悲鸿心灰意冷，转而回到他与蒋碧微的家。

有一种说法是他跪地哭泣，希望能和蒋碧微重修旧好。原来徐悲鸿离家出走前夕曾与蒋碧微谈过一次话，蒋说："假如有一天你跟别人断绝了，不论你什么时候回来，我随时都准备欢迎你。但是有一点我必须事先说明，万一别人死了，或是嫁了人，等你落空之后再想回家，那我可绝对不能接受。"如今两年多过去，徐悲鸿以为与孙多慈已断绝了来往，蒋碧微一定满心欢喜地接纳他的回归。

世间事，此一时彼一时。徐悲鸿不想想，战乱频发，所有人前途未卜，他心里只有那个孙多慈，置妻儿安危不顾一走了之；后为与孙多慈成婚，又单方面登报声明与蒋碧微脱离同居关系（徐蒋成婚二十年，生儿育女，岂能只是同居关系），而今却出尔反尔，想覆就覆，想收就收？蒋碧微即便是个铁人，也已被伤得体无完肤。何况，此时她身边已有了另外一个男人。

此人非别人，正是张道藩。

张道藩从法国回国后，弃艺从政，成为南京市政府的主任秘书，开始了跻身国民党上层统治集团的政治生涯。不久又与徐、蒋二人相逢，常到徐家做客。他从未忘却对蒋碧微的感情。

与孙姑娘相恋后，在徐悲鸿的眼里，蒋碧微已成了飞扬跋扈、生活奢华、不通情理的女人，但是，张道藩却视她为珍宝，认为她学问渊博、治学谨慎，为人妇时贤良恭俭，为人母时温婉德善，受伤害时默不作声。可见，同一个人，爱与不爱是多么大的差别！

在徐悲鸿与孙多慈相恋的过程中，张道藩始终陪在蒋碧微的身边，给她安慰和帮助。1937 年徐悲鸿的离家让蒋碧微彻底死心，她终于接纳了张道藩积聚了十一年的感情。

1938 年徐悲鸿的这次回归让蒋碧微非常纠结。她写信给张道藩，诉说自己无所适从的矛盾心理。张道藩回信提出四条出路：一、离婚结婚（双方离婚后再公开结合）；二、逃避求生（放弃一切，双双逃向远方）；三、忍痛重圆（忍痛割爱，作精神上的恋人）；四、保存自由（与徐悲鸿离婚，暗地做张道藩的情妇）。

事实证明蒋碧微选择了最后一条，徐悲鸿在家停留不到一年，没能与

徐悲鸿与廖静文的合影

蒋碧微重修旧好，他接受了南洋的邀请去了新加坡、印度讲学，直到 1942 年春才回国。

7

1943 年，徐悲鸿生命中的最后一个女人出场了。在蒋碧微的《我与悲鸿》一书中有这样的记载："1943 年，徐先生再到桂林，登报招考中国美术院图书管理员，规定只收女性。笔试由张安治先生主持，口试由徐先生亲自评审，最后录取了一位湖南籍的女学生，徐先生给她改了名字，叫做廖静文。"

时年徐悲鸿四十七岁，廖静文十九岁。但是在男女关系中，年龄从来不是距离。廖静文在她的《徐悲鸿一生》的书中说，她的文学修养和诗词功底让徐悲鸿很欣赏，从而爱上了她。我却以为，吸引徐的仍然是他识别女人的标签——青春。而廖静文看到的徐悲鸿是儒雅、体贴、功成名就——

这些她同龄的男子所不具备的光环，“二十八岁的年龄差距的坚冰被爱的激情融化了，他们成为常常在嘉陵江边散步的一对情侣”。

但是徐悲鸿与蒋碧微虽已分居多时，却还未解脱夫妻关系。他因此又在报纸上刊登了一则声明：

> 悲鸿与蒋碧微女士因意志不合，断绝同居关系，已历八年。中经亲友调解。蒋女士坚持己见，破镜已难重圆。此后悲鸿一切，与蒋女士毫不相涉。兹恐社会未尽深知。特此声明。

此声明不仅再次伤了蒋碧微，连两人的女儿徐静斐都看不过去，写信给徐悲鸿说：“爸爸，我要问您，为什么您每次追求一个女人，就要登报跟妈妈脱离一次关系？假如您还要追求十个女人，您岂不是还要登十次报吗？”

后来徐悲鸿的一个亲戚说：“蒋碧微那么骄横，你说她也蛮可怜的。她这一辈子，实际上从来也没结过婚。她跟徐悲鸿，两个人私奔的，根本没结婚，没办什么手续。徐悲鸿跟廖静文好了，不是要跟蒋碧微断关系吗？沈钧儒是大律师，著名的七君子之一，他说你们不存在什么关系，你们又没结婚。为了不拖泥带水，徐悲鸿还是登了个声明，脱离关系。”

三天后，徐悲鸿再次在报纸上刊发声明，这次却是他与廖静文的结婚启事。

1945 年，徐悲鸿与蒋碧微正式离婚，离婚时蒋碧微索要了 100 万法币和 100 幅徐悲鸿的画作为分手费。两个子女随女方生活，家中的财产尽归女方，徐悲鸿净身出户。徐悲鸿后来还将油画《琴课》送给了蒋碧微，此画亦作于法国，画的是蒋碧微在巴黎练习小提琴的情景，是蒋碧微特别喜欢的一幅画。

多年后徐静斐回忆：“1945 年 12 月 31 日，父母离婚协议书在重庆沙坪坝重庆大学宿舍张圣奘先生家签订。参加的有律师沈钧儒先生，证人是马寿征、吕斯百。我也跟着妈妈去了。爸爸来得很早，他面色苍白，一脸病容，提着一个粗布口袋，装着满满一口袋钱，这是母亲提出非要不可的 100 万元离婚费，还带了 100 幅画，这都是父亲带病赶画出来的。父母在离婚协议书上正式签字，二十八年的夫妻关系从此彻底断绝。母亲拿到了画和钱，十分高兴地去中国文艺社打了一夜的麻将。不久，父亲和继母廖静文在重庆中苏文化协会正式结婚，由郭沫若先生和沈钧儒先生证婚。1946 年秋，我被母亲带回南京，继续在中大附中读书，从此和爸爸分开两地生活了。”

众人都看到了蒋碧微打了一夜的麻将，实际上她也不过是以热闹喧哗来掩饰自己的落寞。徐悲鸿拎着皮箱走出家门的身影却让她黯然，她对女佣说：“徐先生走了。”面色凄然。

1946 年，徐悲鸿与廖静文在重庆举办了婚礼，据说婚礼由郭沫若主持，非常热闹。婚后廖静文先后生下一男一女两个孩子。廖静文对徐悲鸿的生活体贴入微，对徐悲鸿与蒋碧微的两个孩子也照顾得非常好，甚至在孩子们的眼里，她对他们的呵护超过了蒋碧微给予他们的关爱。以至于多年来，她与徐静斐一直保持着良好的关系。徐、廖的婚姻维持了七年，直到 1953 年，徐悲鸿因病去世。

对徐之前的两个女人，廖静文的评价很不同，在她的笔下，蒋碧微是一个爱慕虚荣、飞扬跋扈的女人。但她对孙多慈的评价就好很多：“接触过孙多慈的人，都说她人品好，后来为她的老师悲鸿戴了三年孝。这是一个悲惨的故事，就是有情人未成眷属。”

8

徐悲鸿去世后，廖静文即将其遗作及徐悲鸿收藏的著名书画、图书、图片、碑拓、美术资料等捐赠给了国家。

而令人颇为意外的是，与徐悲鸿做了二十八年夫妻，有过恩怨纠葛的蒋碧微，自离开徐悲鸿后，她不仅珍藏着徐给她的每一幅画和物品，连曾经有关他的一个纸片都不舍丢弃。

1949 年蒋碧微与张道藩一同去了台湾，但是，她与他始终没有走进婚

《良友》第 61 期刊登的徐悲鸿作品《泉声》

姻。1953年她在台北听到了徐悲鸿病逝的消息。

同年，蒋碧微去中山堂看画展。在展厅门口签好名字一抬头，一个女人站在她面前。她是孙多慈。这对几十年前的情敌面面相对，一时都愣住了。蒋碧微先开口，把徐悲鸿病逝的消息告诉了孙，孙闻之即刻脸色大变，眼泪夺眶而出。她一定未曾料到，蒋碧微唯一的一次与她对话，竟是告诉她徐悲鸿的死讯。

孙多慈1949年举家迁往台湾。早在1940年她由郁达夫的夫人王映霞牵线，嫁给了当时浙江省教育厅厅长许绍棣，后育有两子。但是她内心始终没有忘记徐悲鸿，在听闻蒋碧微告之其病逝的消息后，她在家为他戴孝三年。

——她心里最爱的，始终是徐悲鸿。那么徐悲鸿呢？或许也是她。

参考资料：

张健初：《孙多慈与徐悲鸿的爱情画传》，南京：江苏文艺出版社，2008年6月。

蒋碧微：《我与悲鸿》，桂林：漓江出版社，2008年1月。

蒋碧微：《我与道藩》，桂林：漓江出版社，2008年2月。

廖静文：《徐悲鸿的一生》，北京：中国青年出版社，2007年9月。

戴望舒

以死相抵的爱，终究是靠不住的

撑着油纸伞，独自
彷徨在悠长、悠长
又寂寥的雨巷
我希望逢着
一个丁香一样地
结着愁怨的姑娘

她是有
丁香一样的颜色
丁香一样的芬芳
丁香一样的忧愁
在雨中哀怨
哀怨又彷徨

她彷徨在这寂寥的雨巷
撑着油纸伞
像我一样
像我一样地
默默彳亍着
寒漠、凄清，又惆怅

……

在雨的哀曲里
消了她的颜色
散了她的芬芳
消散了，甚至她的
太息般的眼光
丁香般的惆怅

撑着油纸伞，独自
彷徨在悠长、悠长
又寂寥的雨巷
我希望飘过
一个丁香一样地
结着愁怨的姑娘

——戴望舒《雨巷》

1

《雨巷》的美，感染了几代人。看过的，人人羡慕戴望舒曾有过一位丁香一样的姑娘。

很少有人知道，戴望舒与丁香姑娘的爱情，是以死相逼换取的。

生死相许的爱情，听起来非常动人。可是现实中，即便是爱情，也永远充满着不确定和玄妙，何况只是单方面的爱。事实证明，对方如果不爱，即便死缠烂打甚至拿命相抵，仍然不会换取一份真正的爱情。不对等的爱，从一开始就输了。

2

很遗憾，我没能找到一张丁香姑娘的照片，她的容貌成为了一个永远的谜。

但是对于戴望舒来说，在他短暂的一生中，有个叫施绛年的女子，她的容貌、气质、性情，都如此清晰、深刻地印在他心里，影响了他一辈子。

施绛年是文人施蛰存的妹妹，施蛰存和戴望舒是好朋友。他们的关系好到什么程度呢？戴望舒的家在杭州，施蛰存就在杭州与他合办一个文学社，然后吃住在戴望舒家里。后来两人一起考上上海的大学，施蛰存的家在松江，他就邀请戴望舒及另外一个叫杜衡的朋友住到他家里。施蛰存晚年曾回忆说："我家里有一间小厢楼，从此成为我们三人的政治避难所，同时也是我们的文学工场。"

这是 1927 年，戴望舒二十二岁。二十出头，热爱文学，写过多首优美的诗，听起来应该是风流倜傥的男子，和徐志摩有一拼吧？事实却不然。

徐志摩的多情透着一股子优越和自信，女人很容易被他的浪漫所浸染。戴望舒却没有这么幸运，幼时的一场天花导致他脸上留下了很多坑洼的疤

1926 年，戴望舒在上海。

痕，因此一直受人嘲弄。甚至很多年后，一个诗人在他的回忆录里还曾说过这样一件事。有一年他们文坛上一些人聚会，说好戴望舒请客，但结账时戴望舒发现没带钱，就对这位诗人说，你的口袋多，你掏钱吧。这位诗人马上反驳：应该是脸上坑多的人掏钱啊。众人哄堂大笑。可想而知，这些留在脸上的疤痕，给戴望舒带去过多少心灵的伤痛，也让他从小就因此产生了强烈的自卑心理，甚至他能写出忧郁、清丽的诗，也与这份心境多少有些关系。现实中无法舒展的情怀，只能一股脑宣泄在文字中。

也是这个原因，他虽多情，但绝不像徐志摩一样处处留情，并能轻易讨得女孩子的欢心。在遇到施绛年之前，戴望舒的感情世界几乎可以说是空白的。

施绛年小戴望舒五岁，算起来当时应该刚满十七岁。戴望舒形容她："有着桃色的脸，桃色的嘴唇，和一颗天青色的心"，"她有黑色的大眼睛"，"她有纤纤玉手……她有清朗而爱娇的声音……她是一个静娴的少女"。这些在外人看来没什么特别，任何一个有着中上之姿的女孩子，都可用以上甚至还可以更张扬的词汇来形容。但是对戴望舒而言，这一字一句都是发自他的心，郑重而热烈。

是的，他遇见施绛年，一头栽进去，热烈地爱上了她。

现实中的他却是木讷和羞怯的，哪怕内心的爱多么狂热，也无法当面对姑娘说一句“我爱你”。他写下一首首炙热的情诗，放在女孩的书桌上，良久，女孩没有任何回应；他请施绛年把他的诗誊写在稿纸上，女孩没有拒绝，一笔一画抄完还给他——并无他言。

戴望舒气自己的胆怯，不敢上前大胆直言“我爱你”；他也生女孩子的气：你这么冰雪聪明，怎么就不懂我的心呢?

其实施绛年哪里是不懂、不知?一个男子对自己钟情，他的眼神、神态是怎么都藏不住的，何况那一首首奔向自己的滚烫的诗，哪一句不是在说着“我爱你”。

可是，她始终不接招。

不接招，只有一个原因，她不爱他!

戴望舒黝黑脸上的疤痕从两人最初的第一个照面，就彻底打消了施绛年少女的思春情怀；她是少女，自然喜欢那种口若悬河、灿若兰花、风流倜傥的男子，而这些戴望舒具备哪一点呢?没有一个少女会喜欢一个看起来笨拙、木讷、不解风情的男人。

她之所以没有拒绝戴望舒的暗示，一是因为对方是她哥哥的朋友，不能把关系搞僵，还有一个很重要的原因，当时戴望舒的诗已经小有名气。施绛年被这样一个诗人追求着，多多少少满足了她的一点虚荣心，哪怕她不爱他，甚至永远也不会爱上他，她却乐于享受这种被追求的炫目感。

所以她对戴望舒的态度是不主动，也不拒绝。他进一点，她就退一步；他冷了，她就又主动一些——答应跟他去散步，路上挽起他的胳膊，又或者小小拥抱他一下。大概每个女人都会玩这种欲拒还迎的游戏，她玩得尽兴，却害苦了戴望舒，他深陷相思之苦，无力自拔。

1929 年，戴望舒已经认识施绛年整两年的时间，他们的关系仍然没有任何实质性的进展，这时一个机会终于出现了。

3

这一年戴望舒的第一部诗集《我底记忆》要出版了。诗集的出版给戴望舒平添了很多自信，让他终于有勇气借此表达自己的这份感情了。

除了一首首专门为施绛年所写的或幽怨或炙热的情诗，戴望舒大胆地在扉页上印上了：A Jeanne（给绛年）几个法文大字，并用拉丁文题上了古罗马诗人 A. 提布卢斯的诗句：

Ie Spectem Supremamihi Cum Venerilhari

Ie teneam mor iens deziciente manu

这话什么意思呢？戴望舒自己的翻译是："愿我在最后的时间将来的时候看见你，愿我在垂死的时候用我的虚弱的手把握着你。"

至此，施绛年再也无法躲避戴望舒的感情了。但是她能怎么办呢？戴望舒用两年证明了他对她的一颗心，对施绛年来说，这两年却只能证明，她不爱他，怎么样都没办法爱上他。

当戴望舒拿着还散发着油墨香的书送给施绛年并勇敢地对她表白时，施绛年却说：

"你误会了。"

"我始终把你当成哥哥。"

"我们不合适。"

"我不爱你。从来没爱过你。"

拒绝的话，大致如此。但不论哪一句，都字字刺穿了戴望舒的一颗心。

如果戴望舒面带微笑转身离去，哪怕他没有赢得姑娘的爱，却会留下一份尊严，起码会让姑娘刮目相看。但是他没有勇气转身，他所有的赌注都压在了这个表白上，他接受不了施绛年明确而毫无回旋余地的拒绝。

他选择了跳楼自杀。

很多年后，诗人海子卧轨自杀，顾城杀妻后又自戕。他们都写下过无比美好的诗，却又以如此极端、惨烈的方式离开这个世界。有人说诗人所应具备的气质是，必须在绝望中找不到希望，必须要从光明中寻找黑暗。如此才能写出好诗，才算是好诗人。

诗人戴望舒自杀未遂，但是却把施绛年吓坏了。一个男人因为她的拒绝而选择轻生，这件事给不满二十岁的施绛年很大的震动，她分不清自己是被戴望舒感动了，还是抱着一种救赎心理，当戴望舒被救之后跪在地上求施绛年答应他的爱情时，施绛年默许了。

戴望舒惊喜极了。他马上打电报给杭州的父母，让他们以最快的速度赶到上海向施绛年的父母提亲——如此迫切，一方面当然因为这份感情对戴望舒来说来之不易，还有一层原因，他深怕施绛年反悔，想赶紧把婚事订下来。

据说，这事让施绛年的父母非常被动。他们对戴望舒是很不满意的，这个小伙子似乎除了写诗，并无别的技能，后来还跳了楼，差点闹出人命。女儿怎么能嫁给这样冲动不理智的男人呢？

施蛰存却极力劝父母接纳戴望舒。他目睹了戴望舒对自己妹妹的一腔痴情，又深知他是一个忠厚的男人，值得妹妹托付一生。更重要的是，他相信戴望舒是一个极有才华的人，他对戴望舒的诗作非常欣赏且看好，认为他开启了诗歌领域一个新的派别。他认为戴望舒将来完全可以达到徐志摩那样的地位。

儿子施蛰存的极力撮合，加上戴望舒父母的亲自登门，施绛年的父母只得勉强答应。不过他们也提出一个要求，戴望舒必须出国留学，只有学成归国后才能和施绛年完婚。

这刚和施绛年挑明了关系，还没怎么卿卿我我呢，就要面对远隔重洋的分离。戴望舒万般不情愿。可是未来岳父母的要求怎敢不从呢？而且施绛年的态度比她父母还坚决，不出国就不能结婚。

1931 年夏天，戴望舒与施绛年订婚。

1932 年 10 月，戴望舒带着《雨巷》一样浓郁的离愁，踏上了赴法国的轮船。

4

其实戴望舒一上船就后悔了。一想到要和施绛年分别达四年之久，他不知该怎样在那片陌生的土地待下去。法国是新文艺运动的发源都，本是浪漫之地，但是不论是美丽的埃菲尔铁塔还是迷人的塞纳河，到了戴望舒的眼里都毫无意义。

语言不通，功课繁重，经济拮据，日子过得无味又清苦。而且，他要忍受对施绛年刻骨铭心的相思之苦，不久就病倒了。他给施绛年写信说，这个地方他一天都待不下去了，顶多半年他就回去。如果他不能回去，就让施绛年来法国。他给施绛年的每封信都长篇累牍，事无巨细地告知对方，而写给施蛰存的信只寥寥几个字。

施蛰存觉着戴望舒只沉溺在对妹妹的思念中，一定会耽误学业。于是他给戴望舒写了一封措辞严厉的信，不仅不准他回国，而且还要求他不要经常给施绛年写情书："你说你写信的时候是很急的，所以只好写电报式的信，但是你写给绛年的信却如此之琐碎，虽则足下情之所钟，但我颇以为对于她大可不必如此小心意儿，你应告诉她一点你在巴黎的活动状况，把给她及我的信放在一起，就可以有时间多写点别的值得让我们知道的事情了。再你还要绛年来法，我劝你还不可存此想，因为无论如何，两人的生活总比一人的费一些，而你一人的生活我也尚且为你担心呢。况且她一来，你决不能多写东西，这里也是一个危机。"

为让他安心在法国求学，施蛰存不时托人给他捎去食品、药物等物品，经济方面更是不遗余力地支持他，戴望舒在国内的稿费都由施蛰存收纳并第一时间汇到法国。施蛰存还常常掏出自己的一部分补给他，"四月二十三号钱歌川送来二百元，说是预支《Disiple》的稿费，我方才加上《现代》三卷一期稿费四十元，及我自己的六十元，电汇了一千五百法郎给你。想已妥收"。他又总是催促戴望舒能多寄一些译稿回国，"我很为你的经济担心事，而至今连第一批中华残稿尚未到，甚可危也"。并开出四元千字稿费的价码。这可是袁大头的四元，当月结算，完全可以解决戴望舒在外留学的生活之虞。

施蛰存对戴望舒可谓关怀备至，事无巨细都叮嘱到："……到巴黎后生活如何？经济情形如何？希望能将你的日用账录寄一周，使我有一个参考。书店跑过否？珍本秘籍的市场已研究过否？均迫切欲知之"，"我看见影戏里有一个扒手儿，心中就感觉到一阵恐怖，我恐怕你一朝在巴黎遇到扒手儿，把你怀中的全部财产都扒了去，那岂不糟糕！留心啊！""我觉得你还以坚守巴黎大学为宜，我总在国内尽力为你接济，你不要因一时经济脱空而悲观。苦一点就苦一点，横竖我们这些人是苦得来的"。

戴望舒只好在法国苦苦硬撑，最令他苦闷的是，施绛年的回信越来越稀少，好不容易盼来一封，也不过几个字"很好，勿念"之类。

施蛰存安慰他说，妹妹如此是怕耽误了他的学业，要他不要多想。戴望舒的直觉告诉他事情没这么简单，他因此寝食难安，更无心向学。

1935 年 4 月，戴望舒在西班牙旅游期间参加西班牙进步群众反法西斯示威游行被中法大学开除，这终于给了他一个可以回国的借口。他没有拿到任何学位，学校也没有给他途中的零用钱，只有一张从马赛到上海的四等舱的船票，夜间连被子都没有，晚上冷得只得蜷着身子来回翻滚。戴望舒还是义无反顾地回到了中国。

现实是如此残酷地把戴望舒击倒了：当他满腔激动和热忱地来到施家，迎接他的不是施绛年热情的拥抱，而是一副拒之千里的冷冷的面孔。她要与戴望舒解除恋人关系，因为在他留法期间施绛年结识了一个冰箱推销员，并很快与其相恋了。

之前戴望舒所有的担忧成了事实，终究他还是失去了她。也许，他从来就没有得到过她的心，八年，自始至终，这场所谓的爱情都是戴望舒一个人的独角戏。

当着施绛年的父母、哥哥及所有人的面，戴望舒给了施绛年狠狠的一巴掌。其后他在报上刊登了与施绛年解除婚约的启事。

施蛰存一心希望戴望舒能成为他的妹夫，戴望舒身在法国时，他明知

1934 年，戴望舒在马德里西班牙广场堂・吉诃德雕像前。

自己的妹妹爱上了别的男人，还极力替她隐瞒，希望事情还有回旋的余地。他在多年后回忆此事，仍然非常无奈："一个是我的大妹妹，一个是我的亲密朋友，闹得不可开交，亦纯属他们自己私人之事，我说什么好呢？当年此事发生时，我就不管此事，一切采取中立态度，不参与也不发表意见，更不从中劝说或劝阻。"

戴望舒虽然最终没能与施绛年走到一起，却并没有影响他与施蛰存的关系。两人此后多有来往，戴望舒去世后，施蛰存还编辑了他的多部诗歌集出版。这是后话了。

5

戴望舒情商不高，但是他的人品和才华大抵是不错的，因为与施绛年分手不久，他的另一个朋友就极力撮合他和自己的妹妹相识并交往。

这个朋友就是著名的现代小说家穆时英。戴望舒从法国返回上海后，与穆时英同住在一所公寓里。穆时英的妹妹叫穆丽娟，比戴望舒小十三岁，长相古典甜美、性格温顺，戴望舒被施绛年伤害至深，亟须一段新的感情帮他从旧的伤痛中走出来。与穆丽娟交往不久，戴望舒就委托杜衡向穆丽娟的母亲提亲。1936 年 6 月他们在上海新亚饭店举行了婚礼，婚礼很隆重，穆丽娟穿着曳地婚纱，戴望舒西装革履，青年诗人徐迟担任伴郎。徐迟后来说，他是平生第一次穿上了燕尾服，也是人生唯一一次当男傧相。当时的报纸上这样评价这场婚礼："戴望舒配上穆丽娟，会舒舒服服过一生。"调侃中透出恭喜和祝福。

婚后他们住在上海亨利路一栋三层楼的弄堂房子。新婚燕尔，他们过得很幸福，经常一起外出跳舞、会友。不久，两人生下女儿朵朵，1938 年 5 月，戴望舒带着妻子女儿迁至香港。

这次迁居，戴望舒的本意是送妻儿到香港，安顿好她们后再去内地参加抗战。但是到香港后，考虑到与穆丽娟两地分居也许会影响到夫妻感情，戴望舒最终选择也留在了香港，担任《星岛日报》的副刊编辑。

后来的事实证明，如果当初他按原计划离开，也许他和穆丽娟不会走到最后分手的地步。但是世间没有如果，没有人能预见和真正掌握命运的走向。

在香港他们住在半山的一所房子里，房子背山面海，风景很美。戴望舒在门前整理出一个小小的菜圃，种一些瓜果蔬菜。戴望舒给这个家取名林泉居。

穆丽娟婚后是不管家务的，一切由保姆代劳。一个保姆负责煮饭，另一个负责带孩子。实在无聊，她就学学英语、古文，或练练书法，要么就和徐迟的爱人陈松一起出去看电影、逛街。上世纪三十年代的中国，富家女子都不工作，只能自己找娱乐项目。

当时由于上海战乱，很多文艺术界的人都去了香港，林泉居也成了一个文艺沙龙，施蛰存、叶浅予等人都经常造访他们家。施蛰存每次来香港时不住旅馆住戴望舒家。

他们最初在香港的这段日子温馨惬意，但是时间久了，戴望舒与穆丽娟的裂痕渐渐出现并加深。

年轻的戴望舒

6

因为年龄的差距，戴望舒很少与穆丽娟交流，他回到家里就在书房看书、写作。他认为穆丽娟年龄小，不懂人情世故，家里大小事他都自作主张，从来不考虑穆丽娟的感受，甚至她不论买什么东西都得经他批准。后来穆丽娟希望能有一些零用钱，他才每月给她三十元。

对此，穆丽娟难以接受和适应。她从小是家里的掌上明珠，所有人都很重视关心她，可是和戴望舒结婚后一点地位都没有了。她才二十岁出头，不想就这样过一辈子。后来她对戴望舒说，你再压迫我，我就和你离婚。这话戴望舒听了只当是穆丽娟开玩笑，他不知道穆丽娟是真心这么想。

穆丽娟希望的夫妻关系是什么样的呢？是她看过的好莱坞电影里的“ladies first”，是一个对妻子呵护、宠爱有加的丈夫。但是戴望舒对她却很少流露出体贴、关心之举，更没有他诗中所描绘的罗曼蒂克，这让穆丽娟非常失望。

还有一件事是穆丽娟无法释怀的。1938 年电影《初恋》公映，里面的主题曲《初恋女》是由戴望舒填的词，“你把我牵引到一个梦中，我却在别的梦中忘记你。”这首歌中，戴望舒把穆丽娟比喻成“带刺的蔷薇”，而施绛年却成了“寂寞的幽兰”，他说他终日灌溉着蔷薇，却让幽兰枯萎。这让穆丽娟非常反感，也非常寒心，她认定戴望舒从来没有忘记过去，忘记施绛年。

1940 年 6 月，出任伪职的穆时英在上海被国民党特工刺杀身亡，由于政见不同，戴望舒不许穆丽娟回沪奔丧。穆丽娟只有忍了。其后不久穆丽娟的母亲又去世，戴望舒藏起了报丧的电报，毫不知情的穆丽娟还穿着红色的服装去参加朋友的宴会，朋友诧异地问她：“你身在热孝期怎么能穿这么艳丽的衣服？”穆丽娟这才知道母亲去世的消息。

她伤心欲绝，对戴望舒的隐瞒感到悲愤交加。她卖掉母亲留给自己的翡翠胸针买了一张船票，带着女儿回到了上海，并向戴望舒提出离婚。

戴望舒依然以为这只是穆丽娟的气话，没放在心上。但是不久他听说有一个安徽的大学生每天都给穆丽娟送玫瑰花，还在附带的卡片上写着“我爱你”之类的话。穆丽娟后来说这个大学生她并不认识，大概是外出喝茶时被他看到，才一路追来每天送花给她，实际上两人什么关系都没有。穆丽娟没有接受这个大学生的求爱，但是她却感受到了从未有过的浪漫，也促使她再一次下定决心彻底与戴望舒分手。

这次戴望舒意识到了问题的严重性。

他开始想尽一切办法来挽回穆丽娟。他赎回了穆丽娟当掉的那枚翡翠胸针，又乘船赶回上海跪在穆丽娟面前求她不要离婚，即便不为他考虑，也要顾及五岁的女儿。

这时戴望舒的旧友、时任汪伪当局宣传部长的胡兰成听说戴望舒回到了上海，就派人传话说只要戴望舒留下来帮他办报，他就能保证穆丽娟重回戴望舒的身边。

戴望舒一口回绝：“我爱我的丽娟，可是我不会拿我的原则做交易。”

他只在上海待了三天就匆匆赶回香港。在离沪前一天晚上，他跟穆丽娟告别，看到穆丽娟依然一副拒他千里之外的神情，他非常难过。

1940 年 12 月，戴望舒在香港的林泉居写下了他的又一封遗书：“现在幻想毁灭了，我选择了死，离婚的要求我拒绝，因为朵朵已经五岁了，我们不能让孩子苦恼，因此我用死来解决我们之间的问题，它和离婚一样，使你得到解放。”——这里有个问题，离婚会使孩子苦恼，那么如果他自杀不是会给孩子带来更大的伤害吗？但是戴望舒却没有考虑到这一层。

他把遗书寄给了穆丽娟。穆丽娟冷冷地对别人说：“自杀的痛苦他戴望舒不是没经历过，我不相信他还会再来一次。”

让很多人想不到的是，戴望舒真的再次自杀，这一次不是跳楼，而是服下了大量的安眠药。后被朋友发现送到医院抢救才挽回了生命。

戴望舒的自杀行为并没能挽回穆丽娟的心，她在他死而复生后更加决绝地说：“今天我一定要坚持自己的主张，我一定要离婚，因为像你自己所说的那样，我自始至终就没有爱过你！”

但是戴望舒仍抱着一丝残存的希望，在分居半年后他给穆丽娟寄去了两本日记，日记中写满了戴望舒对穆丽娟的思念之情。他又从他们婚后的照片中，挑选出了三十多张他们的合影，制成精巧的相册寄到上海。在相册的扉页上写道：“丽娟，看到了这些的时候，请你想到我和朵朵在等待你，等待你回到我们这里来，不要忘记我们。”

戴望舒并非不会浪漫啊，而是他以前不想或者想不到对穆丽娟做这些事，如今他想做却已经晚了。此时穆丽娟已心有所属，任戴望舒怎么做都打动不了她了。

1942 年，穆丽娟和曾担任《宇宙风》主编的周黎庵举行了婚礼。

1943 年 1 月 23 日，万般无奈之下，戴望舒在离婚协议上签字，同穆丽娟正式离婚，女儿朵朵归戴望舒抚养。

7

1942 年，戴望舒人生中经历了两件大事：一是在香港被日军抓捕入狱，经历了残酷的折磨，虽然后被营救，但是他的身体已受到摧残，患上了严

1949 年，戴望舒与杨静以及三个女儿。

重的哮喘；还有一件事，他在这一年认识了他的第二任妻子——杨静。

杨静当时是大同图书印务局的抄写员，戴望舒的书稿大都由她誊写。

杨静是个非常美丽的女子，对戴望舒她很仰慕——对，是仰慕，她也犯了一般女子共有的毛病，以为仰慕一个男人，就是爱。

这不能怪杨静，她比戴望舒小二十一岁，当时才十六岁。话说一个十六岁的女孩子，懂什么是真正的爱情啊？

可是戴望舒应该懂啊？他之前经历了两个女人，且都失败了，总得吃一堑长一智吧？总得知道到底怎样的女子才适合自己吧？就退一万步说，这和穆丽娟的关系还没整利索呢，怎么就心急火燎地要和一个十六岁的女孩子共结连理呢？

但是戴望舒当时的状况，刚从狱中出来，就要面对与穆丽娟的离婚，可以说身心都极为脆弱，杨静似乎成了他的存活在人世间唯一的一根救命稻草。

杨静不顾父母的强烈反对坚决嫁给了戴望舒——那个年龄段的女孩，父母反对得越厉害，就以为越是真爱了。

两人婚后先后生下两个女儿，初始也磕磕巴巴地过了几年，后来他们由香港搬回上海，从小在香港长大的杨静各种不适应，加上戴望舒的收入锐减，家庭生活时常陷入困顿，两人的关系终于陷入各种问题中。

导致这场婚姻最终破裂的，是杨静后来爱上别的男人，坚决要同戴望舒离婚。这一次，戴望舒终于成熟了。他没有再次以死相逼，很平静地在离婚协议书上签了字。

1950 年，戴望舒哮喘病加重。为了赶稿，他没有住院，选择每天在家自己注射麻黄素。2 月 28 日上午，他因注射过量麻黄素导致心脏衰竭，抢救无效死亡，终年四十五岁。

去世时，他爱过的三个女人无一在他身边。

参考资料：

施蛰存：《施蛰存海外书简》，郑州：大象出版社，2008 年 4 月。

王文彬：《雨巷中走出的诗人——戴望舒传论》，北京：商务印务馆，2006 年 6 月。

四任妻子，三任是名女人

叶浅予

五号到天津那晚，写过一封信给你，感情比较冲动。那晚我的确想得很苦，因为在这次通信中，我们似乎真接近了。

我们两个生活习惯和个人爱好有许多不同之处，过去我们或许觉得遗憾，但这回却觉得应该有“存异”的必要。夫妇的和平共处原则，也不外乎求同存异吧。

——王人美给叶浅予的信

1

人之婚姻，是有始有终、白首偕老幸福，还是体验多重情感、数段婚姻更精彩？相信每个人的答案各不同。

在民国，一个男人有多次情感经历甚至多段婚姻，都算平常事，但是像叶浅予这样，四段婚姻，其中三任妻子都是才艺双佳的名女人，却少有。

2

叶浅予 1907 年出生在浙江，自小爱画画，家里没给他请过绘画老师，全是无师自通自修的。十九岁跑到上海当过柜台伙计，画过广告、教科书插图，并做时装设计、舞台美术布景。1929 年开始创作漫画，后集成《王先生别传》和《小陈留京外史》。二十三岁时正式进画报出版界画起了漫画，担任《时代漫画》编辑。

叶浅予父母曾在桐庐老家给他定了一门亲，对方是罗家小姐，叫彩云，不识字。叶浅予对这门亲事不满意，但是他无力与家里抗争。1930 年冬季，叶浅予在上海一家熟识的绸缎庄置备了一身当新郎用的长袍马褂，还为父亲筹措了一笔钱，以帮助他把喜事办得体面些，就这样回了老家。经过七到八天冗长、繁琐的旧式婚礼，他与罗彩云正式完婚。

叶浅予原本的想法是举行完婚礼他的任务就完成了，新娘留在家里侍奉公婆，他可以轻轻松松回上海了，哪知罗彩云坚决不干，非跟他一同去上海不可。她口出怨言，甚至寻死觅活，闹到婆婆开口，站到媳妇一边说话。叶母也有苦衷：儿媳一走，可以避免许多口舌，保住当婆婆的名声。叶浅予不敢违母命，只好照办。

他们到上海的第二年春天罗彩云生了个儿子，第四年又生了个女儿，小名明明，这一儿一女都是请奶妈喂大的。叶浅予对人生的要求并不高，

叶浅予与罗彩云

他也能体谅罗彩云的处境："因为她是文盲，和书无缘，精神世界非常狭小，为人之道懂得很少，我们两人之间无共同语言，总是话不投机。她的唯一美德，就是把家务安排好，但不和我多说一句话。我也乐得独自一人安安静静搞创作。久而久之，我们之间，除了所谓生物人的关系，毫无社会人的交流。"

如果罗彩云能一直安心于相夫教子、勤俭持家，即便他们之间缺少精神层面的交流，他也认了。可是没过几年，她渐渐变了，别的没学会，倒学会了上海少奶奶的做派，孩子交给奶妈，家务全靠娘姨，她自己什么也不管，除了逛大街以外整天泡在麻将桌上，她对叶浅予最常说的一句话是："钱用完了，拿钱来！"

叶浅予当时创作很勤奋，每月的稿酬不低于二百元，同时他还兼着云裳公司的服装设计员，两处上班薪水并不低，甚至在当年的上海滩算是高收入家庭。即便如此，每月仍不够罗彩云花的。为多赚些家用，叶浅予经常熬夜，起初罗彩云还亲自下厨，做几样好菜陪他吃顿饭，后来就逍遥自在不再搭理了。叶浅予很无奈："辛苦钱来得不容易，省着点吧！"

罗彩云的不理解和不体谅，让叶浅予的心情非常差。每当交了画稿或下班之时他总觉得精神空空荡荡的，他不愿回家，宁愿独自一人到公园走走。有时碰到什么应酬场合，就喝点酒，听点曲，把时间混过去；有时干脆约朋友跳舞厅，抱着舞女跳几场，解解闷气。总而言之，家里放着个文盲夫人，像一部生孩子的机器，实在空虚寂寞。

所以说，男人的出轨有时并不能完全责怪男人，一段婚姻出了问题，双方都有责任。就在叶浅予对罗彩云的做派极度不满意甚至到了忍无可忍之时，他生命中的第二个女人出现了。

2

1935 年初，叶浅予在编辑部接待了一位前来投稿的女性。她的漫画题目是《母亲花枝招展，孩子嗷嗷待哺》。这幅漫画画得非常传神，且意趣盎然。叶浅予觉着罗彩云正是画中被讽刺的那种女人，所以此画很得他心。而且让他意外的是，在他以前的观念里，搞漫画的都是男性，从未见过女人画漫画。眼前这位女子虽然相貌普通，却有种艺术家的风度与魅力。叶浅予不由得对她另眼相看。

此女子就是后来成为民国时期唯一的，也是整个 20 世纪中国最优秀的女漫画家——梁白波。

当时，梁白波就住在离叶浅予家不远的一家女子公寓中。她以前在新华艺专和西湖艺专学过油画，后来去菲律宾的一所华侨中学教美术，彼时刚从菲律宾回国。因为一时找不到工作，她就给画报社投稿，希望用稿费解决生存的问题。

一个是在婚姻生活中得不到慰藉的苦闷男人，一个是刚刚回国找不到门路和生活圈子的年轻女子，叶浅予和梁白波一见如故，他们不仅对绘画有诸多的交流，在情感方面也渐渐有了些许共鸣。梁白波告诉他，三十年代初，她曾参加过地下党领导的南京路上的飞行集会，还谈起过她曾经和一个男朋友睡在一起，却不让他贴近自己的身体。这充分表明她是一个叛逆的女性，对叶浅予来说，梁白波带给他全新的情感体验，他在自传里回

梁白波

忆：“白波不是一个寻常的女性，她有不吝施舍的精神，也有大胆占有一切的勇气。她的一切生活方式、艺术思维、人生观念，对我来说都是新生的、诱人的，我无法抗拒。”

叶浅予每天下班都要到梁白波的住处去看望她，经过几次幽会，共同的爱好和追求，促使他们的恋情像灵感爆发一样，无从阻挡。他很满意两人的交往：“我和白波既是异性的同类，又是艺术事业的搭档。我们一见钟情，相见恨晚，用不着互诉衷肠，迅速地合成自然的一双。”当然她知道他是有老婆孩子的，但只要他能抛开那个家，她是无所谓的。这就是上世纪三十年代的浪漫主义。

这一年春天，两人应津浦铁路局邀请参加了卫生宣传列车活动，这真是一段令叶浅予终生难忘的幸福日子。他们在北京玩了三天，铁路局的人南返了，叶浅予和白波却在金鱼胡同一家公寓住了下来。白天游故宫、天坛、颐和园……晚上看京剧名角儿演出，从北京回来后他们就同居了。

他们的情事很快传到了罗彩云的耳中，罗彩云显然不是一盏省油的灯。

之前叶浅予曾与人合开过一家新时代电影公司，专拍由他创作的“王先生”片集。他和梁白波在一起没多久，《上海时报》突然刊出了题为《“王先生”失踪》的文章，说什么“王先生”的作者，因感情突变，离家出走云云。原来，罗彩云发现了叶浅予和白波的私情，一怒之下把此事捅给了报纸。一时间，叶浅予大搞婚外情的传闻在社会上闹得沸沸扬扬。

1935年到1937年两年间，叶浅予和梁白波的同居生活就如同逃犯一样，时时处在颠沛流离之中，而罗彩云则如缉私的巡警，随时可以追踪袭击。一次在上海某处亭子间，由女儿的奶妈侦察追踪，把他们抓获，带到罗彩云的住处，罗彩云以大太太自居，把白波看成叶浅予的姨太太，对她大加辱骂。

罗彩云大概请教过她的牌友，设此圈套，迫使白波听命于她，保持她的权力地位，与她分享同一个男人的利益。不过，这个计划理所当然被叶浅予拒绝，他和白波一起一走了之，去了南京，并向罗彩云提出离婚。

所以说，罗彩云是一个智商不高、也没有多少情商的女人，丈夫有了外遇，她没有从自身找问题，改变态度重新挽回丈夫的心，而选择了大吵大闹破釜沉舟。她一定想不到此番举止，非但没有挽回叶浅予的心，反而彻底阻断了他回家的路，把他推给了梁白波。

罗彩云傻了。但是她有一个本事，就是撒泼打滚、寻死觅活，硬能把直的掰成弯的。她带了她的父亲，闯到南京廊东街叶浅予和白波的“避难所”，指着叶浅予和梁白波大骂，她说她是明媒正娶的原配，没犯族规没犯家法，并且为叶家生儿育女，是叶家的头等功臣，他叶浅予凭什么就要“休”她？他这么做就是天理难容，罪该万死！她逼着叶浅予确定她正室的地位。

罗彩云此番大闹，梁白波不得不躲在邻居家暂避，叶浅予则被牵着鼻子同罗氏父女一起回上海，由律师作证，立下字据，保证罗氏每月应得的生活费，才把他放回南京。

经过这一次的袭击，梁白波如惊弓之鸟，才知道有妇之夫不好惹。她给好友林海音写信：“……我现在像一块又湿又烂的抹布，随随便便地摔在那儿，对女人来说，一失足成千古恨……”她对叶浅予表示要结束这种耻辱的浪漫主义生活。叶浅予好言相劝，并把这次回上海立字据办分居手续的详情告诉了她，保证以后她再不会遭到袭击，她才回心转意，继续同享新才子佳人的生活。

1937 年抗日战争爆发，叶浅予把罗彩云和儿女送回老家，让她们的同叶浅予父亲一起生活。

1938 年，各色各样的人聚集到武汉。叶浅予和梁白波联合张乐平等组成了漫画宣传队，日夜都在一起。表面上似乎很和谐，但是梁白波内心却有了阴影，叶浅予没能离婚，那么她的身份就只是情人，这让她尴尬，也让她越来越不快乐。

就在这时，她与一位受人崇拜的空军英雄有了交往。此人本是叶浅予的亲戚，前来拜访他们，但与梁白波一见钟情。这一年夏季，叶浅予要到

叶浅予与梁白波的抗战漫画同时在苏联展示

香港去监印《日寇暴行实录》一书，很想让梁白波同行，想不到她一口拒绝，不仅不会陪他去香港，而且要同他分手。

叶浅予懵了。但冷静下来，他有了一点聊以自慰的心情，他觉着从此不再对梁白波负欠什么了。他没有挽回这段感情，两人在武汉就此话别。不久梁白波脱离漫画群体，1949 年梁白波随后来的丈夫去了台湾，后因患精神分裂症于上世纪六七十年代之交在台南一处海滩上自杀。

同样最后以自杀告终的还有罗彩云。她在与叶浅予分开多年后在儿子的劝说下与他离了婚，但是不久“文化大革命”爆发，叶浅予被打成牛鬼蛇神进了监狱。罗彩云深受牵连遭了不少罪，1970 年她不堪折磨，留下一句遗言：“你们叶家把我害得好苦。”吞服过量安眠药自杀。她一定想不到，在她与梁白波分别离开叶浅予之后的人生里，他先后又有过两个女人。

3

1940 年春季的一天，宋庆龄的秘书廖梦醒找到叶浅予，说孙夫人想为延安国际医院筹措一笔购置医疗器材的基金，请从英国到香港的华侨舞蹈家戴爱莲举办一次表演会，希望包括叶浅予在内的画家在宣传上能给予帮助。叶浅予欣然应允。

这位叫戴爱莲的舞蹈家，虽身材矮小却舞技娴熟。她是生于西印度群岛的华侨，操一口英语，中国话根本不会说。叶浅予只是中学学过一些英语，两个人交流只能通过打手势、画图和翻英汉词典来完成。

戴爱莲之前在英国留学时有过一段初恋，对方是大学雕塑系的老师，叫威利。但是威利已经有女朋友了，戴爱莲欲爱不能为逃避这段感情才来到香港。而叶浅予刚刚被梁白波抛弃，急需要一段新感情来慰藉自己受伤的心。一个是相貌英俊的青年画家，一个是楚楚动人的舞蹈家，两人在相识一周后就双双坠入情网热恋起来。只能说人生的缘分有时真妙不可言。

表演会之后戴爱莲告诉叶浅予她想去延安，叶浅予恰巧为《今日中国》的继续出版问题也正要去重庆向政府请示，他说他俩可以结伴同行，但走

1947 年，叶浅予与戴爱莲在上海。

之前最好明确关系，先结婚，再上路。

戴爱莲高兴得像孩子似的把叶浅予抱住，连连亲他，而叶浅予的反应颇为复杂，有欣喜，又有庆幸——他在地上失去了一个梁白波，从天上又掉下来一个戴爱莲，丢失了的艺术家庭又可以重建了。

为组织这个家庭，戴爱莲变得十分主动积极。他们在一个印度人家里租到一间房，作为短期的窝。宋庆龄亲自当他们的主婚人，“她在自己住处为我们举行了一个宴会，宣布我们结成夫妇”。

这一年叶浅予三十三岁，爱莲二十四岁。

他们的婚姻在最初的几年非常和谐幸福。戴爱莲开表演会，叶浅予就给她打杂，当翻译、做饭、做舞台监制。而叶浅予忙碌时，这些事情又轮到戴爱莲替叶浅予做。两人的关系就像一对跑江湖的夫妇，女的跳舞，男的击鼓。

1949 年北平解放，叶浅予和爱莲此时已回到北平，爱莲参加华北大学文工团，当了舞蹈组的领导；叶浅予当了美协副主席。1950 年，文化部又聘请戴爱莲当了北京舞蹈学校校长。

他们共同走过了一段对彼此都留有深远影响的路程，事业上互相扶持，而且叶浅予深爱着她。但是双方生活、文化和思维方式背景的巨大差异，也让他们之间有很多无法调和的矛盾。戴爱莲是个自我独立而又坦荡的女性，她对爱情的追求寻求完美。比如她希望叶浅予了解她的一切，包括她在英国曾与雕塑家威利那段刻骨铭心的初恋；而叶浅予是个大丈夫，他认为那是她个人的私事他不要知道，一直回避不与戴爱莲交流，这让她很失望。

1950 年秋末，叶浅予受命参加民族访问团去新疆。冬天回到北京，冷不防戴爱莲向他提出离婚。这真是晴天霹雳！叶浅予大吃一惊，问她为什么。戴爱莲非常直接地说："我不爱你了，我爱上别人了。"叶浅予问那人是谁，戴爱莲说是她指导的舞剧中的男主角。这个人叶浅予也认识，他还曾在叶家住过一段日子。

叶浅予非常痛苦，但是男人的自尊心不允许他再挽留她。1951 年叶浅予与戴爱莲办了离婚手续。

叶浅予和戴爱莲在一起生活了整整十年。在所有的女人中，她对他影响最深，也最令他伤感，一生都难以释怀。多年后，他在自己的回忆录里评价这段感情："戴爱莲是个真正的艺术家，我倾心于她对艺术事业的奋斗精神，她对我的艺术事业起到极大的鼓舞作用，当然我也在艺术上给了她很多帮助，可惜在相处十年之后，由于环境的变迁，她另有所爱，抛弃了我。"

戴爱莲与她的"另有所爱"结了婚，本以为找到了她的幸福，后来她却为这段婚外情付出了惨痛的代价："文革"中这个男人拿了她的所有钱款逃走了。

戴爱莲与叶浅予的女儿叶明明关系非常好，一直母女相称。上世纪八十年代，叶浅予第四任妻子王人美去世后，叶明明看到父亲和戴爱莲都又孤身一人，就极力撮合他们重新在一起。她去戴爱莲家探望时跟她说："你看，你和爸爸一个住花园村，一个住东单，我要照顾你们还得两头跑。

为了我省事，干脆你们搬到一块儿住算了。”戴爱莲听了总是笑笑，也不言语。

叶明明以为她大概是同意了，就买好了几个柜子放在她家里，准备他们复合之用。可没过多久，戴爱莲到英国去了一趟，回来后找叶明明谈了次话，很郑重地说：“我不能和你父亲复婚，因为我心里始终忘不了我初恋的爱人。”原来戴爱莲去英国和她初恋情人威利生活了一段时间。当时威利的夫人已病故，威利受此打击一病不起。在其子女的要求下，戴爱莲陪着最初的爱人走完了他人生的最后一程。她对这段浪漫的晚年生活无法忘怀，所以不能再接受任何感情，哪怕是和叶浅予再续前缘。

4

无论是自我认知还是外人评价，叶浅予都是一个好人，也可以说是一个好男人。但是他深爱的两个女人梁白波和戴爱莲都先后离开了他，尤其是与戴爱莲的离异，深深打击了他。他独自一人过了五年，有一次他发病昏倒在地上睡了一夜，朋友们知道后深感他这样的生活太辛苦，开始张罗着给他重新组织一个家庭。

叶浅予生命中第四个女人，是电影明星王人美。

王人美的前夫是有着著名老牌影帝之称的金焰。两人结婚时王人美刚满二十岁，他们的婚姻维持了十一年。金焰是王人美的初恋，虽然这段婚姻以失败告终，但金焰在她内心始终有一个很重要的位置，离婚多年都没有说过金焰的一句不是。而且，她在与金焰离婚十年后都没有再婚的念头。

1954 年初春，有朋友给叶浅予介绍了王人美。叶浅予与王人美曾经有过一面之缘。那是上世纪三十年代，当时王人美在上海当歌舞演员，叶浅予到画家丁聪家做客，遇见了同去做客的王人美。不过那时王人美待字闺中，叶浅予和他爱人梁白波在一起。

如今经朋友撮合两人交往了一段时间后，叶浅予觉着挺合适，就提出结婚。王人美有点犹豫，不久她去长春拍电影，在那里她给叶浅予写了一封信：

1935年上映的《风云儿女》剧照，女主角即为王人美。这部电影的主题曲就是《义勇军进行曲》。

……想到北京的春天，我们的郊游，的确使人怀念呢。虽然当我们单独相处时，我总是沉默寡言，然而想你能感觉到我的紧张不安和激动，否则你也不至于那么快的直接就提出问题。我的答复可能令你不满意，但是希望你能了解我是真诚和坦率的。的确，我不否认我有优点，但缺点更多，尤其是我的幼稚无知，它将带给你苦痛呢！你想到么？当然，这样说并不是让你提出任何保证，将来不能嫌厌我，而是更深了解，事先考虑、准备，如何克服困难，以期达到更好的合作。

过去的环境、生活，养成了我某方面的依赖性，1952年病后更造成了过分自卑心理。我也曾想到如果有个知心的人，能够在事业上帮助我，生活上关怀我该多好呢。因此形成了目前的恐慌。这是我的心情，也许你要批评我吧，我愿意接受。

信中反映的谨慎态度，也许是一个女性的常态。这里面可能隐藏着第

叶浅予为王人美画的速写

一次结婚的幸与不幸，又也许是对叶浅予的警告。

1954年5月他们在西单的一个餐厅里订了三桌谭家菜，请了各自亲朋好友参加，举行了一个简单的婚礼。婚后两个人由北京迁居上海。

王人美直爽、热情，办事认真。她对叶浅予的衣食住行都非常关心，要按照她的想法去做。叶浅予不受约束自顾自，经常因此产生矛盾。结婚才一个月，他们俩就为一点小事顶撞起来，她竟一本正经地提出要和叶浅予离婚。后经叶浅予的劝说和忍让，她才没继续闹下去。

王人美曾这样评价叶浅予："他是个好画家，却不是个好丈夫。他除了懂画，别的什么都不懂……有好多好多让我恼火的事……叶浅予是个过于沉浸在事业里的人，当这种人的妻子，真不容易！"

早在1950年电影界文艺整风时，王人美被诬蔑曾和国民党军统特务头子戴笠有来往，她受到极大刺激，被送进疯人院，后来经过家人的陪伴才得以康复。1957年，反右运动她又发病，而且很厉害，后来就被送到北大医院，也吃了很多苦。晚年王人美成为植物人，因一次意外，由于走路不小心摔了一跤，引发脑溢血，从此失去知觉，只有呼吸。她经历这些苦难时，

叶浅予是一位时尚人士，这是他为《良友》画报所绘的《冬季妇女新装图》。

叶浅予始终不离不弃在她身边。

叶浅予在他的自传《细叙沧桑记流年》中说：和王人美磕磕碰碰三十年。但是两人在彼此的余生岁月中相濡以沫，互相也有深厚的感情。

1987年4月12日晨王人美病逝，当时在她身边的是叶浅予的女儿叶明明。

1996年4月，在一次老友聚会中，叶浅予站在他家十层楼的窗口看着远方，突然对身边的朋友说："我没有去八宝山，向人美最后一次告别，我在'政协'开会，我病了，住进了医院，医生不让我去。那天是阴沉沉的天气，我就站在窗前，一直遥望着八宝山的方向……"事隔近十年，叶浅予为何突然旧事重提呢？也许他是想念王人美，又也许王人美去世时他没有去送别，不管是主观还是客观原因，内心始终都不安，这次当着朋友的面说出，实则是对王人美在天之灵的一种倾诉吧？

他还说等他死后，要葬在桐庐老家，并把王人美的骨灰迁回合葬。但是同一时期，他又想着还能与仍然健在的戴爱莲复婚，一起度过余生，后被戴爱莲拒绝才作罢。

一方面想着与王人美合葬，一方面又要与戴爱莲重修旧好，叶浅予一生中经历的这四个女人，究竟哪个女人在他心里的分量最重？这种复杂情怀，就如同他复杂的情感经历，怕是连他自己也说不清楚。

参考资料：

叶浅予：《细叙沧桑记流年》，南京：江苏文艺出版社，2012年3月。

另有两段情

沈从文

翠翠在风日里长养着，把皮肤变得黑黑的，触目为青山绿水，一对眸子清明如水晶。自然既长养她且教育她，为人天真活泼，处处俨然如一只小兽物。人又那么乖，如山头黄麂一样，从不想到残忍事情，从不发愁，从不动气。平时在渡船上遇陌生人对她有所注意时，便把光光的眼睛瞅着那陌生人，作成随时皆可举步逃入深山的神气，但明白了人无机心后，就又从从容容的在水边玩耍了。

——沈从文《边城》

1

“打猎要打狮子，摘要摘天上的星子，追求要追漂亮的女人。”

没错，你看到的这句话出自沈从文。

沈从文与张兆和的婚恋，是民国最动人的爱情传奇之一。但是幸福好像并不是表面上看起来的那么纯粹，张兆和不是沈从文的初恋；而且在与张兆和结婚之后，他曾经在另一段感情里迷失过，达十年之久。

2

沈从文一生自称“乡下人”，他大概想不到，他的“乡下”，那个美丽的湘西小城在其后几十年中因他的关系成了闻名之地。

那个湘西小城如今叫“凤凰”，早年间叫“镇筸”，属边疆僻地，约三百年前满人为镇抚与虐杀残余苗族，派遣了戍卒驻扎，后成为满人、苗人与汉人混居区。沈从文就是在这样一个特殊的环境中出生、长大。他的祖父是马贩子，他父亲自幼习武。他的母亲是个瘦小、机警，富于胆识与常识的女人，她识得些许文字，希望自己的孩子能成为读书之人。沈从文的气度得于父亲的影响小，母亲对他影响较多。小时候他很是玩劣，逃学、打架、不服管教，“逃学失败被家中、学校任何一方发现时，两方面总得各挨一顿打。在学校得自己把板凳搬到孔夫子牌位前，伏在上面受笞。处罚过后还要对孔夫子牌位作一揖，表示忏悔。有时又常常罚跪一根香时间。”即或在家中那么瘦折磨，到学校时又免不了补挨一顿板子，沈从文还是想逃学就逃学，一心想看外面更丰富、灵动的世界，对他来说，那才是一本“大书”。母亲无奈，把他送进新成立的兵营。

军队的日子，赶上“清乡剿匪”，沈从文见过多场杀戮：“我在那个地方（怀化）约一年四个月，大致眼看杀过七百人。一些人在什么情形下被拷打，什么状态下被把头砍下，我皆懂透了。”军队后来解散，沈从文回到家中，后又投奔沅州一个舅父处，舅父后来做了警察所所长，他为沈从文在所里谋得一份办事员的职位。闲暇时沈从文与七姨爹熊捷三(其大哥熊希龄曾任过民国政府总理)吟诗作赋，并到熊公馆看藏书。母亲卖掉房子带着沈从文的姐姐到沅州和他一起租房住，将卖房所得几千块银元存入钱庄，交他存放在钱铺里。

沈从文的七姨爹熊捷三对他印象不错，一直有心招他为婿，沈从文因此对自己未来的生活有过打算：“我想象这时节我应该在那地方做了一个小绅士，我的太太一定是略有财产商人的女儿，我一定做了两任知事，还一定做了四个孩子以上的父亲。” 母亲也以为一家人的好日子快要到了，他们都不曾想到，仅仅一年后，这些美好的向往被一个“脸儿白白身材高的女孩”打碎了。

沈从文先结识的是女孩儿的哥哥，一个马姓少年，据说他是当地一位富豪的私生子。沈从文与他年纪相当，很快成为朋友。不久少年邀请沈从文到自己家里做客，沈从文第一次见到了少年的姐姐。

一个女孩子，什么都没有，徒有青春都是动人的，何况这女孩儿是这样漂亮，她“白白的面庞上飞起绯红的笑靥、细腰长身，体态轻盈，身体各部分配置得似乎都恰到好处。胸前一对拳头大结实的小乳房，半害羞似的躲在衬衫里，又半挑逗似的仿佛要从衣缝中豁裂而出”。

彼时沈从文十七岁，像一团火球，爱情燃烧了。

他日思夜想，不知该如何表达自己的爱。他把女孩写进自己的诗里，他的情感真挚如赤子，他做了无数首情诗，央少年转给他姐姐，想象着女孩读到情诗时的反应，期盼着女孩能回他只言片语。他因此茶饭不宁，变得消瘦，日常工作也神思恍惚，屡屡出错。沈家少年爱上马家女儿的传闻在小镇不胫而走。

镇上那些有名望的乡绅都劝他不要这么傻。熊捷三听了传闻，忙把沈从文母子请到家中，明确表示把自己的女儿许配给他。沈从文倔强地不出声，熊捷三又说，如果不满意自己的女儿，另有三家人选，都是名门望族之女。

但爱情，尤其是初恋时的情愫，怎能因别人的规劝就会熄灭呢？沈从文当时也还明白：“四个女孩子生得皆很体面，比另外那一个强得多，全是在平时不敢希望得到的好女孩子。可是上帝的意思与魔鬼的意思两者必居其一，我以为我爱了另外那个白脸女孩子，以为那白脸女孩子也正爱我。”因此他坚决地对七姨爹说：“那不成，我不作你的女婿，也不作店老板的女婿。我有计划，得照自己的计划作去。”

他的计划是什么？年轻的沈从文并不知道，只是坚信自己的爱情理想和信念罢了。马姓少年在给沈从文与其姐姐充当信使的同时，开始向沈从文借钱。他似乎很讲信用，今天把钱借去，明天即刻还，后天再借去，大后天又还清。

沈从文一心沉浸在与女孩儿的热恋中，有一天发现母亲交给自己保存的那笔卖房子的钱，竟然足足短了一千多块。这钱毫无寻回的着落，却还有更坏的事：马姓少年从此失去了联系，更不消说再给他姐姐捎去情诗了。至此，沈从文才醒悟：“我有点明白，我这乡下人吃了亏。我为那笔巨大数目着了骇，每天不拘做任何事情都无心情。每天想办法处理。”他无计可施，似乎也无脸再面对他那四个一见他就问“诗做得怎么样的”的理想岳父，他告别母亲和姐姐，离开了沅州。他母亲为他哭了大半年，不原谅儿子之前的荒唐，更担心儿子远走他乡，到任何处都免不了会吃亏，十分伤心。

挫败与忧伤，是这场初恋带给他最深刻的印记。他后来抒写湘西的作品中都弥漫着淡淡的“忧郁”与“惆怅”。他自己就说，《边城》就是“我的过去痛苦地挣扎，受压抑无可安排的乡下人对于爱情的憧憬，在这个不幸故事上，才得到了排泄与弥补”。

3

1929 年，沈从文去吴淞中国公学任教，爱上了女学生张兆和。

从一开始两人的地位就不平衡——张兆和出身名门，是大家闺秀，她

在中国公学读书时的张兆和

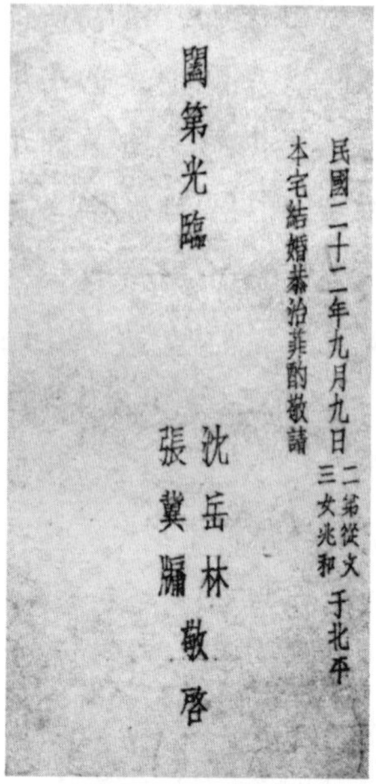

沈从文与张兆和的婚帖

对这个来湘西的“乡下人”并无多少好感，对他执着而热烈的追求反应冷淡。她拿了沈从文的情书去找校长胡适告状，没想到胡适对沈从文的文采大加赞扬，并劝她接纳他：“他顽固地爱你。”张兆和带着女孩子的倔强与傲气说：“我顽固地不爱他。”

让张兆和从“顽固地不爱他”到最终接纳他，沈从文用了四年的时间。这四年间，沈从文从未间断地用一封封滚烫的情书追随着张兆和，从北京到上海到青岛，到张兆和的老家苏州。他找各种理由去张家，给张兆和的弟弟讲故事，和她的姊妹聊天，他的亲和与赤诚赢得了张家所有人的好感，到了这种地步，张兆和似乎也没有退路。最后她答应了沈从文的求婚。

表面上沈从文苦尽甘来，他赢了。但是这一路走来，只有他自己知道这份感情追逐地有多的谦卑。

“我把你当作我的神。许我在梦里，用嘴吻你的脚，我的自卑处，是觉得一个奴隶蹲到地下用嘴接近你的脚，也近于十分亵渎了你。”这是沈从文 1932 年写给张兆和一封情书里的话。对沈从文来说，张兆和是心中的“偶像”“女神”，他一直持仰视姿态，男人骨子里需要的仰慕和尊敬，他在张兆和这里找不到。

事实证明，单单只是被感动的爱不是爱，而且真实的婚姻状况，幸福还是不幸福，个中滋味怕是只有当事人才最有发言权。沈从文曾在一段文字表述：“一种幸福的婚姻，或幸福婚姻的幻影……你以为你很幸福，为的是尊重过去，当前是照你过去理性或计划安排成功的。但你何尝真正能够在自足中得到幸福？”

4

沈从文与张兆和婚后不久，他遇见了一个叫高青子的女子。

沈从文后来在《水云》中说：“我们生活中到处是‘偶然’，生命中还有比理性更具势力的‘情感’。一个人的一生可说即由‘偶然’和‘情感’乘除而来。你虽不迷信命运，新的‘偶然’和‘情感’，可将形成你明天的命运，决定你后天的命运。”

文学家向来是感性、浪漫的，一次“偶然”足以浮想连翩，事后沈从文用文字详细记录了两人初见的情景——“主人不曾出来，从客厅一角却出来个‘偶然’。问问才知是这人家的家庭教师。”沈从文与高青子的初遇，是在熊希龄家。沈从文和熊希龄同为凤凰人，有乡谊，熊希龄曾任北洋政府总理，帮助过沈从文。沈从文有事去熊希龄在西山的别墅，主人不在，迎客的是高青子。

据张兆和晚年时回忆，高青子长得很美。一张白白的小脸，一堆黑而光柔的头发，一点陌生羞怯的笑，给人一个幽雅而脆弱的印象。

高青子熟谙沈从文每部作品及作品里的每个人物。初次见面，她对谈沈从文作品里的故事一一道来，让沈从文很惊喜。当两人告别时，高青子躬下身寻找她丢落在地上的发簪时，那个优美的身姿让沈从文怦然心动——这个“偶然”如此美好，刹那间，他“仿佛看到一条素色的虹霓”，挂在了他的天空。

一个月以后两人再次相遇。高青子歪着头，带着顽皮的神情说："我一个钟头以前正看着你的《八骏图》，达士先生有了未婚妻，却又在青岛海边被黄裙子姑娘吸引。这让我有一点难过。"沈从文含笑问她："为什么会难过？"她欲说还休，"譬如说，一个人刚好订婚，又凑巧遇见更喜欢的人……"她眼中有一点羞怯，有一点不便启齿的探询：达士先生有沈从文自己的影子，而高青子把自己想成了是那个"凑巧"。在错的时间却遇见对的人，两人都有此同感吧。

沈从文小说《第四》中曾写道，"我"与一个女子邂逅于车站并相爱，那女子"优美的在浅紫色绸衣包裹下面画出的苗条柔软的曲线"。见面那天，高青子穿一件绿底小黄花绸子夹衫，衣角袖口绣了一点紫。这衣着，显然是一种心照不宣的明投暗合，"偶然穿的那件夹衫，颜色花朵如何与我故事上景物巧合！"文人的爱情，可不就是在这些字里行间里的意会与迎合中发酵、酝酿、迸发？高青子以沈从文笔中人的衣着形象走进了他的内心。当这点秘密被发现时，她含羞默认，一种默契和相知的情愫在两人间漫开。

1937 年沈从文帮助高青子在上海商务印书馆结集出版了小说集《虹霓集》。

5

1937 年 7 月，抗日战争爆发。北京形势严峻，沈从文希望全家迁徙到后方。张兆和不愿意离开，她的理由是，刚产下第二个孩子，身体虚弱；不想离开家园；她舍不得家里的那些太美丽太可爱的信件，这时候带着麻烦，弃之可惜；南下生活艰苦，会成为沈从文的累赘。不论沈从文怎么劝说，她依然坚持留下。同一时期，梁思成、林徽因虽都是病体，却能拖家带口一同上路了。而到了沈从文这里，张兆和则带着两个孩子留在了北京，沈从文一个人踏上南下旅途。

对张兆和，沈从文从来不是强势的人，他只会"知足而且逃避现实"，他无法勉强她，他的自卑心理又开始作祟，他想，张兆和一定不爱他，或者说没有足够爱他到可以跟他去任何地方，他因此焦虑，很不快乐，却无可奈何。

1938 年 4 月沈从文独自一人到达昆明。从 1937 年 7 月离开北京后一年多的时间，沈从文给张兆和的家书中最多的话题就是希望她能尽快带着孩子南下与他会合。1938 年 11 月，经历战乱与流离，张兆和终于携二子辗转与沈从文在昆明团聚。

远离北京的沈从文，始终没有忘记他的“小朋友”高青子，两人没有因为时空的距离而疏离，反倒书信往来更频繁。他热切邀请她来昆明，说已给她在西南联大图书馆谋得了一个管理员的职位。这份牵挂与体贴高青子自然是欣喜与甜蜜的，1939 年 6 月她如约来到了昆明。

在昆明的三年间，沈从文与高青子的交往日益密切。沈从文备受争议的作品《看虹录》就是这份情感发酵的产物。小说用写意的手法，十分含蓄隐晦地描写了作家在深夜去探访自己情人的情景。窗外雪花飘飞，室内炉火温馨。“战争中维持了十年友谊”在这美妙气氛中开花结果了。含蓄的引诱和趋就，二人在氤氲中放纵自己，灵与肉融为一体。“一年余以来努力的退避，在十分钟内即证明等于白费”，两人为刹那间的交会感到惊喜”。《看虹录》所描写的房间，正是沈从文在昆明的家，其中的女子，在性情、服饰、举止等方面都与高青子很像。

这是沈从文与高青子的真实写照，还是沈从文的笔下幻想？后人多猜测，以沈从文拘谨、内敛的性格，以他对张兆和一腔赤诚，他断不会与高青子有半点越界举止，顶多只是精神的契合与出轨。

与高青子的这段恋情无疑是快乐的、忘我的，沈从文甚至忽略了他原本是另外一个女人的丈夫。

张兆和不是没有觉察——丈夫爱慕着别的女人，做妻子的怎会没有感觉？早在 1936 年她看到高青子的小说《紫》，联想到沈从文近期的种种异常，直觉告诉她，《紫》的作者，这个叫高青子的女人一定同沈从文有点什么。

面对她的质问，沈从文没有回避、隐瞒，一口承认了——他不觉有错：“我不能想象我这种感觉同我对妻子的爱有什么冲突，当我爱慕与关心某个女性时，我就这样做了，我可以爱这么多的人与事，我就是这样的人。”——他将自己的经历和感受原原本本告诉了张兆和。对于自己的背叛，他如此底气十足，是一个男人骨子里的传统观念，还是一个艺术家的赤子之心？又也许，他觉着坦诚相告才是对妻子的尊重？

张兆和当时正怀着第二个孩子，她非但没有得到应有的祝福，沈从文却把一盆“出轨”的冷水兜头浇下。一怒之下她带着大儿子回了苏州娘家。沈从文茫然又惶恐，每天给妻子写一封长信，但是张兆和不理他。

1936 年对沈从文来说，似乎是理智与情感相较量并挣扎的一年。这一年他的的心情也许可以用他在《边城》里的文字来形容：“自己造囚笼，关着自己；自己也做上帝，自己来崇拜。”他文中还写道：生存真是可怜的事情，一个人记得事情太多真不幸，知道事情太多也不幸，体会太多的事情更不幸。

爱情，向来是甜蜜与苦涩相加才来得更为深刻。苦恼的沈从文去找林徽因，林徽因很惊异：“过去我从没想到过，像他那样一个人，生活和成长的道路如此不同，竟然会有我如此熟悉的感情，也被在别的景况下我所熟知的同样的问题所困扰。”在她的眼里，沈从文是一个安静、善解人意、多情又坚毅的人，是一个天才，他却使自己陷入这样一个情感纠葛，像任何一个初出茅庐的小青年一样，对这种事陷入绝望。他的诗人气质造了他的反，使他对生活和其中的冲突茫然不知所措，这使林徽因想起了雪莱，也回想起与自己有种种纠葛的徐志摩，也曾有过类似的苦痛与拼搏。

1936 年 2 月 27 日，她给沈从文写了一封长信：“理智上，我虽然同情你所告诉我你的苦痛 (情绪的紧张)，在情感上我都很羡慕你那么积极那么热烈，那么丰富的情绪，至少此刻同我的比，我的显然萧条颓废消极无用。你的是在情感的尖锐上奔进！……你希望抓住理性的自己，或许找个聪明的人帮忙你整理一下你的苦恼或是‘横溢的情感’，设法把它安排妥帖一点，你竟找到我来，我懂得的，我也常常被同种的纠纷弄得左不是右不是，生活掀在波澜里盲目地同危险周旋，累得我既为旁人焦灼，又为自己操心，又同情

年轻时的沈从文与张兆和

于自己又很不愿意宽恕放任自己。……”林徽因建议的聪明的人是金岳霖。

不知道沈从文最后有没有找金岳霖梳理，他的“横溢的情感”却没能停止。婚外情如同精神的毒品，只会让人深陷而无力自拔。尤其在昆明期间他与高青子的关系非常密切又不避讳，导致他们的各种传言沸沸扬扬。为能息事宁人，又或者为了能让沈从文从这段混乱的情感中拔脚出来，张兆和显示了一个妻子极大的容忍度：她没有同沈从文大吵大闹，她甚至出面给高青子介绍一个翻译家做结婚对象，希望她能有正常的婚姻，但是最终没有了下文。

6

一直到 1941 年，沈从文与高青子的这段恋情才彻底画上了句号。

没有资料记载他们分手的最后原因是什么？也许是高青子最终想拥有正常的家庭生活，而沈从文绝对不会离婚与她一起；又也许十年的婚外情耗尽了两人的激情，都已没有再继续下去的意愿。

世事当如此！

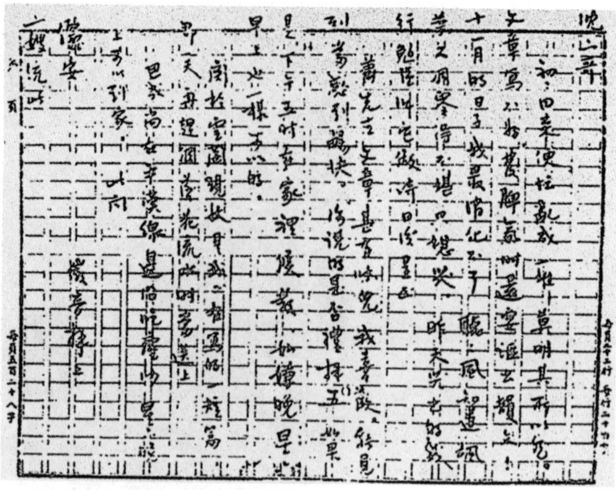

林徽因致沈从文的信

与长久的婚姻比起来，短暂的婚外恋要脆弱得多。当情感退潮，理性又回到了沈从文身上。“那个失去了十年的理性，才又回到我身边”，这似乎有长出一口气的感觉。

沈从文有一篇文字写道：“因为明白这事得有个终结，就装作为了友谊的完美……带有一点悲伤，一种出于勉强的充满痛苦的笑……就到别一地方去了。走时的神气，和事前心情的烦乱，竟与她在某一时写的一个故事完全相同。”这里提到的高青子写的故事就是《紫》。那篇小说的结尾，女主人公像流星匆匆划过天空，不知所终，现实中，1941 年 2 月，高青子选择退出，离开了昆明，据说，她后来彻底远离了文学圈，嫁给了一个工程师，像一颗流星在沈从文生命的天空划过，消失，再也无处可寻。短暂的婚外恋情敌不过稳定、漫长的家庭生活，这注定是沈从文生命中的一段插曲。

当年林徽因曾对沈从文说过一段话：

> 我认为最愉快的事都是一闪亮的、在一段较短的时间内进入神奇的——如同两个人透澈的了解：一句话打到你的心里使你理智和感情全觉到一万万分满足；如同相爱，在一个时候里，你同你自身以外另一个人互相以彼此存在为极端的幸福；如同恋爱，在那时那刻眼所见，

耳所听，心所触无所不是美丽，情感如诗歌自然地流动如花香那样不知其所以。这些种种都是一生不可多得的瑰宝世界上没有多少人有那机会，且没有多少人有那种天赋的敏感和柔情来尝味那经验，所以就有那种机会也无用。

此话，适合任何一段感情。

7

多年来，外界对沈从文和张兆和这段婚姻的认知是，以童话开始，以美满终结。

但是，很多时候表面的东西掩盖了太多的真相。

1949 年沈从文被郭沫若指为“桃红色”“反动”作家。这让沈从文惶恐、不知所措，他去找过丁玲，问自己该何去何从，丁玲回答说：你应该洗心革面接受思想改造，重新做人。怎么算是重新做人呢？沈从文苦苦不得其解，以致忧郁难解、精神恍惚。他希望家人能够理解他，事实却是，妻子和孩子都认为他错了。他的儿子沈虎雏多年后回忆说，“（当时）我们觉得他的苦闷没道理，整个社会都在欢天喜地迎接一个翻天覆地的变化，而且你生什么病不好，你得个神经病，神经病就是思想问题”。那么张兆和呢？张兆和是极为进步的，她也要求沈从文认真解剖自己：“我们觉得他落后，拖后腿，一家人乱糟糟的。”

“外有窘迫，内多矛盾，” 这在沈从文的个人心灵史上成为了最痛苦的一年，他两度自杀，先是长子龙朱看到他把手伸到电线插头上，龙朱慌忙拔掉插头将他蹬开；后他又将自己关在房内用刀片割手腕和头颈，还喝了煤油，被人破窗而入得救。

但是一位叫解志熙学者在谈到沈从文 1949 年春的这场“疯与死”时，认为“政治压力确实存在”但“未必是唯一的原因，甚至有可能不是主要的原因”。那么，他认为的主要原因是什么？这个学者披露，沈从文与小姨子曾有过一段暧昧关系，导致家庭出现危机，张兆和要离家，甚至还牵扯到他的朋友诗人卞之琳，这种压力才是沈从文自杀的最主要根源。——真是大跌眼镜，沈从文与他的小姨子？张兆和姊妹四人，张兆和与妹妹张充和关系最密切，张充和结婚前曾在姐姐家住过几年，也是在姐姐家认识了她后来的丈夫傅汉思。沈从文去世后，她曾为其撰联："不折不从，星斗其文；亦慈亦让，赤子其人。"这句话被刻在了沈从文的墓碑上。这样的关系可谓坦荡、真挚，不知那位解志熙学者以什么根据给出两人"暧昧"之说。

曾与沈家有过多年交往的美国女子韩秀说，张兆和在面前和不在面前时，沈从文的表情言语是不完全一样的。"有一段时间，因为住房不好解决，沈先生得以不与家小住在一起，我想那是难得的快乐，他当然不要别人帮忙。萧先生不但帮忙解决房子问题而且只有张兆和知道，这实在是一件非常尴尬的事，萧先生大约绝对没有想到，沈先生不想回家。"她认为，沈从文和老舍一样，都是随时准备逃家的人。

张兆和晚年在编完《沈从文家书》后，回望沈从文与自己的人生历程，留下过这样一段话："从文同我相处，这一生，究竟是幸福还是不幸？得不到回答。我不理解他，不完全理解他。后来逐渐有了些理解，但是，真正懂得他的为人，懂得他一生承受的重压，是在整理编选他遗稿的现在。过去不知道的，现在知道了；过去不明白的，现在明白了。他不是完人，却是个稀有的善良的人。"

这话我们是否可以理解为，一直到沈从文去世几年后，张兆和才真正懂得沈从文的情感？那么此前的大半生，他们被视为童话的婚姻，多半也只是外人的看法吧，沈从文那段长达十年之久的"婚外情"似乎也找到了存在的理由。

参考资料：

沈从文：《从文自传》，长沙：岳麓书社，2011 年 1 月。

凌宇：《沈从文传》，北京：东方出版社，2009 年 7 月。

董桥：《我爱沈从文的字》。

张灵甫

我是你一生的沧海

欲遣闲愁且登楼，
槛外山青水自流。
莫愁不知何处去，
空留斯楼忆千秋。
——张灵甫、王玉龄

1

这本书中所有的人物，感觉上张灵甫是离我最近的一个。他最后殒命的地方叫孟良崮，此地离我不足百里，是著名的革命教育基地。只是在相当一段时间里张灵甫是以反面形象出现的。

正面或反面，涉及政治，皆因立场而定。身为文人却一心想从政的胡兰成曾说过一句话：从政这件事，如果不是有坚定的信仰，那就得碰运气，投机得好，就飞黄腾达，站错了队，就身败名裂。

因张灵甫站错队，很多影视作品中他都是“反面人物”，他的遗孀王玉龄后来有过抗议，倒不为政治立场，而是演员的选择，王玉龄认为张灵甫的扮演者非老即丑，根本不及他本人的相貌；即便形似了，也达不到他本人那种气度和风范。

那种气度和风范，是多年来历经世事纷纭、战场生与死积淀而成，是后人不能复制，无法模仿的，张灵甫的气场之大绝非一般人能及。

2

张灵甫遇见王玉龄，那就是一出戏：英雄遇见了美人。

1945 年抗战胜利后，是张灵甫春风得意的一年，他随七十四军驻扎长沙，被授予少将军衔，接着又被保送到陆军大学甲级将官班第二期深造。在那里他结识了一个新朋友张处长，张处长见张灵甫孤身一人，就有心替他做媒。他说此地有个非常漂亮的小姑娘，他太太与小姑娘的伯母相熟，可替张灵甫牵线搭桥，介绍两人相识。

小姑娘叫王玉龄，时年十七岁，身材高挑，明眸皓齿，很多人都知道长沙王家有个聪慧美丽的女儿。当时她还在沅陵读中学，张灵甫就跑到沅陵想见见她，结果没见到。他找了个认识王玉龄的人让他给她打分，那人

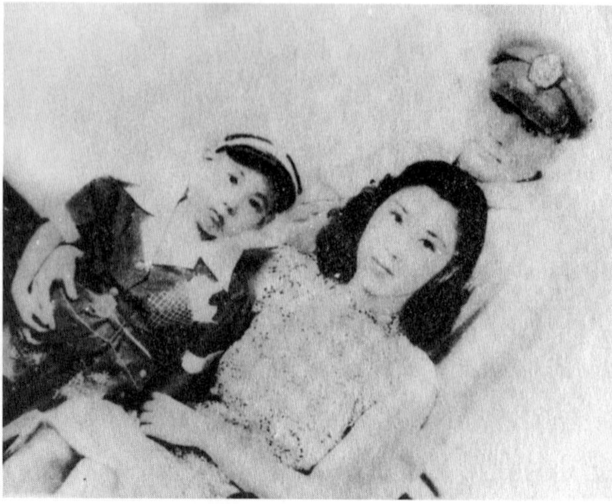

小姑娘是张灵甫与高太太的女儿，王玉龄视如己出。

打 99 分，扣掉的 1 分是因为这个小姑娘脾气太大了。

没过多久，张灵甫就见识了王玉龄的“脾气”。张处长安排他到理发店“邂逅”在那里理发的王玉龄。女孩真的非常漂亮，张灵甫忍不住冲她微笑。没想到人家根本不领情，只当他是个陌生男人，见他在镜中一直盯着自己看，就瞪了他一眼。张处长的太太忙为他们介绍。张灵甫身高一米八七，不仅人长得英俊挺拔，而且当时的职位是副军长。他满以为王玉龄听完介绍后会对他热情起来，没想到人家依然不苟言笑，也不看他。

这让张灵甫非常意外，从来没有一个女性对自己这么冷淡。人性有时很奇怪，上赶着的不一定落好，王玉龄的冷傲个性反而激起了张灵甫的好胜心。后来他还得意地对她说过：“假如你当时对我笑一笑，我很可能就没有兴趣了。”王玉龄横他一眼，笑他：“臭美！”这是两人结婚后经常有的打情骂俏。但是在他们最初相识时，王玉龄对他一直冷若冰霜。张灵甫写了一个大大的“忍”字挂在自己的房间里，提醒自己这不是打仗，对女孩要有耐心。

若在过去张灵甫一定没有这耐性，他骁勇善战，连蒋介石都特别器重他。

1941年3月，张灵甫率领第五十八师参加上高会战，不幸腿被炸伤。蒋介石马上派飞机送他到香港请英国外科专家诊治。他才高气傲，没有人能让他看上眼，无论是在战场，还是对女人，他向来胜券在握，喜欢速战速决。但是这个叫王玉龄的小姑娘却让他急不得、怒不得，面对她的一张冷面孔，他只能以一个成熟男人的耐性，一点一点缩短着两人之间的距离。

只要有机会他就找她谈心、哄她开心。他引经据典、谈古论今，时间一长，王玉龄觉着眼前这个男人的确是一个很了不起的人：他从小读四书五经，对忠孝很讲究；他对部下很严，但是部下都很崇拜他，拥护他；他追求自己的一颗心这样火热、执着。

但是就在她渐渐动心之际，她突然听到一个传闻：张灵甫曾经是个杀人犯，而且杀死的不是别人，是自己的妻子！这件事让王玉龄非常震惊。她怎么都想不通，眼前这个英俊、体贴的男人怎么会是一个杀人犯？

2

传闻是真的。

这是张灵甫无法绕过的一段历史。当年，他杀死了他的第二任妻子。遇见王玉龄时，他四十二岁，之前他已经有过三个妻子。

但是这三次婚姻给张灵甫带来的痛苦远远大于快乐。

张灵甫中学还没毕业，父亲就给定下一门亲事，对方是邻村的一女人，与张灵甫同年，没受过教育，目不识丁。张灵甫虽不情愿，仍然按父母的意愿与她成了亲。只是成亲后他与她没有半点亲近，很快就独自离开了家乡。

1923年张灵甫考入北京大学历史系，1925年入黄埔军校第四期步科，一年后加入国民革命军，正式弃笔从戎。

1930年，张灵甫任胡宗南第一师下属的某团团长，部队在广元驻扎。有朋友给他介绍了一个叫吴海兰的年轻女子，两人一见倾心，不久便成了亲，婚后生下一个女儿。

身为军人，张灵甫经常随部队各处迁移，吴海兰带着女儿暂住张灵甫在西安的大哥家中。1935年冬天，张灵甫告假回西安家中探亲，就在这次探亲过程中，发生了轰动一时的“团长古城杀妻案”——张灵甫举枪射杀了自己的妻子吴海兰。

关于张灵甫杀妻的原因，坊间有两个传言。一说张灵甫误听传言，以为吴海兰红杏出墙，做了背叛自己的事，不分青红皂白就枪杀了她。虽然当时国民党的军队风气糜烂、鱼目混杂，但是张灵甫一直洁身自好，他不赌博、不喝酒、不好色，也不娶姨太太，对人对己的私生活都要求非常严谨。据说有一次他的师文工团团长拐带别人的妻子，被人告到他那里，他查实之后立即下令处死，而且砍头示众，可见张灵甫的骨子里是多么正统，所以如果他认定吴海兰做出了背叛自己的事，一怒之下杀妻完全是有可能的。

还有另一种说法，是过了十年，他同王玉龄结婚后，有一次两人话赶话说到这里，她问：“要是我也在外面乱交男朋友，你会怎么处置我？”张灵甫沉默了半晌，才说：“是她（吴海兰）拿了我的东西，我问她又死不开口。事发前晚，我们已经发生过争执，我心里很不痛快。第二天带着孩子坐马车回长安乡下。从西安回家的路上，总会经过我母亲的坟地。她知道我每次回家都要在那里下车，在母亲的坟前祭拜过后再回家，以前她都会跟我一同下车。那天她拒绝了，我当然很生气。回到家查问她一些事也不答话，那我就火更大了……”

这大概是张灵甫亲口对此事说过的唯一只言片语。他并没有解释吴海兰到底拿了他的什么东西让他怒火中烧。直到张灵甫死后多年，当年与他私交甚笃，曾经长期在他手下任职的刘光宇与王玉龄偶然谈到此事，他说：“她偷了张灵甫的文件。”

当时是国共双方关系最紧张的时候，如果换了别的时候可能结果会不一样，可是刚从血肉横飞的战场上回来的张灵甫浑身上下都散发着杀戮的戾气，他的脑海里只剩下“背叛”二字，在他的眼里已没有什么深爱的妻子，极度的冷血让他拔出了手枪。

事情的真相到底是哪一种？怕是永远没有一个确定的答案。但是张灵甫杀死吴海兰却是不争的事实。吴海兰的哥哥找上门来，一纸诉状递上了西安的地方法院，第一师师长胡宗南爱惜张灵甫是个将才，把事情压了下去。吴家人自然不甘心，四处走访、告状。就在这时，张学良的夫人于凤至来了西安，通过她，吴家把诉状交到了宋美龄的手中，从而蒋介石知道了自己的得意门生“肆意”杀妻之事，大发雷霆，立刻下令将张灵甫送到南京军事法庭处。

3

自古杀人者要偿命，张灵甫自知在劫难逃。

他把自己的积蓄和女儿一并送回乡下老家原配那里，在家盘桓数日，带了几件换洗衣服，他不要人押，也不要人绑，自己前往南京伏法。

这在今天是无法想象的事情，一个杀人犯，等待他的是前途未卜的命运，又生逢乱世，他完全可以就此隐姓埋名苟活下来。但是张灵甫的内心，“忠义”二字时始终看得比天高，他不会辜负胡宗南的信任，也不会做苟且之事。只身踏上了去南京的路。一路上他靠卖字赚得些许盘缠，到了南京，一审被判处死刑，关进了死囚。

也许他命不该绝，1936 年冬南京派了人到西安重新调查张灵甫的案子，来人走后不久发生了西安事变，在彼时中国动荡的大环境中，张灵甫的个人命运也发生着改变。1937 年初他获释出狱，回到了西安。

重回部队之前，他在西安闲居。他的一位老师看他孤身一人，就为他介绍了西安大户高家的一位小姐。巧的是，同时到高家提亲的还有一个叫胡琏的男人。这位胡先生倒也非外人，他与张灵甫不仅是同乡，还是黄埔四期的同学。按说张灵甫当时的条件并不占优势：杀妻犯，刚出狱，赋闲在家。胡琏当时是国民党的一个旅长。两人的照片同时送过去后，高家小姐很坚定地选了张灵甫。其实单看胡琏的样貌也不差，但是一对比，就被张灵甫甩出不知多少条街去了。

这位高家小姐结婚不久就为张灵甫生了一儿一女，她上过学，爱看书，按说张灵甫同她应该过得很幸福。但是这位高小姐又太能看书了，白天看、晚上看，冬天围着火炉边看，夏天躲在蚊帐里点着油灯看。张灵甫说过她这样很危险，会出事。果然就出了事，一天晚上这位高小姐一个不小心打翻了油灯点着蚊帐引发了大火，她吓得惊慌失措地跑了出来，等隔壁的勤务兵冲进屋子把两个孩子抢出来时，儿子已经死了。

后来她又生下一个男孩，孩子出生不久得了重病，她不是忙着找医生，而是关起门来烧香拜佛，家里到处乌烟瘴气，还延误了病情，孩子不幸夭折。

接连失掉两个儿子，张灵甫对这位愚蠢又愚昧的高小姐没有了一点忍耐，一纸休书将她赶回了高家。

4

所以，即便他结过三次婚又怎样呢？婚姻的幸福与温馨他从未体会过，三段婚姻留下的是无奈、背叛与失子之痛。

有好几年，张灵甫的人生处在边缘化之中。他秉性耿直，对国民党内部权利的纷争很不入眼，也从不掺和；每个军官都有一张与蒋介石的合影，并引以为荣，只有他没有；蒋介石不找他，他永远不会主动登门求见。他不屑投机钻营，他不要名，也不要钱，他不喜欢交际，不喜欢做军官，要打仗他很高兴，上了战场就死命打，没有一仗不是受了伤抬下去的，身上处处是伤疤。

但是从战场上下来，他就觉得很寂寞，很孤独，没人相伴，连一个说体己话的人都没有。以他的容貌与位置，身边不是没有女性上赶着追他，但是他都没有感觉。

直到遇见王玉龄。

王玉龄美丽的面容，直率、倔强的性格，让他怦然心动，这是他之前经历过三段婚姻从未有过的感觉。又也许，在经历了杀妻、坐牢、丧子诸多人生之痛，他对这一段新的感情倍加珍惜。

他知道人间的苦，所以更懂疼人，他熟谙世情却更坦荡多情。他的耐心、执着、热情和独特的魅力，终于打动了王玉龄。当她下定决心要和张灵甫

婚礼很匆忙，服装不合身，又来不及换，张灵甫婚礼上穿的衣服是临时借来的。

结婚时，却遭到了母亲的强烈反对。在王母的眼里，军人的生命是不可靠的，她自己年轻守寡，不想女儿也嫁一个军人落得和自己同样的命运。但是王玉龄认为她母亲完全是杞人忧天，不相信她会有这样的命运，执意嫁给张灵甫，王母拗不过她，一气之下连两人的婚礼都没参加。

张灵甫要结婚了，但没有一天假，蒋介石随时会给他命令。结婚前夕他得到了升迁令，被提升为七十四军的军长和南京卫戍司令，即刻前往南京报到。两个人当时把婚礼的地点定在了上海，所以时间很紧迫，王玉龄穿着大一号的鞋子，张灵甫穿着借来的西装结了婚，婚礼结束的当天晚上，他们就坐上了前往南京的火车，一个在上铺，一个在下铺，度过了他们独特的新婚之夜。

5

他们的家安在了古都南京，那座有着浓郁的文化气息与历史背景的城市。在那里两个人度过了他们生命中短暂却甜蜜的时光。

国民党很多将军的文化素质都很高，张灵甫在其中也算佼佼者，他不仅是一名悍将，肄业于北京大学历史系，文化修养很高。他与王玉龄都喜欢看书，喜爱古典文学。他们在一起作诗，他作前两句，她作后两句。她十八岁生日那天，他早上起来专门为她作了一首诗送给她。

张灵甫的书法有很高的造诣。读中学的时候，他一有空就带着笔墨去西安的碑林临摹，因为字写得好，学校给他开过书法展。当了师长以后，他开始学习于右任的字，于先生看了之后说：几可乱真。他后来用最粗的一种派克笔写字，喜欢用红墨水，包括给王玉龄写信，都是红墨水。

张灵甫爱好收藏，张大千、徐悲鸿、齐白石，光他们三个人的画，他至少有二百多幅，其中包括一些很大幅的“中堂”。他们在南京的家，每个月，房间里陈设的所有古董、字画都要换过，而且不许别人动手弄，全部都是张灵甫亲手弄干净，放好，再把新的挂出来。

王玉玲经常陪他去古董店。他最得意的事情就是把他收藏的珍品拿出来把玩，再一一展示给她看。他收藏过一对酒杯，据说是杨贵妃用来喝过酒的，酒倒进去，白色的瓷器上就会映出个美女，酒干了，美女就又消失了。这些收藏品后来都全部散失了。1949 年王玉龄离开大陆时，只带走了一枚齐白石为张灵甫刻的鸡血石的印章，这枚印章她一直贴身带着，跟了她一辈子。

虽然年龄相差二十五岁，但是张王二人的结合却与民国同时代其他“老夫少妻”不同，比如孙中山与宋庆龄、鲁迅与许广平，不能说他们没有爱情，但是他们的婚姻多为女方极其仰慕男方的社会成就，夹杂了太多政治和社会的成分，你能想象宋庆龄跟孙中山撒娇吗？又或者许广平跟鲁迅赌气、吵架？这些原本情侣间最普通的交流，在他们那里是没有或极少有的。但是张灵甫与王玉玲不同，他与她就是一个英俊的男人遇到一个美丽的女人，脾性相投，感情契合，爱得浓烈而纯粹。张灵甫从来不在王玉玲面前谈公事，更不会提及官员们内部的纷争与混乱关系。所以多年后，很多想从王玉玲这里挖掘一些秘事的人都失望而归，她是真不知道。

只要在南京，张灵甫每天早上都带着王玉龄去他军部驻扎的中山陵骑马。一般是他先早起，去军营升旗，然后打电话给她，她就去骑马。看她骑在马上的兴奋劲，他就特别高兴。熟悉张灵甫的人都知道他脾气很大，单想想他对待之前的三任妻子吧。但是对待王玉龄他从来没脾气，像宝贝一样宠着她。两人之间发脾气的从来都是王玉龄。他哄着她，让着她，她不愿意做的事情，他从来不勉强。有次他的上司王耀武来南京，官员的太太们要去接站，王玉龄偏不肯："我又不认识他，他一个大男人，我去接他干嘛？"她不想去，他毫不介意，说："我张灵甫又不靠太太吃饭，应酬什么？她不愿意去就不去。"

有一次在外出差的张灵甫接到一封匿名信，上面写着："你的太太奇装异服，招摇过市，你在天子脚下，应该注意一下。"张灵甫在信上批了一句："有则改之，无则加勉。"随后派副官将信送给王玉龄。王玉龄看信后非常生气，回信给他："我很高兴你有这样的好朋友，能够为你着想。但是我不能原谅我的丈夫对我不信任，我们离婚吧！"

张灵甫吓坏了，知道自己捅了个篓子，连夜赶回南京给王玉龄道歉："假设你真离开我的话，我就宁可老死于山沟。"他让王玉龄站在他面前，他给她敬礼。王玉龄不理他："我又不是你上司，敬什么礼？"张灵甫要赖说："你不原谅我，我的手就不放下来……"

王玉龄回娘家，他想得不得了，但是又不好意思说，就写信说家里的花也死了，鱼也死了，太太赶紧回来吧，还派了下属开着飞机去长沙接她。他去打仗，一下战场就给她打电话或发电报、写信。他从不把战场的硝烟和死亡写在纸上，相反，他的信总是弥漫着浓厚的生活气息。在打仗的时候，他还给她画了一个图样，他们家院子里的花，要种在什么地方，什么时候种什么花，他都写给她。

这样的爱情让张灵甫非常陶醉，一个四十多岁的大男人，逢人便说自

夫妇合影，1946 年。

己讨了个好老婆，比什么财富都重要，他要讨饭的话，他老婆可以给他拿碗，他愿意一辈子跟她一起过日子。

这样的日子神仙都艳羡吧！如果没有战争，如果没有那场著名的孟良崮战役，会怎么样呢？可是这世间没有如果，无论发生了什么事，那都是唯一要发生的事。或者说那就是人的命运。在那种大环境的背景下，个体不仅无法主宰自己的命运，甚至生死都无法掌控。从 1945 年开始，打跑了日本人，又开始了内战。张灵甫不断去战场，一次比一次远，也一次比一次更血腥和残酷。

6

战争间歇她跑去看他，从南京坐火车到徐州，再坐吉普车一路颠簸到他打仗的地方。后来她怀着身孕，仍然不顾路途遥远跑去看他。由于战场的迁移，每一次探望，她都要走更远的路，她什么都不想，也不觉得苦，只想能见他一面就好。

1947 年春天，王玉龄已经怀着九个月身孕。打孟良崮之前，张灵甫和整编七十四师撤下来整休一个礼拜。王玉龄就在这期间跑到前线去看他，她挺着一个大肚子舟车劳顿十七个小时才赶到山东。

当时张灵甫腿上长了一个很大的脓包，只能躺着，王玉龄怀孕九个月，也在一旁躺着。夫妻俩就躺在山洞里聊天，他们都没想到，那是他们最后的会面。

一个月后，王玉龄生下一个男孩。她打电话给前线的丈夫，张灵甫很高兴，问她孩子的声音是否响亮。最后对她说："你是个善良的人，你一定会多子多福。"

这是他们最后的通话。

王玉龄随后给他寄了一张儿子的照片，但张灵甫已经看不到了。

1947 年 5 月 16 日，张灵甫殒命于孟良崮。

所有的人都瞒着尚在月子中的王玉龄。但是她渐渐觉着奇怪，以前打再激烈的战斗，一下战场张灵甫都会马上给她打电话，发电报。而这一次，什么都没有，好像这个人一下子丢掉了。她问周围的人，大家口径一致，说打得激烈了，一两个月不通音讯很正常。他们不知道会瞒她多久，就想着多瞒一天是一天。

直到张灵甫的随从被俘后又被放了出来，他回来跪在王玉龄面前痛哭，然后把一封信交给了她。

那是张灵甫写给王玉龄的绝笔书：

> 十余万之敌向我猛扑，今日战况更趋恶化，弹尽援绝，水粮俱无。我与仁杰决战至最后一弹，饮诀成仁，上报国家与领袖，下答人民与部属。老父来京未见，痛极！望善待之。幼子望养育之。玉龄吾妻，今永诀矣！

张灵甫把这封信交给那个参谋时告诉他："你无论如何要交给太太手里。不管太太想做什么，你们都不要违反她的意志，你们爱戴我的话，你们也一定要服从她。"

王玉龄在很长一段时间都不相信这是真的。她每天都到他们俩曾经去过的地方坐着，希望这一切只是自己做的一个噩梦，梦醒了，他回来了。

但是这个人永远不会再回来了。

他死的时候她刚满十九岁。一年后她过二十岁的生日，她到了他的墓前，长哭不已。

1949 年，她带着儿子离开大陆，辗转台湾去了美国。1958 年，三十岁的她从纽约大学财会专业毕业。后来她带着长相酷似张灵甫的儿子回到中国，定居上海。

张灵甫死后六十年，有记者问她："如果早知道婚姻如此短暂还会嫁给他吗？"

"如果早知道，我就要早一点嫁给他，这样可以多一点相处的时光。"

"我一直耿耿于怀的，就觉得他在最痛苦的时候，在无依的时候，我没有跟他在一起。"

"我最后悔的事，是居然从未对他说过我爱你。"

她终身未再嫁。别人都替她惋惜，她淡淡地说："谁能好过张灵甫？又有谁能好过他对我的好？"

他们在一起只短短两年。他已到中年，经历了人生中最残酷的生死，突遇到如鲜花一般纯净、甜美的她，自认找到了生命中最美好的一段岁月，怎能不珍惜？！而她，一切都还来不及打开，懵懵懂懂，在极短暂的岁月中，品尝到一个中年男人给予她丰厚、深沉的爱，来不及生隙，还没有机会体会婚姻的平淡与琐碎，在他们相处的最高点，戛然而止。这让她的余生，再也找不见如此完美的一段爱——见过高山、大海，怎么能够再面对平原、小溪？

他，成了她一生的沧海。

参考资料：

王洪、鹿彦华：《佳人：王玉龄画传》，南京：江苏文艺出版社，2007 年 4 月。

人生这场盛宴

顾维钧

汽车缓缓行驶在黎明的晨曦中，我觉得一切都是那样黯淡——那天色，那树影，那沉寂的街道。我想，这一天必将被视为一个悲惨的日子，留存于中国历史上。同时，我暗自想象着和会闭幕典礼的盛况，想象着当出席和会的代表们看到为中国全权代表留着的两把座椅上一直空荡无人时，将会怎样地惊异、激动。这对我、对代表团全体、对中国都是一个难忘的日子。中国的缺席必将使和会，使法国外交界，甚至使整个世界为之愕然，即使不是为之震动的话。

——《顾维钧回忆录》

1

一本回忆录，13 卷本，600 万字，写了十七年。

他曾先后担任过北洋政府内阁总理、国民政府驻法、英、美国大使，联合国首席代表，海牙国际法院副院长；他被称为民国第一外交家。

1919 年，他作为中国代表参加巴黎和会，拒签不公正的条约，使整个世界为之愕然，为之震惊。

他十二岁被订下第一次婚姻，六十八岁第四次结婚。四次婚姻迥然不同，分别为主命、主贵、主富、主爱。

可以说，他不论是政治生涯，还是情感世界到婚姻生活，都丰富多彩、腾挪跌宕，完全撑得起他回忆录中洋洋洒洒的 600 万字。

他的人生，堪称一场盛宴。

这个人是顾维钧。

2

和大多数那个时代的男人一样，他的第一次婚姻也没逃脱包办的命运。

这其实不赖他，一个十二岁的毛孩子，懂什么？父亲怎么说，他就得怎么做。

顾维钧的父亲顾晴川虽然是晚清第一任交通银行总裁，但那是很多年以后的事，在顾维钧少小时，顾晴川还只是上海袁观澜幕府的一个小吏。当时同在幕府的，还有一人，叫张衡山。此人的文化修养不及顾晴川，但他有一种罕见的本领，就是能看相。道尹衙门中的大小官员，不少人他都看过，据说十分灵验。那时袁观澜之子袁履登和顾维钧同在育才学堂读书，两人很要好，课后常一起在衙门里玩。张衡山说这两个孩子都非等闲之辈，但履登不正，将来恐难有善终（抗战时期果然沦为汉奸）；维钧将来则一帆风顺，富贵双全。

张衡山膝下有一女儿叫润娥，与顾维钧年龄相当，张很看好顾维钧，认定他将来大有可为，就托人去做媒。从当时两家的景况看，对顾家来说这门亲事算是高攀了，顾晴川一口答应。顾维钧年龄小，自然没什么意见，就由双方家长订了婚。

顾维钧在育才学堂毕业后没有经济能力再继续求学，顾晴川打算让儿子经商。张衡山知道后大加反对，拍着胸脯说由他资助顾维钧此后求学的费用。上海圣约翰大学是一所贵族学校，学费昂贵，顾维钧几年求学下来，耗费了张衡山不菲的钱财。在圣约翰大学毕业后，顾维钧又想去国外留学，但是此想法搁心里很久都不敢提。晚清时的风气，官宦人家的子弟大多固守家园考取科举、获得功名，而不愿意到万里之遥的蛮夷之地去学什么“新学”。顾晴川也不例外，当然他们家的经济条件也不允许。

这一次又是张衡山出面，他不仅表示这是极好的事，还承诺费用依然由他出。他卖掉一部分祖产，很快凑齐了顾维钧赴美留学的费用。顾维钧也争气，他不仅考入哥伦比亚大学，而且在校成绩名列前茅。

对这个准岳父，顾维钧充满了感激，一回国探亲即去拜见他，把自己在美国的学业详细禀告。末了，他提出能否见见润娥——这个婚虽定下多年，他却从未见过未婚妻。这对他这个正在接受西方教育的人来说是不能接受的。但是令他想不到的是，润娥躲在房内怎么都不肯出来。

顾维钧大为失望，他觉得这个未婚妻太不大方了，将来不要说在交际场中助他一臂之力了，能不能带出门去都难说啊。

1908年，顾晴川令顾维钧回国与张润娥成婚。这时顾维钧在美国已留学四年，他内心实在不满这桩婚事，却又无法改变已成的事实。他被人簇拥着如木偶般完成了婚礼后，在洞房花烛时默默地离开了新房。新郎突然失踪，让全家上下都大惊，四下寻找，终于在一间僻静的小屋子里找到了闷闷不乐的顾维钧。

在母亲的恳求下他不得不回到自己的房中，但不肯上床。他对张润娥说：“大床是为你而设的，你自己睡吧。”

获得博士学位的顾维钧

张润娥内心一定非常惊异且不安，但她却替他解围："如果你喜欢独眠，我可睡沙发。"两人便以此方式度过了他们新婚的那几日。

不久顾维钧遵父母安排，带着润娥一起回美国。有了新婚几日的分居，顾维钧打定主意怎么都不会和张润娥同居的。据说从上船开始，他们一直分床而居，到了美国又分房。两人一直以兄妹相待。

后来张润娥在美国呆不惯——也许是呆不下去了，自己不懂英语不能外出，顾维钧即便回来，两人也无话。这样的日子可不就是度日如年！

顾维钧在《回忆录》中说，因为张润娥实在不适应美国的生活，她同国内的父兄商量后，和顾维钧签了离婚协议，独自一人回了中国。回国后不久，她就出家做了尼姑，从此与青灯相伴。

张润娥最后出家做尼姑不假，但是关于两人的离婚，坊间却有另外一个版本，说顾维钧学成回国后，被别的女人相中，张家迫于无奈才同意他与张润娥离婚。

真实的状况到底怎样？我是倾向于后一种说法——试想，从他十二岁起就被张衡山看好，并一路不惜巨资扶持、培养，这眼见要出人头地了，张家怎么会仅仅因为张润娥一句“不适应美国生活”就离婚呢？

那么即便顾维钧想离婚，谁又有这么大的能量撼动张家放手这个乘龙快婿呢？

这个相中顾维钧的女子，她本人虽没什么，但是她父亲位高权重，是当时大名鼎鼎的国务总理唐绍仪。

2

顾维钧在美国期间就曾被时任外交总长的唐绍仪接见过。当时唐作为清朝政府的特使访问美国，在大使馆里接见了四十位中国留学生，顾维钧作为学生代表致辞。大概顾维钧在这次接见中的表现可圈可点，给唐绍仪留下了非常深刻的印象。

1912 年，顾维钧在哥伦比亚大学获法学博士学位后归国，在唐绍仪手下任外交部三等秘书。他也因此结识了唐绍仪的女儿唐宝玥（又名唐梅）。

不久唐绍仪突然收到张衡山的一封信，信中指出他纵容他的女儿唐宝玥横刀夺爱。

天地良心啊，对于女儿和顾维钧的交往，唐绍仪是真不知情，只知道唐宝玥跟顾维钧相识于一次舞会，后隔三差五地在他面前提及顾维钧的好。他哪里想到两个人谈起恋爱来呢？

这事一点都不奇怪。顾维钧相貌出众，仪表堂堂，有人曾把他与汪精卫、梅兰芳并称中国三大美男子。唐宝玥对他一见倾心，狂热地爱上了他。顾维钧的心态稍复杂些。唐宝玥虽未留过洋，但是受过教育，是新式女子，举手投足落落大方，是张润娥没法比的。更重要的，唐绍仪当时已官至国务院总理，这对仕途中人是极大的诱惑。

对于父亲的责备，唐宝玥毫无羞愧之意，还哭闹着要父亲答应她帮顾维钧解决掉与张家的婚事。

这个唐宝玥，在她的幼儿时期，曾被后来成为美国总统的胡佛救过命。

顾维钧、唐宝玥全家福

胡佛1899年初次来到天津，任开平煤矿工程师，住在唐绍仪的宅邸对面。1900年庚子事变时，炮火摧毁了唐绍仪家的房屋，唐绍仪的妻子和一个婴儿当场被炸死。胡佛闻讯后及时赶到，与唐绍仪每人抱起一个孩子冲过街道来到胡佛家里。胡佛救下的孩子就是唐绍仪女儿唐宝玥。

唐绍仪因此对这个差点失掉的女儿特别珍视，她想要的他都想办法满足。但是，顾维钧这事却要另当别论。夺人之爱，夺人婚姻之事，别说他官至总理，要顾及形象，即便是普通人，也断不能做这样的事。他对女儿一番呵斥，又下令顾维钧立刻回到上海。

唐宝玥平时被父亲娇宠惯了，任性得不得了，她跺着脚对父亲发恨说："你若让顾维钧走了，我这就削发为尼。"她果真跑到城郊寺庙里呆着，又差人回来通知唐绍仪已经定下日期即将落发为尼。唐绍仪大概知道她不会来真的，没理她。

见这一招未起作用，唐宝玥又跑到北京著名的八大胡同，使人通知她父亲，说她马上就挂牌接待客人了，牌子上就写"国务总理小姐玫瑰"。

唐绍仪傻了。若论起来，他仗着权势夺人女婿和女儿在八大胡同做妓女这两者比起来，当然是后者更丢人，更影响他的总理形象。

无奈之下他只好同意了唐宝玥的无理要求，让顾维钧继续留在北京，并迫使张家与顾维钧退了婚。

这件事顾维钧自己也觉着做得不厚道。二十年后，当他再度出任国民政府外交部长时，获知在上海的张润娥生活清苦，特地写了一封忏悔信，附送一笔五万元的款子，张润娥把款子和信原封退还给了他。此是后话了。

4

1915 年，二十七岁的顾维钧出任美国公使，他不仅是当时中国最年轻的驻外使节，也是华盛顿有史以来最年轻的外国使节。

已经与他成婚的唐宝玥一同前往，同年他们的长子顾德昌在美国降生。1918 年，他们的女儿降生，几个月后一场流感病疫席卷全球，唐宝玥不幸染病，客死他乡。

妻子骤然离世对顾维钧是个沉重的打击，但是命运没有给他多少疗伤的时间，仅仅一个多月后，他奉命前往法国参加在那里举行的巴黎和会。

历史学家唐德刚曾言，中国百余年来出了“两个半外交家”，一个是李鸿章，一个是周恩来，而剩下的那半个就是顾维钧。顾维钧之所以屈尊为“半个外交家”，仅仅因为他“都是为人作嫁，奉命工作，自己一辈子也未曾享受过决策权”。

但是在 1919 年举行的巴黎和会上，顾维钧却做出了震惊世界的决策。

多年后，他在《回忆录》中说：

> 汽车缓缓行驶在黎明的晨曦中，我觉得一切都是那样黯淡——那天色，那树影，那沉寂的街道。我想，这一天必将被视为一个悲惨的日子，留存于中国历史上。同时，我暗自想象着和会闭幕典礼的盛况，想象着当出席和会的代表们看到为中国全权代表留着的两把座椅上一

直空荡无人时，将会怎样地惊异、激动。这对我、对代表团全体、对中国都是一个难忘的日子。中国的缺席必将使和会，使法国外交界，甚至使整个世界为之愕然，即使不是为之震动的话。

巴黎和会的拒签在中国外交历史中具有里程碑式的意义，也使顾维钧在外交界声名远扬。而且这次巴黎之行，顾维钧生命中第三个女人登场了。她叫黄蕙兰。

据黄蕙兰多年后的回忆录记载，顾维钧在巴黎最后几天，和中国代表团中的几个人，一起被黄蕙兰在巴黎的姐姐邀请到其家中做客，期间顾看到钢琴上有一张她的小照，遂动了心。

但是我们看到的黄蕙兰留下的照片，她虽自诩貌美出众，但是公允地讲实在不是那么回事。她五官平淡，身材瘦小纤细，平胸，这样的外貌实不足能留住男人的目光。顾维钧之所以对她另眼相待，完全是因她有一个“豪富”父亲。

黄蕙兰的父亲是爪哇华侨首富“糖王”黄仲涵，这使得黄蕙兰一直过着富室豪门、挥金如土的生活。她们家到底有多富有？就举一个小例子吧，张爱玲《色·戒》里6克拉的“鸽子蛋”大吧，使得王佳芝立马放弃了信仰和身家性命。对黄蕙兰来说，6克拉算什么，她三岁时的生日礼物是一条80克拉的钻石项链，钻石和她的拳头那么大，就那么随随便便挂脖子上，砸得她的胸口疼。她母亲常被人开玩笑，买钻石是论公斤而非克拉计算。

黄蕙兰的母亲在顾维钧和黄蕙兰的婚事上起到了至关重要的作用，她一直认为黄家的确有钱，但是没地位，而且她与当时已同拥有十八个姨太太的丈夫分居，自己带着两个女儿居住欧洲，强烈需要一个坚强的依仗。顾维钧一表人才，前途无量，符合了她梦想女婿的各种条件。

她把黄蕙兰从英国召回巴黎，当天晚上就请顾维钧来家里做客，他的座位紧挨着黄蕙兰。

起初黄蕙兰对顾维钧非常淡漠。这个留着老式平头，衣着普通的男人，既不会跳舞，又不懂骑马，甚至不会开汽车，与他之间有什么可交谈的？

黄慧兰全身照

黄蕙兰认为平头过于落伍，于是顾维钧便改了分头。

但是顾维钧很快用他的魅力，不，应该是手腕征服了黄蕙兰——对一个出色的外交家来说，如何跟一个年轻女性交谈并快速赢得对方的赞许，实在是一件再简单不过的事。晚会第二天，顾维钧乘坐法国政府供给的汽车来接黄蕙兰去丹枫白露郊游。这给她留下深刻的印象——黄蕙兰虽然有车，但是都是自己花钱买的，顾维钧的车却是外国政府专门为他提供的。他带她看歌剧，他们坐的是由政府保留的包厢，这是她爸爸无论花多少钱都无法买到的位置。

顾维钧一天几次找黄蕙兰，遇到她外出，他就一路寻过去直到找到她。有一天她去修指甲，他竟找到伊丽莎白·阿登美容院并一直守在门口。——这无疑是顾维钧第一次也是唯一一次涉足美容院，满足了黄蕙兰极大的虚荣心，让她觉着这个男人是真心要娶她。

顾维钧在追求黄蕙兰的节奏上直奔主题，速战速决。他如此坚定地要和黄蕙兰联姻，绝非对方以为的“爱情”，一方面是因为黄家的巨富，另一方面，据说他曾找过一位英伦有名的星卜家，出了一个金镑的酬劳为他卦占这门婚姻。卦占结果认为佳偶天成，大吉大利。这才促使顾维钧下定决心和黄蕙兰结婚。

5

黄家显然对这次联姻相当满意。结婚前夕，为了配得上公使夫人的身份，黄蕙兰的母亲为女儿更换了一辆新轿车——大罗尔斯。此轿车车窗如此大，被人称为“水晶宫”，司机的服装专门由登希尔提供。新婚物品极尽奢华，单是一盒盒的亚麻枕头套，每一副都钉上了一套玫瑰花型的金扣子，每朵花的花心都镶有一颗钻石。她在摄政街订做了一套三十六件的餐桌，其器皿、汤盘和菜盘全银镶金边，甜食碟和调味碟以及刀叉餐具，甚至座位名片夹都是纯金的。这一套物品花了一万英镑，在当时合五万美元。

1920 年 10 月，黄蕙兰和顾维钧在伦敦结婚。

这是一场可谓精打细算的联姻。顾维钧的身份曾给黄蕙兰带来极大的满足感：“我嫁给顾维钧，在他当驻法、驻英、驻美大使期间，我过着令人兴奋的日子。”她的财富也给顾维钧很大的帮助，顾维钧的许多外交应酬都是黄蕙兰掏的钱。波特兰广场的破旧使馆，黄蕙兰觉得很丢中国人的面子，自掏腰包将其翻修一新。顾维钧回国内工作时，黄蕙兰曾花十万美金购下北京狮子胡同陈圆圆的故居做公馆，又花了十五万做内部装修。

顾维钧也不吃亏。黄蕙兰懂六国语言，她后来认真学习了权势圈子的规矩和礼仪，并变得如此擅长，以致顾维钧不再依靠使馆的礼仪专家反倒依仗黄蕙兰的指点。——在外交活动中黄蕙兰的确成为顾维钧的得力助手，但两人的关系除此再无和谐之处。

他总是在书房工作到半夜，然后直接回他的卧室睡觉。即便他们一起参加外交界的宴会，他也会常常不适应，吃完饭就回家，黄蕙兰则和一小群人继续欢聚。他看不惯黄蕙兰奢华的生活习惯，经常指出她不应该佩戴昂贵的珠宝首饰，因为那表示“你戴的为众人所欣羡的珠宝一望而知不是

华盛顿会议期间，顾维钧、黄蕙兰与王宠惠的合影。

来自我的”，“我希望你取消你母亲为我们订购的汽车，我买不起一辆罗尔斯汽车”。

他对她从未有过温柔与亲切，甚至对他们孩子都少有热情。大儿子四、五岁时，有一次和保姆在住宅附近的公园遇见下班回家的顾维钧，顾维钧好像根本不认识他一样和他迎面走过，回家来孩子告诉母亲这事时，自我安慰地说：“父亲在想问题没有看到我。”与黄的第二个孩子出生时，顾维钧一直在睡觉，管家叫醒他告诉他：“您有了第三位少爷。”顾维钧说：“好！”就又回去睡觉了。——黄蕙兰以为丈夫对儿女之事不感兴趣，她不知道的是，多年后他对另一个女人的孩子是多么上心。

不感兴趣，不上心，其实有着深层次的含义，就是：他不爱她，所以对有关这个女人的一切都无所谓。黄蕙兰自己也说：“他对待我，就是忍让，供吃供住，人前客客气气，私下抛在一边。”

顾维钧对黄蕙兰为什么如此冷淡呢？除了黄蕙兰挥金如土的生活方式让顾维钧很不认可，他们之间实在是有着太多的分歧。1922 年他们一起回国，先到上海顾家落脚。但是黄蕙兰以顾家没有自来水，没有卫生间，她又睡不惯硬板床为由，一天都不肯住在顾家，也根本不体谅会不会使顾维钧丢脸，执意带着孩子、保姆、贴身女佣、女管家和她从英国带回来的狗，一起入住老华懋饭店。

黄惠兰热衷穿夺目、华美的服饰，戴贵重的首饰，爱好赌钱、骑马、收藏玉器和名瓷，她曾经从自己的私房钱里拿出一百万，从溥仪手里买下一块翡翠青椒——溥仪再喜欢，却也无力抗拒如此巨额现金的诱惑力，他深知不会再有第二个人愿意出并出得起如此高的价位。她养鱼、养狗——她最多的时候养过近五十只名贵哈巴狗，这些狗另有住所和专门的洗澡间，有三名仆人照料它们。

她最快活的事情是在一群官太太中间炫耀她的衣着和珠宝，这其中包括当时上海市的市长夫人，还有赵四小姐。她和赵四的关系似乎不错，经常在一起研究衣装打扮，由此曾被当时的女性视为火星上下凡的另类。

那么张学良是如何评价他太太的这位“闺蜜”呢？在张学良的眼里，黄蕙兰是个极不可爱的女人：她无所事事，打牌偷牌，谎报自己的年龄。而且黄蕙兰逢人便说张学良喜欢她，这让他很恼火，说她往自己脸上贴金。他还说黄蕙兰与顾维钧结婚后偷人。——这段说的是她与张宗昌。张宗昌是奉系军阀头目，一个土包子。但是黄蕙兰不承认，她说张宗昌艳羡她的美貌，不断追求她，她可没有任何回应。

张学良说黄蕙兰的脾气坏得不得了。有次为顾维钧的外遇吃醋，黄蕙兰就在他打麻将的时候冲进来，一面指名道姓骂着那个外遇，一边拿着茶水从顾维钧头上哗啦啦地浇下去，结果浇完了，顾维钧还是淡定自若地打牌。

此事真有画面感。很多人可能无法想象那个举世闻名的外交家也会有这样狼狈的时刻，而且还有外遇。

这事若考证起来应该是真的，不仅张学良言辞凿凿，黄蕙兰在回忆录里也多次提到，她和顾维钧在北京时已分居，关系很冷淡。每到周末，顾维钧总外出，从不告诉她去哪里，和谁在一起。有女长辈就提醒她，说顾维钧和另外一个女人走到一起了。

那个女人，黄蕙兰知晓，她经常和她的丈夫来顾家。在黄蕙兰的一段日记里有这样的记载："我从外面回来，看见那对夫妇和他在大厅里。……过了一会儿男的回家了，而女的却会留下来陪他玩扑克。第二天早上，他竟埋怨我对那对夫妇不讲礼貌。我一针见血地对他说：'难道我应该欢迎你的情人？'"

她在日记里嘲笑对方："……她身穿一件镶着不起眼的廉价皮毛滚边的丝绒外套。我穿着我的貂皮斗篷。"

黄蕙兰口口声声说到的这个女人以及张学良所指的顾维钧的外遇，并非别人，而是顾维钧的第四位妻子，严幼韵。

6

严幼韵不仅是顾维钧四位夫人中样貌最好的,她的气质也是最出色的。她出身于上海富商家庭，早年为复旦大学的"校花"，也是上海交际场中的名媛。她的第一任丈夫杨光泩曾是顾维钧的下属,后出任驻菲律宾总领事。1942 年日军占领了马尼拉，杨光泩以身殉职，留下严幼韵与三个女儿。

在《顾维钧回忆录》及很多官方资料中，都显示顾维钧是在杨光泩殉职后才与严幼韵走到一起的，但是黄蕙兰的回忆录中却言辞确凿地认为他们早就"暗度陈仓"，而且包括顾维钧的好友张学良也有同样的认知：

> 跟顾太太熟呀，我就是跟他后来的太太在一块玩。杨 ×× 还在的时候，那时候他俩就是公开的秘密，一点也不在乎。他们两个人，尤其是这个杨太太，一点也不在乎，我真佩服她。我们在一起打牌，在一块玩。
>
> 那时是西安事变之前，我总在杨家里打麻将，他们俩我们嘴里谁都不说，不过心里都明白。看他俩的样子，他跟杨 ×× 的太太恐怕早就有关系了。为什么呢？杨的太太生了一个小姑娘，小姑娘我看那已经三四岁了，那跟这个顾（维钧）长得一模一样的，那长得！

顾维钧与严幼韵于1959年登记结婚。

我们在杨家里打牌，外头有事请客，要到外头吃饭去，牌也不打了，还说什么啊？就走吧。他们两个一定要上楼，要去待一会，两个人干什么啊？明明白白地干什么去啊！吃完饭各人回各人家，散了，他俩一定上楼，她就一点也不在乎。……

不管顾维钧和这位严幼韵是暗度陈仓还是名正言顺，有一点可以肯定的是，严幼韵是顾维钧此生最爱的一个女人。他自己说，只有这最后一桩婚姻是因为爱情才走到一起的。

所以当杨光泩在马尼拉殉职后，身在美国的顾维钧立刻帮助严幼韵母女四人到了美国，以便他能照顾到她们；严幼韵初到美国时，有一次顾维钧正率中国代表团出席旧金山会议，获悉严幼韵的二女儿患急性阑尾炎需动手术，他马上中断会议赶到严幼韵的身边让她安心。他更不顾黄蕙兰仍是“顾太太”的身份，常常带严幼韵出访，并向人介绍这是大使夫人。试想，一个男人如果不深爱一个女人，何以做到如此程度？

那么这个叫严幼韵的女人，到底有什么能耐让顾维钧如此死心塌地呢？

多年后严幼韵的女儿在回忆母亲与顾维钧时，有过这样一段话：“顾先生很年轻时就从事外交工作，其实‘家’的概念对他来说很淡薄，没有什么个人生活，也很少有私人朋友。跟母亲结婚以前，顾先生在海牙国际法庭工作，那时他没有家，住在旅馆里。可能是长期没人照顾吧，我们见到他时，他非常瘦，在家里吃饭也像参加宴会一样正式，有个人专门站在他身后，随时递上一块餐布服侍他，起初我们都觉得怪怪的，因为我们家是非常随意的。”

从这段话中可以看出，顾维钧虽然之前有过三次婚姻，但是没有一个女人真正给过他一个“家”的感觉，严幼韵恰恰很好地给予了他这种需要。

套用时下的话说，严幼韵是一个满足了男人对女人所有想象的女人，各方面都堪称完美，而且她能迅速进入命运安排给她的任何一种角色。她到美国后曾出任联合国礼宾官，虽然这是她生命中第一份工作，但是她做得非常出色，一直到 1959 年她与顾维钧走到一起时才退休卸任。

这里之所以说“他们走到一起”，而非如《顾维钧回忆录》和官方资料显示的“结婚”，是因为在上世纪四十年代初顾维钧虽和黄蕙兰开始分居，但并没有离婚程序，而且黄蕙兰至死都认为自己才是真正的“顾太太”。

不过，黄蕙兰显然已经不能影响顾维钧晚年的生活以及与他严幼韵的恩爱之情了。

和顾维钧共同生活后，严幼韵成为了一个善于理家、精于治家和好客的女主人，对顾维钧的生活照顾得非常细致、妥帖，百分百地充当了“好管家、好护士、好秘书”的角色。

单就拿一个例子来说，顾维钧习惯晚上 11 点睡觉，第二天早上 10 点起床。严幼韵唯恐他从晚餐后到第二天早餐之间的十多个小时内不吃东西，对健康不利，因此规定他每天清晨 5 点醒来后，吃一点东西再继续睡觉。为此她每天凌晨 3 点必先起床，把热好的牛奶放在保温瓶里，然后连同一张“不要忘了喝牛奶”的字条一起搁在顾维钧的床头。等翌日起床，再去房间看他是否把牛奶喝了。严幼韵通常会给顾维钧准备一些点心，让他配着牛奶吃。这样的照顾几十年如一日。

为防止顾维钧记忆力衰退，严幼韵每天为他备大量的中英文报纸；同

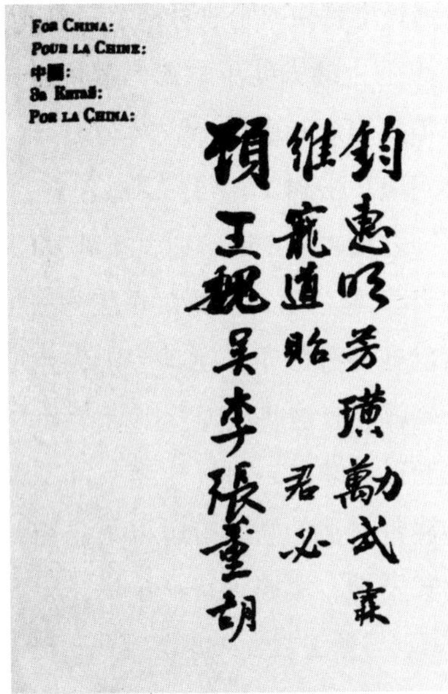

中国代表团在《联合国宪章》的签名

他聊天，让他身心愉悦；陪他散步让他恬静怡然；为他安排牌局供他消遣取乐。牌局的定率出入甚微，顾维钧视它为“统战”。他打牌从不算牌，不扣牌，十必九输。有人表示礼貌让他当赢家，他绝不接受，总把钱塞在输家的手中。顾维钧九十多岁的时候，常常忘记自己的名字，但是一到牌局脑中马上清晰起来，谁的手里几张牌算得很清楚。

顾维钧以前不论家里家外都是严肃的，很少与孩子们交流，更不会嬉戏。但是与严幼韵在一起后，他被她和她的女儿们“改造”成了一个热爱生活、非常好玩的老人。他会像孩子一样喜欢过生日派对，每年他过生日的时候，严幼韵和孩子们都要动脑筋怎么庆祝。他的生日后来成了他们家除了圣诞节、春节以外，每年最重要的一个日子。有一年他们全家去滑雪，本来因为他和严幼韵年纪大了，就计划在附近散步。有一天他却带着新买的滑雪服也来到滑雪场，原来他忍不住“童心大发”，要跟孩子们一起滑雪去，后来《时代》周刊还登了一篇文章，说七十二岁的顾维钧开始学滑雪。

顾维钧的晚年过着“不忮不求，不怨不尤，和颜悦色，心满意足”的生活。谈到长寿秘诀时，他总结了三条：“散步，少吃零食，太太的照顾。”连他与黄蕙兰生的大儿子顾德昌都说：“如果不是她（指严幼韵），父亲的寿命恐怕要缩短二十年。”

1985年11月14日晚上22点左右，顾维钧还问严幼韵：“这周有什么活动？”之后去洗澡时，以九十八岁的高龄无疾而终。

2003年黄蕙兰以百岁高龄在美国去世，去世前的几十年中，她引以为豪的财富已在各种战争、运动中消失殆尽。在晚年她想的最多的是：假如她从一开始就没有这些钱呢？她与顾维钧会是怎样的命运？

严幼韵至今健在，2013年满一百零八岁，依然活得滋润、健康、优雅。

顾维钧曾对他的婚姻有过以下总结：主命，与张润娥完婚，算是旧式家庭的旧式婚姻，实属无奈；主贵，与唐宝玥联姻，借以发展自己的政治地位；主富，与糖王之女黄蕙兰通婚，可以多财善舞；主爱，与严幼韵结合，相亲相爱，以期白头到老。

人生之于他，恰似一场盛宴。

参考资料：

顾维钧：《顾维钧回忆录》，中国社会科学院近代史研究所译，北京：中华书局，1985年2月。

黄蕙兰：《没有不散的筵席》，北京：中国文史出版社，1988年12月。

每个人的人生都是一场盛宴（代后记）

我对于人的“情感状态”有浓郁的兴趣，我认为人性中最动人的就是情感的真实流露，我也相信情感是流动的，会事过境迁，会随风而逝，无关对错，只是“此一时彼一时”。

我一直对民国那段历史、人文很感兴趣。在阅读中，我发现作家们对那个时代的女性有更多的关注，比如林徽因、陆小曼、冰心、萧红等都有不同题材和不同文字呈现，但是对她们背后男人的情感却少有笔墨。其实，从某些角度来看，她们身后的男人们更有意思、更多看点。比如，陆小曼除了徐志摩，还有王赓，即使不涉及陆小曼，王赓自己的人生经历也是丰富多彩的。他十六岁就毕业于清华，后赴美留学，又转到西点军校，与艾森豪威尔同学，回国后前途无量。这样一个男人，傲气和骨气并存。他深爱陆小曼，在得知她背叛了自己投身徐志摩后，作为军人的王赓，没有拔枪射向情敌而是大度地退出婚姻并给予祝福，这是时下很多男子无法想象和做到的。徐志摩死后，一直照顾陆小曼的则是另一个男人翁瑞午，他是陪伴陆小曼人生岁月最长的男人，一个“多金”且默默付出的男人。潘玉良背后的男人潘赞化，时任安徽芜湖海关监督，如何就会娶一个妓女为妻？潘玉良当时并无才情，更没有貌美如花。实际上潘赞化对潘玉良的出手相助，并非很多作品中宣扬的“一见如故”， 而是出于一种信仰和道义。如果说每个成功男人背后都有一个女人，那么对于这些民国红颜来说，每个女子的背后都有一个或多个卓越的男人在为她们支撑和付出，也可以说他们与她们之间互相的支撑和付出，才造就了彼此的传奇。

陈寅恪、陈西滢、金岳霖、胡适……个个学富五车、阅历过人。他们的生命饱满、热烈、纯粹，他们是那个时代的代表，有着与今天的学人迥然不同的风度、气质和胸襟，对社会、民族、历史，对自我生命、对学术以及对情感都终生保持着“赤子”状态。沈从文的妻妹在他的墓碑上题字“星斗其文，赤子其人”，这句话也恰能形容他们那一代人的风骨和风范。能有机会写下他们的故事，进入到他们丰富的内心世界去观赏，领略他们精彩的内心风景，对我而言是一件多么幸运的事。当然，在写作的这九个月间，我也经历了很多迂回、曲折的痛苦历程：开始不了、写不下去、修改、怎么修改，反反复复。写作如同人生，快乐是自己的，悲伤亦是自己的……

我与王开岭先生素昧平生，只在几年前我编辑的杂志中刊登他的文章时与他用电子邮件交流过几次，从未谋过面。这次请他为我写序，他在工作特别繁忙的情况下坚持通读完我的书稿后，并写完8000多字的序，我的感激之情无以言表。

感谢张斌先生为本书付出的精力和热情；感谢我的一位朋友，告诉我“历史远比小说好看”，促使我开始阅读以前不曾涉及的书籍，从而有了全新的成长空间和体验；感谢我的家人，永远支持我、鼓励我，给我足够的包容和爱，我才得以能一直做我最喜欢的事。

最后，我想说我要感谢那些铭心的瞬间：写完陈寅恪我伏案长叹，写完张灵甫我掩面而泣，写完鲁迅我好久无法从内心的沉重中走出……最后一个人物我写的是顾维钧，完稿是在2014年年初的一个深夜，我在电脑上敲完最后一个字，外面正下着雪，我听到路上有路人踏雪步行的声音，从远处走近又远去；我给顾维钧这篇文章加上了题目——《人生这场盛宴》。

每个人的人生都恰似一场盛宴，我的，还有你的。

杨萍

2014年11月13日